January 18, 1999

What do I consider my most important Contributions?

- That I early on —almost sixty years ago— realized that MANAGEMENT has become the constitutive organ and function of the <u>Society of Organizations</u>;

- That MANAGEMENT is not "Business Management- though it first attained attention in business- but the governing organ of ALL institutions of Modern Society;

- That I established the study of MANAGEMENT as a DISCIPLINE in its own right; and

- That I focused this discipline on People and Power; on Values; Structure and Constitution; AND ABOVE ALL ON RESPONSIBILITIES- that is focused the <u>Discipline of Management</u> on Management as a truly LIBERAL ART.

Peter F. Drucker

我认为我最重要的贡献是什么？

- 早在60年前，我就认识到管理已经成为组织社会的基本器官和功能；
- 管理不仅是"企业管理"，而且是所有现代社会机构的管理器官，尽管管理最初侧重于企业管理；
- 我创建了管理这门独立的学科；
- 我围绕着人与权力、价值观、结构和方式来研究这一学科，尤其是围绕着责任。管理学科是把管理当作一门真正的人文艺术。

彼得·德鲁克
1999年1月18日

注：资料原件打印在德鲁克先生的私人信笺上，并有德鲁克先生亲笔签名，现藏于美国德鲁克档案馆。为纪念德鲁克先生，本书特收录这一珍贵资料。本资料由德鲁克管理学专家那国毅教授提供。

彼得·德鲁克和妻子多丽丝·德鲁克

德鲁克妻子多丽丝寄语中国读者

在此谨向广大的中国读者致以我诚挚的问候。本书深入介绍了德鲁克在管理领域方面的多种理念和见解。我相信他的管理思想得以在中国广泛应用，将有赖出版及持续的教育工作，令更多人受惠于他的馈赠。

盼望本书可以激发各位对构建一个令人憧憬的美好社会的希望，并推动大家在这一过程中积极发挥领导作用，他的在天之灵定会备感欣慰。

Doris Drucker

本页照片和多丽丝寄语原文与亲笔签名由彼得·德鲁克管理学院提供

公司的概念

［美］彼得·德鲁克 著

慕凤丽 译

Concept of the
Corporation

彼得·德鲁克全集

机械工业出版社
CHINA MACHINE PRESS

图书在版编目（CIP）数据

公司的概念 /（美）彼得·德鲁克（Peter F. Drucker）著；慕凤丽译 . —北京：机械工业出版社，2018.6（2025.1 重印）
（彼得·德鲁克全集）
书名原文：Concept of the Corporation

ISBN 978-7-111-59991-3

I. 公… II. ①彼… ②慕… III. 企业管理 IV. F272

中国版本图书馆 CIP 数据核字（2018）第 093649 号

北京市版权局著作权合同登记　图字：01-2005-4385 号。

Peter F. Drucker. Concept of the Corporation.

Copyright © 1993 by Peter F. Drucker.

Chinese (Simplified Characters only) Trade Paperback Copyright © 2019 by China Machine Press.

This edition arranged with Routledge, a member of the Taylor & Francis Group, LLC through BIG APPLE AGENCY. This edition is authorized for sale in the Chinese mainland (excluding Hong Kong SAR, Macao SAR and Taiwan).

No part of this book may be reproduced or transmitted in any form or by any means, electronic or mechanical, including photocopying, recording or any information storage and retrieval system, without permission, in writing, from the publisher.

All rights reserved.

本书中文简体字版由 Routledge, a member of the Taylor & Francis Group, LLC 通过 BIG APPLE AGENCY 授权机械工业出版社在中国大陆地区（不包括香港、澳门特别行政区及台湾地区）独家出版发行。未经出版者书面许可，不得以任何方式抄袭、复制或节录本书中的任何部分。

本书两面插页所用资料由彼得·德鲁克管理学院和那国毅教授提供。封面中签名摘自德鲁克先生为彼得·德鲁克管理学院的题词。

公司的概念

出版发行：机械工业出版社（北京市西城区百万庄大街 22 号　邮政编码：100037）
责任编辑：冯小妹　　　　　　　　　　　　　　责任校对：李秋荣
印　　刷：固安县铭成印刷有限公司　　　　　　版　　次：2025 年 1 月第 1 版第 13 次印刷
开　　本：170mm×230mm　1/16　　　　　　　　印　　张：18
书　　号：ISBN 978-7-111-59991-3　　　　　　　定　　价：79.00 元

客服电话：(010) 88361066　68326294

版权所有·侵权必究
封底无防伪标均为盗版

如果您喜欢彼得·德鲁克（Peter F. Drucker）或者他的书籍，那么请您尊重德鲁克。不要购买盗版图书，以及以德鲁克名义编纂的伪书。

出版说明

彼得·德鲁克是管理学的一代宗师,现代组织理论的奠基者,由于他开创了管理这门学科,被尊称为"现代管理学之父"。他终身以教书、著书和咨询为业,著作等身,是名副其实的"大师中的大师"。德鲁克的著作思想博大深邃,往往在书中融合了跨学科的多方面智慧。本书是"彼得·德鲁克全集"系列著作之一,从初版到现在,历经沧桑、饱经岁月锤炼,尽管人类已经迈进了21世纪,经济形态由工业经济发展到了知识经济,但重温本书,读者仍能清晰地感觉到书中依旧非常贴近现实生活的一面,深刻体会到现今出版和阅读本书的意义和价值所在。书中大师许多精辟独到的见解,开理论认识之先河,跨时空岁月之局限,借鉴学习之意义不言而喻,但由于受当时时代背景、社会氛围、个人社会阅历、政治立场等方方面面的局限性,作者的某些观点仍不免过于体现个人主观认识,偏颇、囿困之处在所难免,请读者在阅读时仔细斟辨,批判接受、客观继承。

| 目 录 |

出版说明
推荐序一(邵明路)
推荐序二(赵曙明)
推荐序三(珍妮·达罗克)
译者序
1993年版序
1983年版序
初版序

第1章　一国之内的资本主义 / 1

第2章　作为人类成就的公司 / 16

  1　生产型组织 / 16

  2　分权 / 31

  3　运行机制 / 53

  4　小企业合伙人 / 72

  5　分权管理可以成为典范吗 / 84

第 3 章　作为社会性组织的公司 / 95
　　1　美国人的信仰 / 95
　　2　工头：工业社会的中产阶级 / 119
　　3　工人 / 128

第 4 章　工业社会的经济政策 / 153
　　1　"规模庞大的祸因" / 153
　　2　生产是为了"有用"，还是为了"盈利" / 168
　　3　充分就业可能达到吗 / 194

1983 年版跋 / 217

| 推荐序一 |

功能正常的社会和博雅管理
为"彼得·德鲁克全集"作序

享誉世界的"现代管理学之父"彼得·德鲁克先生自认为,虽然他因为创建了现代管理学而广为人知,但他其实是一名社会生态学者,他真正关心的是个人在社会环境中的生存状况,管理则是新出现的用来改善社会和人生的工具。他一生写了39本书,只有15本书是讲管理的,其他都是有关社群(社区)、社会和政体的,而其中写工商企业管理的只有两本书(《为成果而管理》和《创新与企业家精神》)。

德鲁克深知人性是不完美的,因此人所创造的一切事物,包括人设计的社会也不可能完美。他对社会的期待和理想并不高,那只是一个较少痛苦,还可以容忍的社会。不过,它还是要有基本的功能,为生活在其中的人提供可以正常生活和工作的条件。这些功能或条件,就好像一个生命体必须具备正常的生命特征,没有它们社会也就不成其为社会了。值得留意的是,社会并不等同于"国家",因为"国(政府)"和"家(家庭)"不可能提供一个社会全部必要的职能。在德鲁克眼里，功能正常的社会至少要由三大类机构组成：政府、企业和非营利机构，它们各自发挥不同性质的作用，每一类、每一个机构中都要有能解决问题、令机构创造出独特绩效的权力中心和决策机制，这个权力中心和决策机制同时也要让机构里的每个人各得其所，既有所担当、做出贡献，又得到生计和身份、地位。这些在过去的国家中从来没有过的权力中心和决策机制，或者说新的"政体"，就是"管理"。在这里德鲁克把企业和非营利机构中的管理体制与政府的统治体制统称为"政体"，是因为它们都掌握权力，但是，这是两种性质截然不同的权力。企业和非营利机构掌握的，是为了提供特定的产品和服务，而调配社会资源的权力，政府所拥有的，则是整个社会公平的维护、正义的裁夺和干预的权力。

在美国克莱蒙特大学附近，有一座小小的德鲁克纪念馆，走进这座用他的故居改成的纪念馆，正对客厅入口的显眼处有一段他的名言：

> 在一个由多元的组织所构成的社会中，使我们的各种组织机构负责任地、独立自治地、高绩效地运作，是自由和尊严的唯一保障。有绩效的、负责任的管理是对抗和替代极权专制的唯一选择。

当年纪念馆落成时，德鲁克研究所的同事们问自己，如果要从德鲁克的著作中找出一段精练的话，概括这位大师的毕生工作对我们这个世界的意义，会是什么？他们最终选用了这段话。

如果你了解德鲁克的生平，了解他的基本信念和价值观形成的过程，你一定会同意他们的选择。从他的第一本书《经济人的末日》到他独自完成的最后一本书《功能社会》之间，贯穿着一条抵制极权专制、捍卫个人自由和尊严的直线。这里极权的极是极端的极，不是集中的集，两个词一字之差，其含义却有着重大区别，因为人类历史上由来已久的中央集权统治直到20世纪才有条件变种成极权主义。极权主义所谋求的，是从肉体到精神，全面、彻底地操纵和控制人类的每一个成员，把他们改造成实现个别极权主义者梦想的人形机器。20世纪给人类带来最大灾难和伤害的战争和运动，都是极权主义的"杰作"，德鲁克青年时代经历的希特勒纳粹主义正是其中之一。要了解德鲁克的经历怎样影响了他的信念和价值观，最好去读他的《旁观者》；要弄清什么是极权主义和为什么大众会拥护它，可以去读汉娜·阿伦特1951年出版的《极权主义的起源》。

好在历史的演变并不总是令人沮丧。工业革命以来，特别是从1800年开始，最近这200年生产力呈加速度提高，不但造就了物质的极大丰富，还带来了社会结构的深刻改变，这就是德鲁克早在80年前就敏锐地洞察和指出的，多元的、组织型的新社会的形成：新兴的企业和非营利机构填补了由来已久的"国（政府）"和"家（家庭）"之间的断层和空白，为现代国家提供了真正意义上的种种社会功能。在这个基础上，教育的普及和知识工作者的崛起，正在造就知识经济和知识社会，而信息科技成为这一切变化的加速器。要特别说明，"知识工作者"是德鲁克创造的一个称谓，泛指具备和应用专门知识从事生产工作，为社会创造出有用的产品和服务的人群，这包括企业家和在任何机构中的管理者、专业人士和技工，也包括社会上的独立执业人士，如会计师、律师、咨询师、培训师等。在21世纪的今天，由于知识的应用领域一再被扩大，个人和个别机构不再是孤独无助的，他们因为掌握了某项知识，就拥有了选择的自由和影响他人的权力。知识工作者和由他们组成的知识型组织不再是传统的知识分子或组织，知识工作者最大的特点就是他们的独立自主，可以主动地整合资源、创造价值，促成经济、社会、文化甚至政治层面的改变，而传统的知识分子只能依附于当时的统治当局，在统治当局提供的平台上才能有所作为。这是一个划时代的、意义深远的变化，而且这个变化不仅发生在西方发达国家，也发生在发展中国家。

在一个由多元组织构成的社会中，拿政府、企业和非营利机构这三类组织相互比较，企业和非营利机构因为受到市场、公众和政府的制约，它们的管理者不可能像政府那样走上极权主义统治，这是它们在德鲁克看来，比政府更重要、更值得寄予希望的原因。尽管如此，它们仍然可能因为管理缺位或者管理失当，例如官僚专制，不能达到德鲁克期望的"负责任地、高绩效地运作"，从而为极权专制垄断社会资源让出空间、提供机会。在所有机构中，包括在互联网时代虚拟的工作社群中，知识工作者的崛起既为新的管理提供了基础和条件，也带来对传统的"胡萝卜加大棒"管理方式的挑战。德鲁克正是因应这样的现实，研究、创立和不断完善现代管理学的。

1999年1月18日，德鲁克接近90岁高龄，在回答"我最重要的贡献是什么"这个问题时，他写了下面这段话：

> 我着眼于人和权力、价值观、结构和规范去研究管理学，而在所有这些之上，我聚焦于"责任"，那意味着我是把管理学当作一门真正的"博雅技艺"来看待的。

给管理学冠上"博雅技艺"的标识是德鲁克的首创，反映出他对管理的独特视角，这一点显然很重要，但是在他众多的著作中却没找到多少这方面的进一步解释。最完整的阐述是在他的《管理新现实》这本书第15章

第五小节，这节的标题就是"管理是一种博雅技艺"：

> 30年前，英国科学家兼小说家斯诺（C. P. Snow）曾经提到当代社会的"两种文化"。可是，管理既不符合斯诺所说的"人文文化"，也不符合他所说的"科学文化"。管理所关心的是行动和应用，而成果正是对管理的考验，从这一点来看，管理算是一种科技。可是，管理也关心人、人的价值、人的成长与发展，就这一点而言，管理又算是人文学科。另外，管理对社会结构和社群（社区）的关注与影响，也使管理算得上是人文学科。事实上，每一个曾经长年与各种组织里的管理者相处的人（就像本书作者）都知道，管理深深触及一些精神层面关切的问题——像人性的善与恶。
>
> 管理因而成为传统上所说的"博雅技艺"（liberal art）——是"博雅"（liberal），因为它关切的是知识的根本、自我认知、智慧和领导力，也是"技艺"（art），因为管理就是实行和应用。管理者从各种人文科学和社会科学中——心理学和哲学、经济学和历史、伦理学，以及从自然科学中，汲取知识与见解，可是，他们必须把这种知识集中在效能和成果上——治疗病人、教育学生、建造桥梁，以及设计和销售容易使用的软件程序等。

作为一个有多年实际管理经验，又几乎通读过德鲁克全部著作的人，我曾经反复琢磨过为什么德鲁克要说管理学其实是一门"博雅技艺"。我终于意识到这并不仅仅是一个标新立异的溢美之举，而是在为管理定性，它揭示了管理的本质，提出了所有管理者努力的正确方向。这至少包括了以下几重含义：

第一，管理最根本的问题，或者说管理的要害，就是管理者和每个知识工作者怎么看待与处理人和权力的关系。德鲁克是一位基督徒，他的宗教信仰和他的生活经验相互印证，对他的研究和写作产生了深刻的影响。在他看来，人是不应该有权力（power）的，只有造人的上帝或者说造物主才拥有权力，造物主永远高于人类。归根结底，人性是软弱的，经不起权力的引诱和考验。因此，人可以拥有的只是授权（authority），也就是人只是在某一阶段、某一事情上，因为所拥有的品德、知识和能力而被授权。不但任何个人是这样，整个人类也是这样。民主国家中"主权在民"，但是人民的权力也是一种授权，是造物主授予的，人在这种授权之下只是一个既有自由意志，又要承担责任的"工具"，他是造物主的工具而不能成为主宰，不能按自己的意图去操纵和控制自己的同类。认识到这一点，人才会谦卑而且有责任感，他们才会以造物主才能够掌握、人类只能被其感召和启示的公平正义，去时时检讨自己，也才会甘愿把自己置于外力强制的规范和约束之下。

第二，尽管人性是不完美的，但是人彼此平等，都有自己的价值，都有自己的创造能力，都有自己的功能，都应该被尊敬，而且应该被鼓励去创造。美国的独立宣言和宪法中所说的，人生而平等，每个人都有与生俱来、不证自明的权利（rights），正是从这一信念而来的，这也是德鲁克的管理学之所以可以有所作为的根本依据。管理者是否相信每个人都有善意和潜力？是否真的对所有人都平等看待？这些基本的或者说核心的价值观和信念，最终决定他们是否能和德鲁克的学说发生感应，是否真的能理解和实行它。

第三，在知识社会和知识型组织里，每一个工作者在某种程度上，都既是知识工作者,也是管理者,因为他可以凭借自己的专门知识对他人和组织产生权威性的影响——知识就是权力。但是权力必须和责任捆绑在一起。而一个管理者是否负起了责任,要以绩效和成果做检验。凭绩效和成果问责的权力是正当和合法的权力,也就是授权(authority),否则就成为德鲁克坚决反对的强权(might)。绩效和成果之所以重要,不但在经济和物质层面,而且在心理层面,都会对人们产生影响。管理者和领导者如果持续不能解决现实问题,大众在彻底失望之余,会转而选择去依赖和服从强权,同时甘愿交出自己的自由和尊严。这就是为什么德鲁克一再警告,如果管理失败,极权主义就会取而代之。

第四,除了让组织取得绩效和成果,管理者还有没有其他的责任?或者换一种说法,绩效和成果仅限于可量化的经济成果和财富吗?对一个工商企业来说,除了为客户提供价廉物美的产品和服务、为股东赚取合理的利润,能否同时成为一个良好的、负责任的"社会公民",能否同时帮助自己的员工在品格和能力两方面都得到提升呢?这似乎是一个太过苛刻的要求,但它是一个合理的要求。我个人在十多年前,和一家这样要求自己的后勤服务业的跨国公司合作,通过实践认识到这是可能的。这意味着我们必须学会把伦理道德的诉求和经济目标,设计进同一个工作流程、同一套衡量系统,直至每一种方法、工具和模式中去。值得欣慰的是,今天有越来越多的机构开始严肃地对待这个问题,在各自的领域做出肯定的回答。

第五,"作为一门博雅技艺的管理"或称"博雅管理",这个讨人喜爱的中文翻译有一点儿问题,从翻译的"信、达、雅"这三项专业要求来看,雅则雅矣,信有不足。liberal art 直译过来应该是"自由的技艺",但最早的繁体字中文版译成了"博雅艺术",这可能是想要借助它在中国语文中的褒义，我个人还是觉得"自由的技艺"更贴近英文原意。liberal 本身就是自由。art 可以译成艺术，但管理是要应用的，是要产生绩效和成果的，所以它首先应该是一门"技能"。另一方面，管理的对象是人们的工作，和人打交道一定会面对人性的善恶，人的千变万化的意念——感性的和理性的，从这个角度看，管理又是一门涉及主观判断的"艺术"。所以 art 其实更适合解读为"技艺"。liberal——自由，art——技艺，把两者合起来就是"自由技艺"。

最后我想说的是，我之所以对 liberal art 的翻译这么咬文嚼字，是因为管理学并不像人们普遍认为的那样，是一个人或者一个机构的成功学。它不是旨在让一家企业赚钱，在生产效率方面达到最优，也不是旨在让一家非营利机构赢得道德上的美誉。它旨在让我们每个人都生存在其中的人类社会和人类社群（社区）更健康，使人们较少受到伤害和痛苦。让每个工作者，按照他与生俱来的善意和潜能，自由地选择他自己愿意在这个社会或社区中所承担的责任；自由地发挥才智去创造出对别人有用的价值，从而履行这样的责任；并且在这样一个创造性工作的过程中，成长为更好和更有能力的人。这就是德鲁克先生定义和期待的，管理作为一门"自由技艺"，或者叫"博雅管理"，它的真正的含义。

邵明路

彼得·德鲁克管理学院创办人

| 推荐序二 |

跨越时空的管理思想

20多年来,机械工业出版社关于德鲁克先生著作的出版计划在国内学术界和实践界引起了极大的反响,每本书一经出版便会占据畅销书排行榜,广受读者喜爱。我非常荣幸,一开始就全程参与了这套丛书的翻译、出版和推广活动。尽管这套丛书已经面世多年,然而每次去新华书店或是路过机场的书店,总能看见这套书静静地立于书架之上,长盛不衰。在当今这样一个强调产品迭代、崇尚标新立异、出版物良莠难分的时代,试问还有哪本书能做到这样呢?

如今,管理学研究者们试图总结和探讨中国经济与中国企业成功的奥秘,结论众说纷纭、莫衷一是。我想,企业成功的原因肯定是多种多样的。中国人讲求天时、地利、人和,缺一不可,其中一定少不了德鲁克先生著作的启发、点拨和教化。从中国老一代企业家(如张瑞敏、任正非),及新一代的优秀职业经理人(如方洪波)的演讲中,我们常常可以听到来自先生的真知灼见。在当代管理学术研究中,我们也可以常常看出先生的思想指引和学术影响。我常常对学生说,当你不能找到好的研究灵感时，可以去翻翻先生的著作；当你对企业实践困惑不解时，也可以把先生的著作放在床头。简言之，要想了解现代管理理论和实践，首先要从研读德鲁克先生的著作开始。基于这个原因，1991年我从美国学成回国后，在南京大学商学院图书馆的一角专门开辟了德鲁克著作之窗，并一手创办了德鲁克论坛。至今，我已在南京大学商学院举办了100多期德鲁克论坛。在这一点上，我们也要感谢机械工业出版社为德鲁克先生著作的翻译、出版和推广付出的辛勤努力。

在与企业家的日常交流中，当发现他们存在各种困惑的时候，我常常推荐企业家阅读德鲁克先生的著作。这是因为，秉持奥地利学派的一贯传统，德鲁克先生总是将企业家和创新作为著作的中心思想之一。他坚持认为："优秀的企业家和企业家精神是一个国家最为重要的资源。"在企业发展过程中，企业家总是面临着效率和创新、制度和个性化、利润和社会责任、授权和控制、自我和他人等不同的矛盾与冲突。企业家总是在各种矛盾与冲突中成长和发展。现代工商管理教育不但需要传授建立现代管理制度的基本原理和准则，同时也要培养一大批具有优秀管理技能的职业经理人。一个有效的组织既离不开良好的制度保证，同时也离不开有效的管理者，两者缺一不可。这是因为，一方面，企业家需要通过对管理原则、责任和实践进行研究，探索如何建立一个有效的管理机制和制度，而衡量一个管理制度是否有效的标准就在于该制度能否将管理者个人特征的影响降到最低限度；另一方面，一个再高明的制度，如果没有具有职业道德的员工和管理者的遵守，制度也会很容易土崩瓦解。换言之，一个再高效的组织，如果缺乏有效的管理者和员工，组织的效率也不可能得到实现。虽然德鲁克先生的大部分著作是有关企业管理的，但是我们可以看到自由、成长、创新、多样化、多元化的思想在其著作中是一以贯之的。正如德鲁克在《旁观者》一书的序言中所阐述的，"未来是'有机体'的时代，由任务、目的、策略、社会的和外在的环境所主导"。很多人喜欢德鲁克提出的概念，但是德鲁克却说，"人比任何概念都有趣多了"。德鲁克本人虽然只是管理的旁观者，但是他对企业家工作的理解、对管理本质的洞察、对人性复杂性的观察，鞭辟入里、入木三分，这也许就是企业家喜爱他的著作的原因吧！

德鲁克先生从研究营利组织开始，如《公司的概念》（1946年），到研究非营利组织，如《非营利组织的管理》（1990年），再到后来研究社会组织，如《功能社会》（2002年）。虽然德鲁克先生的大部分著作出版于20世纪六七十年代，然而其影响力却是历久弥新的。在他的著作中，读者很容易找到许多最新的管理思想的源头，同时也不难获悉许多在其他管理著作中无法找到的"真知灼见"，从组织的使命、组织的目标以及工商企业与服务机构的异同，到组织绩效、富有效率的员工、员工成就、员工福利和知识工作者，再到组织的社会影响与社会责任、企业与政府的关系、管理者的工作、管理工作的设计与内涵、管理人员的开发、目标管理与自我控制、中层管理者和知识型组织、有效决策、管理沟通、管理控制、面向未来的管理、组织的架构与设计、企业的合理规模、多角化经营、多国公司、企业成长和创新型组织等。

30多年前在美国读书期间，我就开始阅读先生的著作，学习先生的思想，并聆听先生的课堂教学。回国以后，我一直把他的著作放在案头。尔后，每隔一段时间，每每碰到新问题，就重新温故。令人惊奇的是，随着阅历的增长、知识的丰富，每次重温的时候，竟然会生出许多不同以往的想法和体会。仿佛这是一座挖不尽的宝藏,让人久久回味,有幸得以伴随终生。一本著作一旦诞生,就独立于作者、独立于时代而专属于每个读者,不同地理区域、不同文化背景、不同时代的人都能够从中得到启发、得到教育。这样的书是永恒的、跨越时空的。我想,德鲁克先生的著作就是如此。

特此作序,与大家共勉!

南京大学人文社会科学资深教授、商学院名誉院长

博士生导师

2018 年 10 月于南京大学商学院安中大楼

| 推荐序三 |

彼得·德鲁克与伊藤雅俊管理学院是因循彼得·德鲁克和伊藤雅俊命名的。德鲁克生前担任玛丽·兰金·克拉克社会科学与管理学教席教授长达三十余载,而伊藤雅俊则受到日本商业人士和企业家的高度评价。

彼得·德鲁克被称为"现代管理学之父",他的作品涵盖了39本著作和无数篇文章。在德鲁克学院,我们将他的著述加以浓缩,称之为"德鲁克学说",以撷取德鲁克著述在五个关键方面的精华。

我们用以下框架来呈现德鲁克著述的现实意义,并呈现他的管理理论对当今社会的深远影响。

这五个关键方面如下。

(1)**对功能社会重要性的信念**。一个功能社会需要各种可持续性的组织贯穿于所有部门,这些组织皆由品行端正和有责任感的经理人来运营,他们很在意自己为社会带来的影响以及所做的贡献。德鲁克有两本书堪称他在功能社会研究领域的奠基之作。第一本书是《经济人的末日》（1939年），"审视了法西斯主义的精神和社会根源"。然后，在接下来出版的《工业人的未来》（1942年）一书中，德鲁克阐述了自己对第二次世界大战后社会的展望。后来，因为对健康组织对功能社会的重要作用兴趣盎然，他的主要关注点转到了商业。

（2）**对人的关注**。德鲁克笃信管理是一门博雅艺术，即建立一种情境，使博雅艺术在其中得以践行。这种哲学的宗旨是：管理是一项人的活动。德鲁克笃信人的潜质和能力，而且认为卓有成效的管理者是通过人来做成事情的，因为工作会给人带来社会地位和归属感。德鲁克提醒经理人，他们的职责可不只是给大家发一份薪水那么简单。

对于如何看待客户，德鲁克也采取"以人为本"的思想。他有一句话人人知晓，即客户决定了你的生意是什么、这门生意出品什么以及这门生意日后能否繁荣，因为客户只会为他们认为有价值的东西买单。理解客户的现实以及客户崇尚的价值是"市场营销的全部所在"。

（3）**对绩效的关注**。经理人有责任使一个组织健康运营并且持续下去。考量经理人的凭据是成果，因此他们要为那些成果负责。德鲁克同样认为，成果负责制要渗透到组织的每一个层面，务求淋漓尽致。

制衡的问题在德鲁克有关绩效的论述中也有所反映。他深谙若想提高人的生产力，就必须让工作给他们带来社会地位和意义。同样，德鲁克还论述了在延续性和变化二者间保持平衡的必要性，他强调面向未来并且看到"一个已经发生的未来"是经理人无法回避的职责。经理人必须能够探寻复杂、模糊的问题，预测并迎接变化乃至更新所带来的挑战，要能看到事情目前的样貌以及可能呈现的样貌。

（4）**对自我管理的关注**。一个有责任心的工作者应该能驱动他自己，能设立较高的绩效标准，并且能控制、衡量并指导自己的绩效。但是首先，卓有成效的管理者必须能自如地掌控他们自己的想法、情绪和行动。换言之，内在意愿在先，外在成效在后。

（5）**基于实践的、跨学科的、终身的学习观念**。德鲁克崇尚终身学习，因为他相信经理人必须要与变化保持同步。但德鲁克曾经也有一句名言："不要告诉我你跟我有过一次精彩的会面，告诉我你下周一打算有哪些不同。"这句话的意思正如我们理解的，我们必须关注"周一早上的不同"。

这些就是"德鲁克学说"的五个支柱。如果你放眼当今各个商业领域，就会发现这五个支柱恰好代表了五个关键方面，它们始终贯穿交织在许多公司使命宣言传达的讯息中。我们有谁没听说过高管宣称要回馈他们的社区，要欣然采纳以人为本的管理方法和跨界协同呢？

彼得·德鲁克的远见卓识在于他将管理视为一门博雅艺术。他的理论鼓励经理人去应用"博雅艺术的智慧和操守课程来解答日常在工作、学校和社会中遇到的问题"。也就是说，经理人的目光要穿越学科边界来解决这世上最棘手的一些问题，并且坚持不懈地问自己："你下周一打算有哪些不同？"

彼得·德鲁克的影响不限于管理实践，还有管理教育。在德鲁克学院，我们用"德鲁克学说"的五个支柱来指导课程大纲设计，也就是说，我们按照从如何进行自我管理到组织如何介入社会这个次序来给学生开设课程。

德鲁克学院一直十分重视自己的毕业生在管理实践中发挥的作用。其实，我们的使命宣言就是：

> 通过培养改变世界的全球领导者，来提升世界各地的管理实践。

有意思的是，世界各地的管理教育机构也很重视它们的学生在实践中的表现。事实上，这已经成为国际精英商学院协会（AACSB）认证的主要标志之一。国际精英商学院协会"始终致力于增进商界、学者、机构以及学生之间的交融，从而使商业教育能够与商业实践的需求步调一致"。

最后我想谈谈德鲁克和管理教育，我的观点来自2001年11月 *BizEd* 杂志第1期对彼得·德鲁克所做的一次访谈，这本杂志由商学院协会出版，受众是商学院。在访谈中，德鲁克被问道：在诸多事项中，有哪三门课最重要，是当今商学院应该教给明日之管理者的？

德鲁克答道：

> 第一课，他们必须学会对自己负责。太多的人仍在指望人事部门来照顾他们，他们不知道自己的优势，不知道自己的归属何在，他们对自己毫不负责。
>
> 第二课也是最重要的，要向上看，而不是向下看。焦点仍然放在对下属的管理上，但应开始关注如何成为一名管理者。管理你的上司比管理下属更重要。所以你要问："我应该为组织贡献什么？"
>
> 最后一课是必须修习基本的素养。是的，你想让会计做好会计的事，但你也想让她了解组织的其他功能何在。这就是我说的组织的基本素养。这类素养不是学一些相关课程就行了，而是与实践经验有关。

凭我一己之见，德鲁克在2001年给出的这则忠告，放在今日仍然适用。卓有成效的管理者需要修习自我管理，需要向上管理，也需要了解一个组织的功能如何与整个组织契合。

彼得·德鲁克对管理实践的影响深刻而巨大。他涉猎广泛，他的一些早期著述，如《管理的实践》(1954年)、《卓有成效的管理者》(1966年)以及《创新与企业家精神》(1985年)，都是我时不时会翻阅研读的书籍，每当我作为一个商界领导者被诸多问题困扰时，我都会从这些书中寻求答案。

珍妮·达罗克

彼得·德鲁克与伊藤雅俊管理学院院长

亨利·黄市场营销和创新教授

美国加州克莱蒙特市

| 译者序 |

关于《公司的概念》，有个不能不了解的故事：应通用汽车公司之邀，本书作者对该企业进行了长达一年半的深入调研。在调研的基础上，作者凝练其对工业社会中大型企业组织和运营的理解与见解，完成了这本著作。但本书的内容却引起了通用汽车公司管理层的强烈不满，更令公司当时的一号人物斯隆大为恼火，也因此书，斯隆一定要亲自写一本真正的关于通用汽车的书，旨在还事实以真相，这就是后来的《我在通用汽车的岁月》。

斯隆对本书的强烈不满，不是本书描述通用汽车公司有任何失实之处，而是本书的立意和出发点完全有悖于斯隆的初衷。斯隆希望作者能以其特有的思想高度，以局外人的身份深入探究通用汽车公司的问题，以应对未来的发展。这些问题应该着眼于如何提高通用汽车公司的市场竞争力，着眼于如何更好地回报股东。

而作者的兴趣却并不在于发现并致力于完善企业中的管理问题，

也不在于思考企业未来的战略选择，他关注的是，作为工业社会代表性机构的大企业如何承担起建设和谐新社会的责任。企业所担负的责任不仅仅是股东的期望，更是它的管理阶层、它的一线员工以及它所在社区的发展与安宁，只有能够承担如此重任的企业才会有持续的未来。而在斯隆眼里，所有这些简直就是大逆不道，难怪他会大为光火。

本书开创了管理学这门学科的研究，但我们却很难将本书当作一本纯粹的管理学著作来读。正如作者书中所言："本书所讨论的是政治学和政治分析所讨论的传统问题。本书的新颖之处在于将这些传统问题的研究应用于大型公司。"与纯粹的管理学著作不同，作者以政治学的视野来分析企业领域的问题，这使得本书的见解愈加深刻和高瞻远瞩。

本书结构明晰，在开篇第1章，作者就阐明本书的研究旨在从相辅相成的三个方面对企业进行社会和政治分析，即将公司作为独立的主体对其运行进行分析；作为社会的代表性机构，阐述大企业能否实现它所处社会的信仰和承诺；分析公司目标和社会功能的关系。作者认为，作为工业社会的代表性机构，大型企业必须努力于这三个方面的和谐构建。对这三个方面的分析分别构成第2、3、4章的内容。

首先，关于公司本身，作者认为生存是其最高法则。而公司的生存与成功运行则取决于它能否处理好这样三个相互依存的问题：领导问题、基本政策问题以及行动和决策的标准问题。对大企业来说，持续产生足够有才能的领导尤为重要。同样，大企业还必须具备满足长期利益的基本政策。在实施各项政策时，必须具备不受人为因素影响的客观判断标准。只有同时满足这三个要求，企业才能持续稳定地发展。

按照这样的思路，作者在调研中欣喜地发现分权制度在通用汽车公司的成就。作者用了大量的篇幅考察通用汽车公司分权体制的运行。他发现，通用汽车公司分权体制的形成并不是经过"深思熟虑"的规划而成，更不是一蹴而就，而是在企业发展过程中逐步演变完善的，它深深受到企业主要领导人——斯隆个人风格的影响，也受到战时生产的促进，总之最终形成了鲜明的通用特色。

但作者并没有在如何更好地深化分权体制上做技术上的探讨，作者关心的是，分权体制能否继续深化与完善，成功解决公司生存的三个基本问题，即领导问题、基本政策问题以及行动和决策的标准问题，从而帮助企业承担其应有的责任。

其次，关于大企业能否实现它所处社会的信仰和承诺。通过分析，作者相信大企业通过为企业所有员工，包括工头甚至普通工人，在工业社会中实现机会均等以唤醒他们的公民意识，是大企业责无旁贷的责任，也是符合大企业生存和发展的根本利益的。

最后，关于公司发展与社会功能之间的关系。作者通过分析认为，虽然在特定问题和每一具体问题所遵循的准确边界上，总是会有许多不一致和矛盾之处，但社会的需要与大企业的追求之间是完全可以达到和谐的，因此，对于肩负起相应的社会责任，大企业责无旁贷。

《公司的概念》是一本关于大型企业的著作，是一本绝不限于大型企业管理和经营的著作，是每个命运与大型企业发展息息相关的人，每个关注大型企业发展的人都绝不能错过的经典之作！其思考的广度与深度涵盖了所有正在成长为大公司和已经成为大公司的企业。

感谢华章分社提供的机会，使我重温学生时代精读德鲁克著作的美好回忆。在人大的硕士和博士学习期间，德鲁克的著作一直是导师严格指定的必读书目，几本重要著作更是须加反复精读并经常讨论研习，所以在本书的翻译过程中，时常令我回味起导师的教诲，反倒不为文字翻译所苦。

慕凤丽

中国政法大学商学院

| 1993 年版序 |

在第二次世界大战的最后几年,我结束了始于1943年1月的对通用汽车公司18个月的调研工作,在调研基础上我完成了《公司的概念》。当时已经有很多关于"工商业"方面的书了,但《公司的概念》并不是一本关于"工商业"的书,这是一本将组织、管理和工业社会融为一体的书。事实上,这是第一本将一个"企业"视为一种"组织"的书,它将企业视为一种为了满足社会需求和需要而将人们集合起来的组织。虽然它绝不是第一本——这项荣誉无疑属于亚历克西斯·德·托克维尔所著《论美国的民主》(1835年,1840年),但它是一本极少数讲述企业的"局外人"从"内部"进行长期细致调研的书。事实上,虽然我写这本书已经是几乎50年以前的事了,但仍然没有人试图做类似的事情——不管是另一个大型工商企业还是任何其他承担现代社会责任的大型组织,比如医院、中小学、大学或是教堂。

人们赞誉《公司的概念》开创了管理这门学科和这样一个研究领

域。我一直认为它也起到了更重要的作用：它将"组织"确立为一个独立的实体，将对组织的研究确立为一个学科。传统的社会学只知道社会和社区，并不知道"组织"。虽然组织具备与两者相同的要素，但组织并不是两者中的任何一个。我在《公司的概念》之前的一本书《工业人的未来》（也将由 Transaction 公司再版发行）中断言：工业社会需要独立的、与众不同的、拥有一定地位和职能的机构，也就是能够体现传统社会和传统社区主要特征的机构。《工业人的未来》使我得到了通用汽车公司的邀请，邀请我从内部研究它的组织和它的管理。《公司的概念》首次尝试揭示一个组织实际上是如何运行的，以及它所面临的挑战、问题和它所遵循的基本原理。

本书所讨论的问题之前极少有人讨论过。我们当然知道劳动关系，毕竟汽车工业在 1937 年，也就是完成本书的几年之前就组织了工会。在我 18 个月的调研时间内，我花了大量的时间与联合汽车工会的领袖们接触，特别是与他们精力充沛的主席沃尔特·鲁瑟接触，并与他保持着友谊直至他于 1970 年过早地去世——正如我与他在通用汽车公司的对手，查尔斯 E. 威尔逊保持友谊直至威尔逊于 1961 年去世。当时，人们只把劳动关系看作"劳资"关系，而本书则把劳动关系看作劳动者与组织之间的关系，劳动者本人与他的工作之间的关系，一起工作的人们之间的关系——这是一种从未有过的、全新的观点。但这正是通用汽车内部的人，不管是管理者还是工人，看待劳动关系的方式；这正是一个局外人从内部所观察到的。这同样适用于本书所讨论的其他所有论题。

当然，这些论题的大部分在今天都很普遍，但是不管对营利还是非营利的大型组织来说，它们所引发的问题、提出的疑问和提供的机会仍然是一样的。事实上，它们对工会本身可能是最重要的——至少在美国，没有一个工会，曾经有目标地或者是成功地解决过它们。虽然通用汽车公司从过去到现在一直是一家大型制造公司，但这些问题同样也适用于服务业。它们是组织这一新的社会现象的特有问题。因此，今天这本书可能最好不是被当作一本关于通用汽车公司、关于制造企业和工商企业的书来读，而是被当作一本关于大型组织的书来读。在本书1983年的跋中——收录在此次再版中，我列举了通用汽车公司很多人对本书的冷淡，如果不算是敌意的反应的话。我现在意识到，准确地说，一个主要的原因是我将通用汽车公司视为一个原型、一个"组织"，因此将它的问题视为哪怕不是原则性的也是结构性的问题，而不是采用通用汽车公司对待它的方式。事实上，当我疑惑为何此书会在通用汽车公司内部遭到如此充满敌意的批评时，通用汽车公司内部一位敏锐的好心朋友（他本人就是公司的一名高层领导）对我说："在通用汽车公司，我们必须致力于扩大规模和增加利润，而你优先考虑的却是另外的事情。"

但这仍然是一本关于通用汽车公司的书。1993年的通用汽车公司已经大不同于1946年的通用汽车公司，甚至也大不同于1983年的通用汽车公司——那是我上一次为本书的再版写序和跋的时候。1983年的跋已经提出了公司面临的困境——当时的通用汽车公司的高层还没有意识到这一点，更不要说承认了。10年后，1983年跋中的预言得到了证实：也就是在20世纪90年代，通用汽车公司仍然处于守势。但我也表达了通用汽车公司到20世纪90年代能够转亏为盈的希望——不必多说，这未能实现。通用汽车公司无力走出困境的原因大多是《公司的概念》50年前就指出的问题——书中的危言耸听使大多数通用汽车公司的高层领导对我视若无睹。

而今，通用汽车公司的每个人都知道这些都是至关重要的问题，但通用汽车公司看来还不能解决它们，相反地，通用汽车公司一直努力于采取原来的——一直不成功的——"多元化"的努力来绕开这些问题。遵循管理上最古老的误导："如果你不能运营你自己的企业，那就买一家你对其一无所知的企业。"通用汽车公司首先收购了电子数据公司，接着又收购了休斯飞机公司。可以预见，这不会解决通用汽车公司的问题，只有再次成为一家真正有效益的汽车制造商才能解决问题。通用汽车公司的案例显示，要超越50年的成功是多么困难，要打破垄断的思维定式是多么困难。作为美国产业界的另一个成功案例，贝尔电话系统公司，显示只有重大灾难才能解决问题（在贝尔公司的案例中，贝尔公司在一项反托拉斯的判决下分拆）。我迫切想知道的是，如果不分拆通用汽车公司，无论是自愿的还是被恶意接管，是否有可能使它（或它的继任者）产生一次成功的转变？

彼得·德鲁克
于加利福尼亚州克莱蒙特

| 1983 年版序 |

《公司的概念》首次出版于 1946 年,也就是将近 40 年以前,但它并没有成为"经典"之作——一本人人知晓却人人不曾读过的书。它始终保持着持续的销售,销量之大以至于每过 10 年就需要再版一两次——最近的一次已是第 6 版。这本书无疑要告诉今天的读者某些重要的内容,这些内容与 40 年前本书面世时告诉读者的迥然不同。

40 年前,也就是写作本书之际,公司几乎完全被忽视,更没有被系统地进行研究——就像中世纪的地图制作者对待非洲,那只是一大块标有"大象在此漫步"的空白地带。有关公司及公司管理方面的书屈指可数。当时的"管理"压根儿就不是一门学科或是研究的对象。

本书问世时,评论家们不知该做何评价。它讨论商界事务——可讨论的并不是"经济";它讨论结构、组织、政策、规章制度、权力关系——可讨论的却不是"政府"。一位私交不错的朋友——当时杰出的政治学家,在一份重要的政治学杂志上对本书做如此评价,"希望这位前程似锦的年轻学者能将他广博的才智投入到一个更令人尊敬的学科"。而另一位朋友，我当时任教的大学的校长，他根本就强烈反对我将此书出版。"你已经成功走上了政治学或经济学的学术道路，"他说，"出版这样一本书一定会同时得罪政治学者和经济学者，这只会毁掉你的职业机会。"

被我当作现代公司和现代组织样本的通用汽车公司，在此书写作的时候，正处于成功的顶峰。第二次世界大战期间，通用汽车公司是美国生产成就方面的明星企业，并正在为战后愈加辉煌的成功做积极的准备。第二次世界大战期间，其产值翻了一番还多，利润是原来的4倍多。通用汽车公司是汽车行业在世界范围内无可争议的领导者，是当时杰出的"增长型产业"，是"高科技产业"的代表，是"现代工业经济"的动力源泉。

如今，每年都会出版几十本关于公司和公司管理方方面面的书。我的那位大学校长朋友的确说中了：至今还没有一个政治学者或是一个经济学者接受《公司的概念》首次分析的现代组织的现实。相反，这本书创造了一个新的学科：我们叫它"管理学"——对现代组织的结构、制度和社会人文方面有组织的系统研究。管理学从此成为全世界专业研究和研究生学习的一个普遍的领域。

因为"管理学"起源于对商业公司——40年前就已出现的现代机构——的研究，所以它通常放在商学院，大多数人在听到或读到"管理"一词时仍能听到或读到"商业管理"。不过，"管理学"的研究正日益包容今天"组织社会"的所有机构。商学院（很多商学院改名为"管理学院"）正在吸收公共管理学院或是医院管理学院；哈佛商学院为大学校长提供"管理培训项目"。大多数"高级管理人员培训项目"都从工商业和非工商业机构，从联邦政府到专业协会招收在职管理人员。甚至在很多神学院，最受欢迎的就是以《公司的概念》为基础教材的"牧师管理"方面的课程。

为了效法拿破仑，戴高乐将军决定创办一所新的大学院（Grande Ecole），并期望以此超越他伟大先驱的创举和培养法国未来的管理者，他组建了国家管理学院——一所研究生管理学院，照搬了美国管理学院的课程体系，该学院为新生指定的第一本书就是《公司的概念》。

与40年前形成鲜明对比的是，今天的汽车工业正深深地陷入一场全球性的危机——一场绝非由能源危机和OPEC引起的但因其而加剧的危机。因为最近的20年，所有西方国家的汽车需求增长都低于国民生产总值或是人均收入的增长，而且5年前，也就是20世纪70年代末，汽车需求在日本也停止增长了。这意味着汽车工业哪怕实际上不是在衰退，也处于成熟期。

在20世纪40年代，流水线仍然是最先进的生产方式，即使那样，本书当时就已批评它不仅低效而且践踏了基本的工程原则。如今，流水线如恐龙一般过时，而且成了真正自动化的绊脚石。就技术和分销体系而言，汽车工业已经变成了一个"古老"，很大程度上是"过时"的产业。技术和工业领先地位以及增长动力已经转移到那些基于知识和信息的产业，就像生物制药业、信息处理业和电子通信业。

虽然仍是全球最大的制造公司（直到最近仍然是盈利最多的制造公司之一），但即使在它自己的产业中和它自己的根据地美国，很显然通用汽车也已经被推到了防御的境地。

然而，本书问世以来所发生的真正的沧桑巨变就在于社会本身。

首先，我们在1983年看待社会的方式完全不同于1945年。我们以

《公司的概念》首次看待社会的方式来看待如今的社会。

今天，我们视现代组织为理所当然。事实上，我们知道现代发达社会是一个由各类组织所构成的社会，在这样的社会里，主要的社会职能都是在组织内部或者通过组织完成的，比如工商业公司、政府机构、医院、中小学或是大学和武装部队。40年前，工商业公司只是被视为新生事物和例外，而今天，工商业公司被看作社会成员之一，它与其他成员之间的相同之处远多于不同之处。它们都需要重新组织和架构，它们都需要我们称之为"管理"的功能，它们内部都存在一项特定的工作——管理工作，它们都有政策规定和战略措施，它们内部都要面对个体的丰富多样与工作职责的问题，它们都必须利用资源——首先是人力资源，它们都要处理内部权力关系和需要使组织有序的基本原则。这些正是《公司的概念》最早提出和讨论的话题。

如今，人们对这些问题已经司空见惯，而40年前，人们却备感新奇甚至震惊。那时，半数以上的美国青年在高中毕业之前就结束了正式的学校教育，今天，超过半数的青年人继续进入大学学习。那时，4/5的美国劳动力仍然在农场、工厂、煤矿、铁路或是在手工作坊从事"蓝领"工作，而到2000年左右，这一比例将下降到1/4甚至更低。1945年，将近一半的美国人在工厂工作，今天，这一比例是1/5，而到2000年，工厂劳动力将降至劳动力总数的1/10。

40年前，无人知晓"知识工作者"一词 [我在1959年的《已经发生的未来》（*Landmarks of Tomorrow*）一书中杜撰了该词]，而如今，知识工作者（就是说，将自己的所学投入工作中并据此取酬而不是根据体力或手工技能获得酬劳的人）占美国劳动力的一半以上。

在所有的发达国家，1983年的社会已经成为一个雇员的社会。今天，发达国家的绝大多数人都是组织的雇员，这与20世纪40年代人们所想当然的社会形成鲜明的对比，那时人们认为的标准并不是雇员而是为自己工作的人，就像农场主、手工艺者、律师、医生或小店主。

40年前，人们理所当然地以为受过高等教育的人会为自己工作。不管是企业还是政府机构，都没有听说过大学毕业生求职。即使是大公司的高层管理者，拥有大学学位的也是凤毛麟角。那时的通用汽车公司，大多数高层管理人员都读过大学，这在当时成为奇闻，而IBM是在第二次世界大战爆发的一两年前才第一次雇用了一名大学毕业的工程师。

如今，每10个受过高等教育的人当中就有9个会在毕业后马上进入一家组织，而且在退休之前一直为某个组织工作。事实上，如果没有现代组织，我们将无法为大学毕业生提供工作，只有大型组织才能让受过高等教育的人贡献力量并获得报酬。相反，如果离开了在广泛的知识领域和学科中受过大量正规教育的人，现代组织也将一无是处。

但也就是在这个雇员的社会，工商企业，特别是大型工商企业日益为雇员的利益谋求发展，而不是如法律或政治辞令所说的是为股东的利益谋求发展。首先，"工资基金"——就是分配给雇员的那部分国民收入，现在达到了国民总收入的85%（这一比例在欧洲更高，在荷兰就达到了96.5%的顶峰）。与100年以前的工资基金相对照，当工会首次发表其宣言和计划时，工资基金所占的比例还不足40%。

而同样也是在雇员的社会，雇员正迅速成为唯一真正的"所有者"。在美国，通过养老基金的设置，这一点已经成为事实。在大多数大公司中，除去费用和税负后的可支配利润中，有一半甚至更多被留作养老基金。养老基金现在总共拥有《财富》500 强和其他大公司大约一半的股权资本，另外一半的收益，养老基金又以股息或是以资本增值的方式，占据了半壁江山。在其他国家也是殊途同归，比如在日本的"终生雇用制"，也就是说，除非破产，雇员是公司收入的第一个分配者。

在雇员的社会中，只有通过为某个组织工作，一个人才能维持生计、获得社会地位、得到承认和拥有职业生涯。财产的获得也是这样。因为通过养老基金，日益增加的基金收入成为雇员有望积聚的一笔最大的收入，只有极少数极富有的人除外，甚至包括独立工作的律师或是医生。

逐渐明确的是：一个人要行使自己的公民权利和要被完全接受为一个社会成员，就必须拥有一份工作。

然而我们创造的是一个雇员社会，而不是劳动者的社会。政治辞令仍然提及资方和劳方，但是我们社会的代表性团体和实际上的大多数团体已不再是任何一方，而是受过良好教育的、从事"知识工作"的、受雇用的"中产阶级"，这一阶层的成员是雇员而不是"无产者"。他们是知识劳动者而非靠体力谋生的蓝领工人。他们是下属，但在很多场合他们也是老板，也有自己的属下。他们视自己为管理层的一部分，虽然他们完全明白他们的目标和愿望与雇用他们的组织——无论是企业、医院、大学，还是政府机构——之间存在某些矛盾。迄今为止，他们还没有明确的身份，也没有明确的政治或社会特性。

这一群体将展现发达的组织社会的真实社会问题。它的地位如何？它与权力机构的关系如何？

在写作本书之际，甚至无人注意到这一群体。《公司的概念》意识到这样一个群体的浮现，但并没有将它视为社会的中心群体。与当时的任何人一样，它看到了劳方和资方，但这一新群体显然既非劳方也非资方。

这一群体成为大多数的事实很大程度上解释了在所有发达国家传统政策所面临的危机。这是一个还没有政治归属的群体，它不能简单适合于任何一项传统政策或政治习俗。它在很多方面是一个非常保守的群体，但它并不符合保守的传统形象，既不是传统的"地主缙绅"，也不是传统的商人。在很多方面它又是一个非常自由的群体，但它也不符合任何自由的传统形象，当然不适合20世纪30年代的新政，也不适合欧洲社会的民主政治。它是各个政党竞相争取的群体。它不信任传统类型的领导人，然而它也还没有形成自己的领导方式。这解释了在最近十年左右所有发达国家里，为什么那些以前会被视为"政治投机分子"的人能够爬上政治的顶峰——美国的吉米·卡特和罗纳德·里根，英国的玛格丽特·撒切尔（英国保守党的领导是一个女人，一个小店主的女儿，一个会计！还有什么比这更难以想象的），还有日本的铃木（其唯一特别之处就是他是一个渔村的世袭村长，他成为首相的仅有资格是他从不主张削减对家乡渔民的补助）。

这些变化大部分源于公司和其他同一种类成员的机构，即现代组织的出现。但是反过来，这些变化也从根本上改变了公司发展的内外部环境。

公司本身也正如它置身其中的社会一样发生了变化。

通用汽车公司，40年前现代组织的典范，曾经是，现在仍然是一个提供单一产品的公司，一个基本上在美国这一个国家内发展业务的公司和一个制造型公司。典型的现代公司是高度多元化的，其业务不仅涉及制造业还涉及非制造业，像金融业务和服务业务，是"全球化"的企业。它们基本上不是"制造型"公司，当然更不是像通用汽车这样致力于机器制造的公司。

通用汽车公司曾经是，至今仍然是世界上最大的制造公司。40年前，"更大"即意味着"更好"，大多数公司那时都太小而不能运用现代组织、现代营销和现代技术。而今后代表性的企业并不是越大越好，它将是一家公司，由职业经理人管理，必须拥有结构、组织、政策和战略。换句话说，它与通用汽车公司同属一类，但它可能会是小型而不是大型的公司。可以这样说，通用汽车可能代表的是动物中的大象或是鲸，今后的公司可能只由一个人组成。大象和鲸取得成果很大一部分是基于它们的体积，人类获得成绩很大部分是基于他们的智力。随着信息技术和制造工艺日益转向自动控制，也就是说，转向基于信息和知识的自动化，经济规模发生了剧变。最优规模是指适应性最强而不是最大的规模。

不过今天，如果人们必须选择一家公司来作为现代公司的分析模型，人们可能仍然会选择通用汽车公司。让通用汽车"过时"的特征恰恰就是让它中选的特征。首先，通用汽车简单，它过去是，现在依然是一个生产单一产品的制造型公司，在一个国家内发展业务，其中包括管理者和工人，只有相对很少的专业人员和知识员工。而只有简单才可以成为模型，只有简单才能被分析、被作为代表、被理解。

但是，尽管发生了所有这些变化，现代公司也只是通用汽车公司的追随者，或者说是拥有结构最清晰、组织最严密、架构最完整的组织形式的通用汽车所代表的公司的追随者。虽然今天的代表性企业已经超越了通用汽车模式，但它仍然是一个典型代表。首先，我们今天所拥有的基本组织结构模式都是从通用汽车所率先创立和发展的模式发展而来的，也就是从《公司的概念》最先分析和描述的模式中发展而来的。

今天，对于由《公司的概念》首次提出的问题，我们的答案可能是完全不同的，但问题仍然是同样的。事实上，40年前对通用汽车的研究中唯一没有提出的问题就是有知识的受雇中产阶级所产生的影响，知识员工和雇用社会所产生的影响。否则，我们今天实际上就没什么可供讨论的了，不管是公司内部，如结构、报酬、战略和制度等，还是公司外部，如社会责任，《公司的概念》已经不是第一次辨别、定义并讨论该问题。我们今天仍然用《公司的概念》中所使用的术语讨论这些问题。最重要的是，在过去40年里所有关于公司和公司管理的书中，要论及对一家重要公司进行完整的研究，而且是从公司内部进行研究，本书仍算得上是唯一的一本。

彼得·德鲁克

1983年元旦

于加利福尼亚州克莱蒙特

| 初版序 |

　　从前，有个年轻人计划写一本关于中国的权威性著作，他研究了所有关于这一主题的资料，做了充足的准备，并学习中文。作为一名中国问题专家，他声名鹊起。一个出版商因此和他签了一份条件极为优厚的合同，并且付给他一大笔预付款。一切准备就绪，他在一个天气晴朗的早晨，抵达了上海。他拜访了一些中国问题方面的专家，度过了愉快的一天，无论走到哪里，他都受到盛情款待。深夜，他回到下榻的旅馆，却无法入眠，他的脑海中充斥着各种各样的想法，最后，在黎明前夕，他再次起床，匆匆记下了其中的一小部分。12个小时之后，当他从桌前站起来时，他已经完成了一份最全面、最完美的提纲，只要再把他脑中闪现的想法记录下来，这本书就完成了，他只需要关于一些次要问题的一点细节方面的数据。"好吧，"年轻人一边浏览他的提纲，一边自言自语，"耽误一天也没什么关系，我明天最好收集这些数据，这样我之后就不会打断写作了。"那是在46年前，最近听到这个年轻人——现在已经很老了，仍在查阅一点小的细节和数据。

本书的主题，工业社会的社会和政治问题，与中国问题一样庞杂但却更加鲜为人知。我写作本书的资格远不如我们故事中的年轻人，因此，本次研究不能，也没有被称为是全面的或是结论性的。它所涉及的话题远远超出了这样一本短小篇幅的书所能涵盖的范围，甚至也超出了一个比笔者更加训练有素的人所能掌握和理解的范围。然而，它没有讨论能够涵盖这一领域的所有命题，遗漏的却可能很重要，甚至足以影响到结论。该主题如此具有挑战性，以至于笔者的尝试看起来就像是新闻报道；然而，本书的努力还远远不够。笔者敢于把如此粗浅的文章呈现给公众，唯一的理由就是：如果不这样做，就将重蹈我们在中国的那位朋友的覆辙，即使不是永远，也至少会在有生之年不断拖延其写作和出版。那样也许会更好，但是我认为，我们再也不能拖延关于我们工业社会基本问题的讨论了。对于美国，没有比这更紧急、更迫切的问题了，也没有比这更不为人知、更缺乏讨论的问题了。本书没有试图给出答案，它只希望提出问题。它不试图成为论述大型工商业公司与自由工业社会之间关系的权威之作，它是开放性的讨论，我希望它能引发一场热烈而卓有成效的争论。

很久以前，我就对以社会学和政治学（而不是经济学）的研究方法解决工业社会的问题产生了兴趣。但是，如果不是因为1943年秋天的邀请，哪怕是如此粗浅的研究我也无法完成。通用汽车公司邀请我从一个外部顾问的角度对它的管理政策和组织方式进行研究，并完成研究报告。为此，我工作了18个月。这次邀请不仅为我的研究提供了经费，也使我得以深入接触通用汽车的资料、工厂以及管理者的丰富经验。毋庸置疑，本书所表达的观点和得出的结论都是作者个人的看法，没有反映通用汽车公司或该公司任何领导者的观点和结论。但是，本书分辨问题和理解问题的程度要归功于通用汽车公司在纽约和底特律中心办公室以及制造部门的管理人员，要是否认这一点就未免有些忘恩负义了。随着研究的结束，将近两年时间里，我所享有的与这一群人亲密接触的特权也必然宣告结束，对此我从心底里感到万分遗憾。

我还要向其他很多朋友致以深深的谢意，他们有的在政府部门工作，有的在工会工作，也有的在工商企业工作，他们的知识和经验都给了我莫大的帮助。

彼得·德鲁克

1946 年 1 月

于佛蒙特州本宁顿

第1章 | CHAPTER 1

一国之内的资本主义

1

这本讨论美国工业社会核心问题的书基于这样一个假设前提：除非发生重大灾难，比如一次全面的战争或者整体的萧条，任何事情都无法动摇绝大多数美国人对自由企业经济体制的信念。这并不表示历史必将证明美国人民持有这样的信念是正确的，也不表示历史必将使他们的这种信念成为典范，但这却意味着美国的政治家和经济家只有一种选择：努力推行自由企业体制。因为很显然，任何不是基于自由企业而是基于其他方式来组建经济和社会体制的尝试——不管是因为自由企业体制不能发生作用还是认为自由企业体制不够理想——都将导致美国社会政治信仰与现实之间的冲突，导致人们愿望与行动之间的冲突，这种冲突将危及国家的团结，使政治经济系统趋于瘫痪。因此，美国政治的核心问题就成为：自由企业体制如何运行以及它的要害在哪里？它能够发挥哪些作用，不能发挥哪些作用？还有哪些问题有待解决？

美国推行自由企业体制的能力不仅能决定其国内稳定与否，而且将决定世界和平与否。因为战后的世界和平与现代西方历史的世界和平不同，它不再取决于各国在政治、社会和经济方面的信条与制度是否一致，而是取决于政治和经济体制完全不同的国家是否愿意并能否和平相处。只有每个大国都能够证明它的特有体制既稳定又成功，维持世界和平这项史无前例的任务才有可能被完成。

持有这样的观点，本书并不想为自由企业辩解什么，相反，我们应该比自由企业的反对者更多地质疑现有的体制。我们应该要求自由企业不仅履行经济职责，还要承担艰巨的社会和政治职责。这一研究并不是证明自由企业是好的或是不好的，而是想弄清楚自由企业能起多大的作用以及如何才能最好地发挥作用。只要美国人愿意去尝试自由企业体制，我们就必须假设自由企业能够发挥作用。

不过，美国人所说的"自由企业"指的是什么呢？这个词的含义已经变得很模糊。但我认为总的来说，当人们用到这个词的时候，他们想表达的意思还是清楚的。"自由企业"这个词并不排斥政府针对工商业活动的规范和限制，但它清楚政府的作用在于设置一个引导工商业活动的框架而不是直接插手商业活动。而且，它也不排斥政府管理或者拥有的不管是自然垄断企业还是专门用于国家用途的工业生产的企业，如军工厂；显然美国人并不认为田纳西流域管理局的存在与他们的自由企业信念有冲突，虽然他们不会欣然接受将公共事业、铁路甚至自然资源收归国有的建议，但也不会认为这与自由企业体制的基本原则相违背。

只不过公用事业不是被视为常态而是被视为需要特别辩解和保护的例外。在公用事业这一限制性领域以外，根据美国人今天所普遍理解的自由企业原则，工商业既不会掌握在由政府任命的人手中，也不会对法庭之外的任何其他政治机构负责，而且这个国家的生产性资源将为私人所拥有。

自由企业这一概念已广为人知，它意味着人们进一步接受了推动和控制工商业行为的因素——利润，它意味着消费者自主决定他想要什么，价格则是由市场供求所决定的而不是由政治力量所决定。最后，自由企业的概念也意味着人们接受私有、自主经营企业，接受它们生产和销售有利可图的商品参与市场竞争。就是在这种意义上，自由企业这一词语将被用于这次研究的始终。超越自由企业这一定义本身的是大型企业出现了并成为对美国工业社会所进行的任何研究的焦点。㊀

㊀ 工业社会的出现只是最近的事——或者说我们意识到工业社会的存在只是最近的事——所以，我们还没有固定的概念来形容它的代表性机构。我们必须描述和分析的是：①按照技术要求而专门组织起来的一体化大型单位；②特殊的合法经济机构，其内部的技术单位按照社会有效性和经济有效性的原则进行组织。第一种定义与某一特定国家所特有的社会、政治和经济体制无关——它是一个纯粹的技术性的客观事实，在任何地方、现代工业存在的任何情况下，它都是同样存在的。第二种定义则取决于一个国家所特有的政治和经济状态。可用的和常用的术语经常含义模糊、容易发生误导，并且充满了感情色彩。比如第一个概念，我们可以啰唆地称之为"大规模生产的一体化单元"，也可以感性地冠之以"大企业"。虽然"大企业"存在显而易见的缺陷，但本书将一如既往使用"大企业"这一术语来描述这种有形的和技术性的生产单位，不论它是一个竞争性自由企业体制中的私有公司还是像存在于俄罗斯的托拉斯。

更多的困难是决定用什么样的术语来描述美国自由企业体制中组织**大规模工商业活动**的社会和经济机构。经常用的术语只有一个：公司。通常，它用在伯利和米恩斯的书《现代公司与私有财产》里的意思很清楚，然而同样清楚的是，因为这个术语有一个非常不同的却无法仅限于法律领域的法律含义，这种用法可能造成无比的混乱。例如，伯利和米恩斯在他们的讨论中并不想把街角的烟杂店包括在内，虽然很多情况下，它们确实是公司。他们也不想排除无限合伙的——这种情况很多——大型企业。然而我们没有不同的词用于这些大规模工商企业——通常它们是以公司形式存在，但有时也不是。因此，当我采用通常的用法和不顾其显而易见的缺陷运用术语"大公司"或者"公司"（当上下文允许我省去前面的形容词时）的时候，我发现自己无所适从。

2

　　不到 10 年前，是否应该接受大企业还是美国政治事务中的重大问题。而现在，这个问题已经变得无关紧要，甚至毫无意义了。显然，如果不能够成为一个运用现代工业技术的工业社会，任何现代社会将无法生存或者保持独立；生存从来都是任何社会的第一法则。同样显而易见的是，现代工业技术需要一种大型工商业组织形式——大型的、一体化运用大规模生产方法的工厂——来运转。因此，大企业必须被任何现代工业国家所接受。同样明显的是，大型工业单位不仅是现代工业技术的伴随产物，而且是现代工业社会的核心。大型工业单位已经变成我们社会的代表性事物，而且它的社会性组织形式，这个国家中的大型公司，已经变成我们的代表性社会机构。换句话说，大企业是现代社会的普遍现象，这与社会组织的形式或个别国家所采纳的不同政治信仰无关。再来问我们是否需要大企业这样的问题是毫无意义的，最多是抒发一下怀旧情绪罢了。所有现代社会的核心问题不是我们是否需要大企业，而是我们想从大企业中得到什么，是大企业和它所服务的社会采用何种组织形式才能最好地实现我们的愿望和需求。

　　在今天的政治讨论中，大公司已经成为美国代表性的社会机构这一事实常常变得含糊不清，这源于人们将代表性、决定性与数量上的多数混为一谈的错误认识——民主很容易使我们产生这种错误认识，而这种错误认识又会危及民主。因此，当前的观点总是通过断言大公司雇用了大多数的产业工人，生产了我们大部分的工业产品，控制了大部分的国家生产资源等来力图解释大企业的统治地位。当然，上述断言中的每一点都可以通过一些显而易见的统计数据驳倒，因此也能够非常容易和表面上似是而非地推断出，由于大公司在几个方面占少数地位，大型公司不可能是我们社会的代表。

不过，是少数领导者而不是大多数人决定一个社会的结构。一个社会的典范行为是最接近社会理想的行为而不是大多数人的行为；就定义而言，最接近社会理想的行为只能是极少数的行为。而且，从社会的品位来看，在维多利亚时期的英国，只有很少一部分居民称得上是"绅士"。进一步讲，绝大多数人，中低阶层和劳动阶层，也不想成为"绅士"，他们非常明确地拒绝将这种社会理想强加给他们。但他们不仅接受这些"绅士"的领导，还希望自己阶层里的那些已经晋升领导地位的人也变成"绅士"。"绅士"能够成为维多利亚时代英国的典型代表，是因为其被广泛接受和为非绅士设置准则的实际作用，而不是他们在数量上有优势。

今天我们分析美国社会所要寻找的正是这样的机构：它为我们的公民设置生活方向和生存方式的准则；它能领导我们，影响我们和指引方向；它决定了我们对自己社会的理解，围绕它来明确我们的社会问题并寻求解决的途径。换句话说，一个社会里重要的不是静态的多数，而是动态的要素；不是大多数的事实，而是一个社会模式中组织事实的象征事物；换句话说，重要的不是普遍的现象，而是代表性事物。这在我们今天的社会，就是大型公司。

即使在战前，这一判断也是不言而喻的，但是战争无疑提供了佐证。此前，有个广为流行的言论，之中一个政府官员声称少数大型公司在战前只生产美国总产量的很小一部分，在战争期间，设法将它们的份额达到了几乎全部产出的3/4。但是这种说法不仅完全违背了我们已知的事实，而且也试图

通过近乎耸人听闻的统计手法来证明他的观点。㊀

然而，令人感兴趣的不是这一说法本身，而是它广为接受的事实，即使任何一个成人读者都能立刻发现它存在着明显的逻辑错误。这是因为它表明了这样一个广为人知的事实：战争使大公司成为今天美国社会的代表性机构。这种声称证明大企业在战争期间已经在数量上成为第一的言论为什么能够蒙骗普通大众。其仅有的理由就是普通大众已经意识到，作为战争的结果，大公司已经成为最重要的。很明显，大公司成功实现了向军火生产转换的奇迹。战争表明，是大公司决定了一个经济体系的生产极限。战争还表明，我们必须在技术研发和产品改进方面寻找通往大公司的道路。换句话说，战争证实了这样的事实：是大公司决定我们经济运行的经济和技术条件。这些大型公司并没有雇用多少产业劳动力，但它们的劳动力关系为全国设置了标准，它们的工资水平决定了全国的工资水平，它们的生产条件和工作时间是全国的标准，等等。这些大型公司并没有控制国家工商业的大部分，但它们的繁荣与否决定了整个国家的繁荣与否。如果我们讨论美国的工作机会，我们脑海中首先想到的是现代大规模工厂和现代大型公司所提供的机会。如果我们讨论美国技术，我们不会考虑统计上的平均技术水平而是由这些领导者所建立的标准。我们讨论过去半个世纪中新出现的另外两种重要

㊀ 这个说法的原话是："战前，美国最大的一些公司生产了全国大约 30% 的工业品；然而，这些公司却获取了 70% 的军火合同。因此，战争期间大企业在美国经济中所占有的份额翻了一番。"显然，这还处于一个小学生企图从四头牛里减去三个苹果的计算水平。第一，军火生意，即使在顶峰时期，也从未超过全国生产总量的 50%；因此，70% 的军火合同最多只相当于全国生产总量的 35%。而且这还没有考虑到民用经济的发展，所有证据都表明，在战争期间小企业所占有的份额得到相当大的增长。第二，获得合同并不等于生产。众所周知，大型公司将所获得的军火合同的相当大一部分又转包给了一些中小型企业；且每一个大型公司都报告说，它们在战争期间把军火合同转包给中小型企业的比例远高于它们在和平时期的转包比例。

的社会机构——工会和政府管理部门时，我们意识到它们也只是大企业和公司的社会产物。总之，是大公司——自由企业经济中大型工商业的特有组织形式——成为代表性和决定性的社会经济机构，它为人们树立了典范，决定了人们的行为，甚至决定了从未买过股票的街角烟杂店的店主和从未踏进工厂一步的小伙计的行为。因此，我们社会的特征决定于和规范于大企业的结构组织、大规模生产工厂的技术，以及我们的社会信仰和承诺在公司里和通过大公司能够实现的程度。

大企业的出现，比如大型一体化工业单位，在过去的50年里成为社会事实，这是西方世界近代社会历史中最重要的事件。我们的后代甚至可能将当代的世界大战看成是大企业社会崛起过程中的一个偶然事件，就像很多历史学家把拿破仑战争视为工业革命的偶然事件一样。只要不是以否认我们讨论的道德问题为目的而歪曲事实（比如，詹姆斯·伯纳姆先生在他的《管理革命》一书中就这样说过，此书不久前还广为传阅），这种观点就并非一无是处。

当然，大企业的政治、社会和经济组织问题不是某个国家所特有的，而是整个西方世界共同面临的问题。这就意味着：无论我们讨论的是美国还是苏联在如此广泛的范围内都不会产生多大的分别，因为整个社会工程领域就是一个客观的领域。比如，利润和盈利能力在任何经济体制下都发挥着同样的功能，它们分别起着风险回报和衡量标准的作用，离开了它们，经济活动就无法展开。因此这就产生了一个客观问题，至少从企业组织的角度来看是这样——以什么为基础衡量盈利能力更加有效：是自由市场体系，还是建立在计划价格之上的成本会计体系？

然而，除了可能产生某些限制，社会工程本身什么也决定不了。问题往往在于我们采用某种机制的目的所在。比如说，社会工程学者可能认定基于自由市场价格的盈利能力是最可靠的衡量标准，但是他所在的社会却认为只有建立在计划价格之上的成本会计体系才符合其社会信仰和目标，从而决定采用可靠性较差的成本会计体系。事实上，对社会或政治机构进行分析的一个首要问题就是：使它有效运作，维持生存，并且获得足够领导能力的必要条件是什么？因为社会对一种机构的根本要求就是它能够正常运作。但是，与此同时，我们也必须问一下，为了使社会正常运作，保持稳定，机构必须达到什么要求？因为社会的正常运作也是个人对社会的根本要求。这两个问题的提出都是为了引导我们去思考：我们希望借助这种机构达到什么目标以及如何达到？

本书将主要涉及社会工程，这部分讨论不管是对瑞典还是对美国，不管是对纳粹的垄断企业还是对自由资本主义经济下的公司都同样适用。但是，我们不会把精力集中在放之四海而皆准的一般原则上，而会着重研究美国的现在和未来；我们也不会把精力集中在一般的工商业组织上，而是着重研究美国的大型公司。我们的问题不仅包括大企业是怎样运作的，还包括大型公司在美国的自由社会中是如何运作的。这是一个全新的问题——1929年之前它几乎尚未产生，1914年之前人们对它还闻所未闻。因此，我们无法要求一个最终的答案——事实上，对于任何看似最终答案的答案，我们都应该采取高度怀疑的态度。我们有望找到的一切办法都只是有可能解决问题的方法。

我们的研究必须从它所涉及的理论展开。然而，局限于纯理论领域的讨论是漫无目的和毫无意义的，除非它的结论经得起检验，并且适用于有关美国社会生活具体情况的分析。所以，这项把公司作为我们社会代表性机构的研究着重分析了一家具体的公司：通用汽车公司。

把通用汽车公司作为美国大型公司的代表最合适不过了，原因有以下几条：首先，它是美国规模最大的工业公司，战前拥有25万名雇员，第二次世界大战期间雇员人数最高时曾达到战前的两倍。它是汽车产业中最大的公司，而汽车产业又是现代大规模生产的先锋，从而最能反映现代工业社会的情况和问题。但是，主要原因还在于，通用汽车公司近25年来，始终有意识和深谋远虑地致力于解决基本的政策问题，并且在制定政策时始终有意识地把现代公司看作一种社会机构——就我所知，在美国所有的公司中，像这样的公司仅此一家。因此，通用汽车公司的制度决策、它的成功以及它所面临的困难与失败都与整个美国工业息息相关。

这并不是想说通用汽车公司在探索现代公司生活的社会问题时，在每一个方面都走在最前列。相反，比如在公司的管理人员方面首先就会指出贝尔电话公司在雇员培训方面颇为出色，而通用汽车公司也有很多政策控制的财务原则源自杜邦公司的经验，它们在公司内部发挥着重要的作用。但是，经过长期的调查研究，我认为虽然其他公司可能在某一特定方面走得更远，但是没有一个公司能像通用汽车公司那样始终致力于将这一问题作为一个整体，并有意识地将这一问题作为问题的核心。所以，通用汽车公司完全可以作为大型公司的代表，反映其成就、潜力、问题和风险。

3

我们在本书中所讨论的是政治学和政治分析所讨论的传统问题。本书的新颖之处在于将这些传统问题的研究应用于大型公司。我们并不缺少工商业方面的大量文献。我们所拥有的关于垄断、商业周期和价格等经济问题的资料——通常水平都很高——不是任何一个人看得完的。本次研究中随时可以参考的有关工商管理的文献不但数量庞大，而且与日俱增；虽然其中大部分只涉及纯粹的形式或内部问题，但是像切斯特 I. 巴纳德、詹姆斯 D. 穆尼和奥德韦·蒂德这些人的著作，以及哈佛商学院的著作都极大地扩充了我们关于作为组织的公司的概念。但是，不管是学经济政策的学生还是学工商管理的学生都没有从政治学角度对公司进行分析，也就是说没有把公司视为一个组织人们努力实现共同目标的社会机构。但是，我们认为，公司的本质和目标不在于它的经济业绩，也不在于它形式上的准则，而在于人和人之间的关系，包括公司成员之间的关系和公司与公司外部公民之间的关系。

任何关于机构的社会分析和政治分析都必须从三个层面展开。

必须将机构看作独立的主体——按照自身结构的要求进行管理和按照自身生存的需要进行决策——可以根据它自己的目标来评价它。

每个组织必须按照它所服务的社会的信仰和价值观来进行分析。该组织是否促进了社会的道德信仰和价值观的实现，从而增强了公民对社会的忠诚？我们讨论的是社会的核心机构，这一点特别重要，因为正是核心机构实现基本社会信仰和价值观的程度反映了社会本身的表现。

机构是社会的一员，必须根据它与所处社会的功能性要求之间的关系来进行分析；机构以什么样的组织方式最有益于组织社会的生存和稳定，以及作为独立主体的公司的目标与它所处的社会的需要之间存在什么冲突？

在第一个层面上，作为独立主体的公司具有三个方面的主要问题。政策问题：一个组织必须拥有长期的计划和运行准则。但它的政策必须是灵活多变的，以适应新的问题和挑战。以领导问题为核心的系列问题：如何确保领导人的充足供给；如何培训和测试他们。也许，所有关于领导者的问题中最艰巨和最紧迫的恐怕是如何把企业中从事日常工作的专业技术人才培养为具备决策能力的训练有素的人才。最后，公司需要能够衡量政策和领导者是否成功的客观准绳——与公司的经济相适应，但不受短期经济波动的影响和不能被操纵的客观准绳。

第二个层面的分析也许是最艰巨和最重要的，它同样涉及公司的内部关系，但是在社会信仰和价值观的背景下讨论内部关系的。作为美国社会代表性机构的公司必须坚守实现美国人民的愿望和信仰的承诺。美国社会的基本信仰、价值观与公司生存之间的冲突将会最终破坏对于我们政府和社会组织的忠诚。因此，我们必须分析公司是否满足这些基本要求：承诺机会均等；承诺价值的分配是基于能力和努力的；承诺每个人，无论多么微不足道，都享有公民应有的社会地位和尊严，都能履行公民的职责，都有机会在社会生活中实现自身价值；在合伙的企业中，每个出资方无论大小、贫富、强弱，都是合作伙伴，而不是利益此消彼长的敌对方。

最后，第三个层面是关于公司目标与社会功能之间的关系，我们是将公司放在社会的背景中分析的。其核心问题在于追求利润与廉价商品生产规模最大化之间的矛盾，前者是公司作为一个独立主体的目标，后者是从社会角度出发的公司的目标。这两种目标的前提之间是否存在冲突？就像传统垄断理论所论述的那样，或者像最近的理论所说的那样，生产是为了使用的需要而不是为了利润？或者说公司的社会利益会损害公司自身的利益？与之相关的是社会稳定的问题：公司的基本规律里有没有导致经济危机反复发生的必要性甚至是可能性？

在我们将要分析的工业社会的问题中，这三个层面是相辅相成、同等重要的，任何一个层面都不比另外两个更为重要。但是同样地，这三个层面不是相互独立的。任何一个层面上的失败都必然会导致整个结构的崩溃，无论其他层面上取得多么辉煌的成就。在以大公司为代表性社会机构的工业社会里，同样重要和同样基本的是，公司的组织方式使它作为一个机构而能够运作和生存，使社会实现其基本承诺和信仰，使社会能够运作和生存。

关于社会和社会机构运行的这三个层面之间的相互关系太经常地为人所忽视，非常普遍的是以为找到解决一个层面上问题的方法就找到了万能药。事实上，如果我们因此声称社会生活某一领域比其他任何领域都更重要，那么我们就回避了大多数政治问题。没有什么比仅在某一个层面发现完美的解决方法更简单的了；没有什么比建立一个政治上的"各个领域间的和谐"更加困难的了，其困难就在于其对真正政治才能的无尽挑战和冒险。

因此，"和谐"成为政治行为的一个基本概念。实际上，政治秩序和每一个政治层面上所呈现的组织问题都是自发的。但为了拥有一个正常运行的社会，我们同样必须在同一个基本原理和原则上回答这些问题。如果一个层面的问题的唯一解决手段与解决其他层面的问题的方法相冲突，那么社会生活将成为不可能。这样的社会将会四分五裂，既无法生存，也无法实现其基本理想。因为没有一个社会能够放弃其核心机构的稳定，放弃其自身的稳定，或是放弃其自身的信仰。

由此，我们不能将一个成功的经济政策基于公司利益与社会利益是冲突的这样的假设——至少在一个以公司为代表性机构的社会里是这样。如果说公司为了生存需要做出"让步"或者产生"附加危害"可以得到辩解的话，那就是真的放弃了对自由企业工业社会的主张。如果说私有利润体系对公司维护生存和保持稳定是必要的，那么这就与自由企业体制的信徒为利润辩护发生矛盾。要求工业经理人出于"社会良知"而采取违背公司利益的政策——很多大型公司的辩护者正是这样要求的——无疑是荒唐的。同时，无论是从社会运行还是道德的角度出发，我们都不可能把社会需要看成一种"让步"或"附加危害"——就像胡佛任期内为社会改革和政策所辩解的那样。

这并不表示公司不必履行社会义务，恰恰相反，公司必须按照使它在寻求自身利益最大化的过程中能够自动履行社会义务的方式进行组织。只有公司本身能够有助于社会的稳定和社会目标的实现，而不是出于个别公司管理人员的社会良知和美好愿望，一个基于公司的工业社会才能运行。在理想的社会里，即使是西蒙·勒格雷那样的人也能够推动社会目标的实现，或是因为这是他的利益所在，或是因为他已经完全融入了社会，从而把社会利益作为行动的唯一准则。

与此同时，对和谐的要求并不意味着社会应该背离它的需要、它的目标和它限制公司经济行为的权力。相反，为机构和个人设置行为框架恰恰是统治者的一项重要职能。社会必须按照这种方式来组织：不会借口社会稳定和社会信仰的名义，采取危害其代表性机构生存和稳定的措施。没有看到设置框架的必要任务——真正的监管，与滥用社会的运行需要之间的区别，这导致了我们如今政治思考中的大多数困惑。

和谐是19世纪放任主义的伟大发现——确切地说是再发现——它克服了18世纪"纯原因"政治理论和纯马基雅维利实践主义的贫乏，它使民主的新信仰、新目标和市场体系的新机构得以在19世纪同时发展壮大。但是放任主义一边宣称和谐是社会的基础，一边又犯下一个致命的错误，认为和谐是自发产生的，而不是政治家努力得来的最终成果。强调和谐使放任主义赢得了活力和魅力，即使它的反对者也要以和谐为准则进行自我评价，而且至今保持对和谐的认同。但是与此同时，在自然界而不是在组织社会寻找和谐的谬误导致了所有实践中政治和商业领导人拒绝采取自由放任主义。当批评者从自然界和谐的缺失推断社会和谐不可能成为社会基础时，最重要的是这一谬误使自由放任主义者无以辩驳。

作为放任主义粗率的和谬误的自然主义观点的一个结果，过去75年和100年里的政治思考在很大程度上又一次丧失了对和谐的意义和必要性的基本理解。我并无意在本书中描述现代政治思想史，但是作为一个外行——因此借用政治理论的技术性语言——我很愿意提到的是，从1850年以来统治我们政治生活的两个重要的学派都已经放弃了这样的见识：社会的三个层面是共同作用的——它们都同等重要，各自独立而又互相依赖。相反，它们都把其中一个层面放到最重要的位置，将其他两个层面凌驾于这一层面之上。理想主义把社会的基本目标和信仰视为政治的仅有内容，并因此剥夺了个人和机构的自主权，这就不可避免地剥夺了机构的运行自主权和个人的道德自主权；由于这一思想不仅受到许可而且受到赞誉，它导致了个性的束缚、击垮乃至毁灭。同时，实用主义——与它在欧洲的孪生兄弟工团主义——则抛弃所有关于社会目标和信仰的考虑。运行效率被提升到一个绝对的高度。这直接导致一个始终处于内战边缘的社会概念，一个以剥削为唯一目标的残忍游戏的政治概念——一本广为流行的关于政府的读物《谁得到了什么，何时，用何手段？》所声称的——最终，武力被誉为统治社会的合理手段。

今天，我们认识到这两个观点都是与自由社会相矛盾的。它们都会走向极权主义；理想主义的盲目狂热和纳粹分子实用主义的愤世嫉俗都走到了尽头。因此，今天自由社会的领导者的首要任务是回到和谐的概念，回到既不同于大一统也不同于多元论，而是既能看到个体，也能看到群体；既能看到部分，也能看到整体，而且还能看到它们之间互为补充的社会哲学。而且在这个国家里，这就意味着我们的政治领导人和商业领导人都必须找到工业社会问题的解决方法，因为工业社会同时而且同样地为公司的运行效率、社会的运行效率以及我们的基本政治信仰和承诺服务着。

CHAPTER 2 | 第 2 章

作为人类成就的公司

1　生产型组织

2　分权

3　运行机制

4　小企业合伙人

5　分权管理可以成为典范吗

1　生产型组织

就像所有的机构一样，能够而且必须根据它所服务的社会和它与组成社会的个体之间的关系对公司进行分析。但首先，我们必须从公司本身来理解它；为了服务于社会和个人，它必须能够根据它自己的规则来运行。就像任何一个机构，作为一个组织，生存是公司的第一法则；而且生产具有最大经济回报的产品，实现它自己目标的能力就是评价公司业绩的首要标准。

当我们说公司是一个组织的时候，我们说的是，像任何一个机构，它是一个为了共同的目标将人们的努力集合起来的工具。这一共同的目标并不是公司所组织起来的个体目标的总和，它是共同的目标，但并不是集合起来的目标。虽然我们在法律和政治实践中已经极大地抛弃了这一观念，但原有的粗浅的假设仍然停留在公司只是个体股东财产权利的综合的观念上，因此，一个公司的董事长会向股东汇报"他们的"公司状况。按照这一传统认识，公司是暂时的，只是由于法律上的规定而存在的；而在当今的社会，股东只是与公司具有特殊关系的几类人之一而已。公司是永恒的，而股东是暂时的。甚至可以毫不夸张地说，就社会和政治角度而言，公司是先验存在的，而股东只是它的衍生物，只存在于法律的假定中。比如，破产法就采取了这一立场，它将公司的延续置于股东的权利之上。我们不必经历 1929～1939 年的大萧条，才知道社会必须坚持"延续性"的主张，必要时甚至必须为此牺牲股东、债权人、工人，最后乃至消费者的权利。

由此可以推断，公司的本质是社会性的组织，也就是说是人本组织，这好像是同义反复。而实际上，在太多人眼里，现代工业生产的本质不是社会组织而是原材料生产或是生产手段。我们对工业的普遍看法受到僵化的经济决定论——19 世纪早期遗留下来的一种观点，认为自然资源是劳动分工的决定性因素——和对机器（技巧性的）的盲目崇拜的不利影响。结果，大多数人——包括很多工业生产过程的人们——没有理解现代生产，特别是现代大规模生产，不是基于原材料或是技术而是基于组织的原理——不是机器的组织而是人类的组织，也就是说，现代生产是基于社会组织的。

这种错误认识产生了严重的后果，它在很大程度上导致了现代工业的劳动问题，它妨碍了工业社会的门外汉和行业内的经理人理解他们作为公民所担负的责任。本书并不考虑工业生产的基本原理——只是考虑工业企业的社会问题；笔者不会涉及任何有关技术性事务的问题。然而非常重要的是，我们必须知道，即使是现代工业的技术性问题也不仅仅是技巧上的发明和改进，而主要是为了实现技术性目标的人类组织的基本问题。稍后，我将就此做简单的解释。

直接显示现代大规模生产的真实面貌的当然是1942年和1943年，美国从工业生产向战争的转换。到现在才非常清楚的是，这个国家的大多数专业人士，包括大多数的工业工程师和管理者，都彻底低估了我们在1940年和1941年间的生产能力，正是因为实际上，我们都没有能够理解成为大规模生产基础的人类组织的概念。我们按照现有的原材料供应和现有的工厂生产能力的说法展开讨论，却没有意识到，只要人类组织存在，实际上我们能够马上生产新的原材料，能够为新的用途设计新的机器和建设新工厂。即使是今天我们已经意识到大规模生产原理的潜力，通常我们也没有看到它是一个赢得生产奇迹的组织的原理，而不是技术性的原理。

因此，有关战时生产成功的故事通常如此叙述：珍珠港事件爆发后，海军显然马上需要大量的特殊武器，比如从航空母舰上起飞的战斗机。海军已经拥有一种性能良好的飞机，但在珍珠港事件之前，这种飞机或多或少是由人工制造的，由技术熟练的机械师在小型车间里一次完成两三架的产量。现在必须达到一次几千架的批量生产。从来没有生产过类似飞机的XYZ公司，接受了这一任务。拆除小组开进了XYZ公司的六家工厂，此前这六家工厂从事的是灯罩、开关和组装汽车车身的生产。拆除小组用焊枪拆除了旧机器，拆毁了地基不够坚固的旧厂房，盖起新厂房等。同时，工程师们为新任务设计机器——此时技术性手段介入。5月20日，拆除小组撤离，6月1日，新机器进驻，6月15日，第一架飞机离开流水线，这条流水线每月可生产200架飞机。

过去的几年里,这个故事或类似的故事不下千次地被报道,甚至在向战时生产转换中处于领导地位的企业中的人们也认为这是客观的描述,然而这只是对事实的拙劣描述。故事中的每一个细节都千真万确,但却遗漏了所有重要的事实。拆除旧机器、建立新厂房,甚至设计新机器,与问题的本质和人类组织的实际成就相比,或多或少都是次要的。首先是设计——不是机器的设计,而是作为同样的且可互换的部件的集合的飞机的设计。然后分析每一个部件,将其视为大规模生产的问题,作为能够由非熟练或半熟练工人快速准确操作的一系列要素和基本操作。接着,即是将各个部件的生产集合到组合成品的工厂的任务——包括三个截然不同的组织问题的任务:一是将人们组织起来,为共同的目标而工作;二是技术流程的组织;三是物流的组织。最后是训练成千上万的新工人和成百上千的新管理者的任务,他们很多人此前从未见过飞机的内部构造。我们战时生产的每一成就都基于这四个重要因素:将最终产品设计成可互换的部件的组合,将每个部件的生产设计为一系列简单的、可重复操作的过程,设计将人们劳动、机器和原材料组合为一体的工厂,训练技术和团队合作。

无论是因为无知,还是因为时间紧迫,轻视这四个步骤中的任何一个——这样做如此具有吸引力,因为每一个步骤都很耗时,而且很难加快速度——都会造成生产停滞。比如说,以我所记得的那篇描述战时生产转换的故事为例,对成百上千个部件的生产工序进行按部就班的设计至少需要6~8个月的时间,而海军等不了那么久,于是管理者试图另辟蹊径。他们从海军借来一架飞机,要求每个工头直接按照实物进行生产设计。结果,这一尝试一败涂地。如果不能从头开始分解每一个小部件,重新规划每一个部件的生产工序,一架飞机也生产不出来。然而,只要他们肯花大量的金钱和时间来做好这些工作，飞机就能大批量进行生产，而且成本只有一次只生产一架飞机那种生产方式的一部分。

除了大规模生产之外，决定一个经济企业的社会结构和经济职能的仍然是组织，也就是说根据计划安排对原材料进行生产。一个企业的机器和工厂单独来说都没有什么价值——比如在破产清算时必须被处理的时候——真正有价值的是它们联合而成的有机整体，对于这一点，任何一个会计师和律师都很清楚。众所周知，大多数的现代文明并非来自"天才的灵感"，而是研究机构按照事先制订的详细计划，有组织地展开研究得来的结果。顺便说一句，最近专利法试图改变这一现状，以迎合19世纪的普遍观念，把发明创造等同于机械装置的发明，但却遇到了重重困难。这个例子有力地证明了，如果不能理解组织是工业的基础，就会面临种种难题。人类组织是任何行业都不可或缺的[⊖]，它是工业区别于手工业作坊的重要特征，同时也是现代工业，尤其是大规模生产工业的本质和意义所在。大规模生产不是基于流水线、传送带，也不是基于机械装置或技术等其他东西，而是人与人之间、人与机械生产之间自觉的、有意识的、有计划的关系。因此，现代工业不能仓促进行，必须事先仔细规划公司的社会结构。

就这一点而言，大公司与军队一样，它必须拥有设备，但是与在军队里一样，一旦离开了人类努力的运行组织，这些设备将一无用处。如同军队或其他任何社会机构一样，公司中真正重要的不是个体的成员，而是成员之间的管辖和责任关系。借用现代心理学的说法打一个比喻，机构就像一首乐曲，它不是由单个音调组合而成，而是由不同音调按一定顺序排列而成的。

[⊖] 这一点在穆尼（Mooney）和赖利（Reiley）的书《工业前进!》（*Onward Industry!*）（New York and London，1931）中被有力和恰当地提出，使我受益匪浅。

这样的组织才是公司必须维持的，其生存才是公司的最高法则。显然，公司是人为建立的机构，因而它不可能长存不衰。对一个人为建立的机构而言，即使是维持 50 年或一个世纪的短暂时光，也如此困难，以至于天主教会意味深长地指出，它几个世纪的生命力证明了它的缔造者是上帝而不是人类。然而，这只会使公司这类人为机构的生存问题更加紧迫，只会使生存日益成为这些机构行动和决策的重要标准。与人类不同，机构没有自然的终点，没有自然的生命期限，也没有"退休年龄"，它始终在与时间赛跑。

领导问题

与其他任何机构相同，公司的生存和成功运行取决于它是否能处理好下面三个互相依存的问题：领导问题、基本政策问题，以及行动和决策的标准问题。其中最具决定意义的是领导问题，对公司而言更是如此。

要靠天才或超人管理的机构是无法生存的。公司的组织形式必须使它能够在普通人的领导下持续运作。一个人管理下的机构不可能长存。与其他任何类型的独裁相同，当独裁者撒手人寰时——这是不可避免的——企业独裁也将威胁到机构的生存。当没有法定继位权的高级经理为了在争夺空缺职位的竞争中抢占先机，而把机构利益置之脑后时，企业独裁必将导致机构内部的派系分裂。而且，在个人独裁的情况下，公司成员不可能得到训练和检验个人领导能力的机会。于是，机构不再通过严格审核，理性地选择一个熟悉的继任者，而是孤注一掷地把未来寄希望于合适的人选会从权力斗争中自动产生。

过分依赖"不可或缺"的领导人和过分依赖个人独裁都很危险，这使我们首先需要一个章程，它包括合理的规章制度，这些制度规定了合理的规则、半自动的继位顺序。它必须明确规定由谁掌握大权，以及依据是什么。同时，它也必须在事先明确规定：从哪些人当中挑选继任者，挑选的标准是什么，由谁来挑选。

妥善解决领导问题的第二个必要前提是机构必须能够激发机构成员的忠诚感。机构要培养领导人就必须具备团队精神，因为团队精神能促使机构成员把机构利益置于个人利益之上，把机构的理念作为行为准则。如果一个机构的领导者不具备责任感，不能理解信任的重要性，不能理解同事间相互忠诚的重要性，那么无论这个机构的正式章程有多完善，它都无法解决领导问题；因为这些能使普通人——有时也能使一些能力远不及平均水平的人——在受到信任的领导岗位上发挥出有效的作用。换句话说，机构用人必须扬长避短，才能不依赖于超人或者天才，并组织起系统、可靠的领导者供给。

最成功和最悠久的机构往往能使其成员的知识素养和道德品质在原有的基础上得到提高。联邦最高法院受到人们的普遍尊敬，除了它的职位任期有限之外，还因为最高法院的职位一次又一次地让模范审判来自普通的法官而不是基于这样的推断：审判是超人的。有一句老话说道：天主教会作为最成功的机构，其惊人之处就在于它总能从最糟糕的人当中获得最优秀的领导者。那个第一个这么说的人显然不是要批评它，而是要给予它最高的赞誉。类似地，英国下议院和普鲁士军队等机构的力量也是基于这种能力而不是基于个人。公司若要履行工业社会代表性机构的职责——否则它将无法生存——就必须解决员工自觉遵守关于行动，不仅是人而且还有他们能力的选择与培养这一问题。一个机构的运行效率取决于它有效地组织人们为共同的目标奋斗的效率，以及将人们组织起来实现超越自我的精神。

其次，机构必须按照显示组织内部才能和潜力的目标来组织；鼓励人们积极进取，给予他们展现自身能力和发展空间的机会；最后，以升职和提高社会经济地位的形式激励员工，尤其是鼓励乐于负责的精神和行为。

再次，机构的生存和正常运作要求它能够在最高领导人之下培养一批能独当一面、可以取代最高领导者的领导人；要求它建立一套制度，能根据个人表现选择合适的继任者，既不依靠内部斗争、强制手段或欺诈行为确定人选，也不任人唯亲。这也意味着——非常重要的一点——机构必须趁有希望的候选人年纪尚轻、职位尚低之时，就考核他们的独立领导能力，因为此时他们还有时间去学习，而且即使他们犯错也不会危及机构的整体利益。最危险同时也是最普遍的现象莫过于提拔一名出色的副手到最高领导职位，却从不曾训练或考核过此人独立指挥大局的智慧和心理素质。

最后，领导问题要求组织能够在正手和副手、核心领导层和外围执行人员之间均衡地分配权力和职责。缺少了强有力的核心领导层，机构将无法统一；缺少了强大、自主、承担自我责任的外围领导层，机构也将无法正常运作。权力分配因此成为每一个机构都必须解决的问题。

对现代公司而言，领导问题比对其他机构重要得多，也棘手得多。因为现代工业企业比一般机构需要更多的优秀领导者。与此同时，它既不可能自动培养足够多的领导者，也不可能自动培养出经验丰富而又称职的领导者。

人们尚未普遍认识到现代的工业和技术水平大大提高了对领导者的要求。我们可以毫不夸张地说，现代大规模生产企业对领导者的能力要求比任何机构都高，它们也为领导者提供了比任何机构都多的机会。这是由大规模生产的理念所决定的。刚刚结束的那场战争让我们看到，大规模生产的方式不仅能生产最简单的产品，而且也适用于生产那些最复杂、最精细的产品。生产者是否具备生产某一特定产品的经验并不重要，哪怕他对这种产品一无所知，也能比那些在这一领域工作多年，却没有运用大规模生产方式的专家更廉价、更迅速、更可靠地生产出这种产品。换句话说，大规模生产不是一项技术，而是一个普遍适用于各种工业组织的基本理念。其实质——换一种方式重复上文说过的内容——在于以合作和组织代替个人技巧。在大规模生产中，对基本生产理念的理解和管理者的领导能力代替了手工业者的个人技巧。确实，管理者的数量显然远远少于原来的熟练工人，大规模生产可以雇用大量非熟练工人。但是，大规模生产对管理者的能力和知识的要求远远超过了从前对个体手工业者的技术要求。它不会取消对知识或其他任何一种能力的要求；它对不同能力的需求是此消彼长的，减少对低能力的需求也增加了对高能力的需求。此外，管理者必须具备的能力与个体手工业者的技术截然不同。前者的要求更高、更抽象；从前的熟练工匠懂得他的工具，现在的工头或管理者则必须理解大规模生产的原理，而且他们必须把这些原理运用到人员和原材料的组织上去，这些都不是从前的熟练技工需要掌握的东西。与此同时，大规模生产的原理是可以通过学习了解到的，而技术只能依靠多年的实践才能获得。

所有反映美国工业在过去30年中发展的统计资料都表明，管理人员，尤其是中层管理人员的数量急剧膨胀，同时他们的个人收入大幅上升，而且，这种趋势绝不会就此结束。恰恰相反，战争再次增加了在大规模生产中晋升为领导阶层的机会，这一趋势也将延续到战后。事实上可以这样说，美国工业的扩展速度在很大程度上取决于我们能否在大规模生产中雇用并培养足够的潜在领导人。我们对领导能力的需求正在以几何级数上升，然而随着现代大规模生产行业的扩张，经验丰富而又久经考验的领导人的产生却呈现出不断减少的趋势。

小企业社会的最大财富或许在于，它能给予领导者足够的表现空间，同时又能把他的影响控制在一个很小的范围内，这样即使他失败了也不会对社会产生危害。因此，很多大企业至今仍在小企业，而不是在自己的组织中寻找高级管理层的人选。但是，这显然不是解决问题的办法，没有能力为自己培养领导人的机构是没有生命力的。所以大型公司的首要任务就是有意识地安排领导层的选拔，这在小企业是自动完成的。不妨引用这一问题的权威人物所说的一段话："我认为目前普通小企业和社区政党团体能够提供（积累领导经验的）最'自然的'机会，工会则稍逊一筹。这些来源都不足以提供普通的领导者。所以我们必须发展人为的手段帮助领导者积累丰富的经验，对此大公司已经做出了某种程度的尝试。"⊖这显然包括两个方面：使领导者在尽可能最低的职位上享有尽可能最多的独立领导权，以及建立一套评价其业绩的客观标准。

大公司必须克服的内在问题有四个方面。大公司容易向个人独裁的方向发展，向这样一种体制发展：公司上下只有一个人——总裁或董事会主席——能够不受部门条块分割的限制，了解公司的整体运行。这与内阁不无相似之处，内阁成员各司其职，只有主席——在美国是总统，在英国是首相——能综观全局，并对全局负责。英国明文规定，首相候选人必须通过在议会中担任党派领导，或是成功担任多个行政部门的领导来证明自己的领导才能，从而或多或少地减少了这种内在的风险。与制宪元勋们（founding fathers）的初衷相反的是，美国对总统候选人没有这方面的要求。总统候选人无须证明他具备作为一名领导人或政治或管理决策制定者的资格也能

⊖ 切斯特 I. 巴纳德，新泽西贝尔电话公司总裁，《领导的本质》第 21 页（哈佛大学出版社，1940 年）。

当选，这或许就是美国政治体制最薄弱的环节。不过，我们也有类似的做法——趋向于从参议员和州长中挑选总统候选人。虽然前者通常不具备行政管理经验，后者往往又缺少处理国家大事的经验，但他们毕竟都有独当一面的能力。

以州长或参议员的头衔为依据，证明一个人拥有独当一面的能力和经验固然片面，但是现代大型公司却连如此片面的判断依据也不具备。所以，公司必须自行创造这样的机会，考核领导者的领导能力，培养他们的大局观。

大型组织生来就有抑制创新、提倡服从的倾向。而且，每一个大型组织都面临着同样的危险：年长的首脑总是对聪明、进取的下属心存戒备，疑虑重重。他们有时会害怕年轻的下属谋权篡位；更通常的情况是，当下属按照自己的方式做事或采取新方法等情况时，就会表现为对老领导的权威或旧观念的挑战，所以公司必须与这种保守而胆怯的官僚作风做斗争。公司必须鼓舞并奖励组织整体或部门每一个人发展员工能力和鼓励创新。公司必须鼓励员工挑起领导的责任，为他们提供锻炼和培训的机会。首先，必须让每个管理人员和经理明白，培养下属是他们的职责所在。公司还必须让管理人员明白，要把他们的下属和潜在接班人视为一种人力资源，充分利用人力资源与充分利用自然资源同等重要。对潜在接班人的培养必须成为管理者获得提升的考察条件，而不是相反，就像现在经常发生的这样，成为他们升职的绊脚石。⊖

⊖ 1936 年 9 月 17 日，小爱德华 R. 斯退丁纽斯（时任美国钢铁公司财务委员会主席）在哈佛大学工商管理研究所成立 300 周年的庆祝活动中，发表了一篇题为"美国工业经理人的选拔与培养"的论文，对这一问题做了饶有趣味的讨论。斯退丁纽斯先生试图将领导艺术和领导能力的培养贬为一种操纵技巧，虽然我对这种看法难以苟同，但他对问题本身的讨论——尤其是，他坚持把人力资源视为一切组织最宝贵的资源——却有着至关重要的作用。

另外大企业不像小企业那样，生来就拥有评价员工表现和业绩的客观标准。小企业能够在一个责任和权力都相对较小的职位上，以市场业绩为客观标准，对领导者进行考核。这样的结果至少不是任何人可以操纵的，因此不会受个人因素的影响，比较客观。对大公司而言，个人的贡献微不足道，难以单独计算，所以除首脑之外，没有一个人能够根据市场业绩来进行评价。与此同时，大公司的业务性质也决定了它无法也不愿意通过专业考试或论资排辈来决定员工的升职问题和成绩好坏，这两种方法在其他机构中都能充当客观的标准。所以，大公司确实存在着这样一种风险：它只能依靠个人的主观印象评价员工的能力和表现。无论管理者的本意有多好，这必将造成组织内部的裙带关系和道德败坏。大公司不具备小企业所依赖的客观标准，同时也意味着除了首脑之外——这个位置上的失败会带来灾难性的结果，大公司不会自动考核员工的独立领导能力。所以，大型组织的任务就一目了然：寻找评价低层管理者能力和表现的客观标准，设法让他们在较低的职位上独当一面。

工业社会面临的最后一个，或许也是最棘手的一个领导问题就是，它无法自动达到专业人才和通才之间的平衡，而通才正是领导的本质所在。与小企业的管理相比，管理大公司需要更全面的了解和理解，这无异于换一种说法表示公司不再是一种单纯的工具，而是一个机构。与此同时，大企业不仅需要大量高度专业化的人才，而且在员工的成长过程中，它也非常重视对他们的专业化能力培养。但是，大公司又不像小企业以前那样，能够近乎自动地抵抗过分专业化的危害。小企业或小店的学徒在与其他人和其他工作的接触中，都必须把企业看成一个整体，去了解其他部门的看法和问题；而且，他除了掌握自己学习的内容以外，还得学会其他部门的本事，才能得到提拔。但是，在组织规模如此庞大的企业中，人们几乎不可能接触到自己专业之外的东西。大企业分工之精细使得任何一个人跨越部门的思考都变得如此不现实。最后，升职往往也是专业水平提高的结果。所以，大企业的员工即使不能从整体上把握和考虑公司的情况，也有可能跃居要职。然而，对大企业来说非常重要的一点就是，尽早迫使这些专业人才向"通才"转换。

军队有着与大公司极其相似的问题。除非军队的成员身居要职，犯下的错误足以危及整个军队，否则军队也不会自动考核其成员的独立领导能力。军队也需要大量专业人才，同时又要求他们具备指挥能力、综观全局的能力和决策能力。最后，军队也难逃与大公司同样的自然趋势：上司总是担心能干的下属会威胁到自己的职位。和平时期，整个军队都忙于培训和挑选领导人，在正规的专业教育中穿插指挥能力的训练和演习等活动，以期解决上述问题。但是，公司却不能让组织服从于培训的需要。它必须边运作边培训；公司对领导者的培训本身必须有助于实现它生存的总体目标，即高效率地生产产品。

政策问题

公司是一个必须拥有基本政策的机构，因为它必须使个人的目标和决策服从于公司的利益和生存需要。这就意味着公司必须制定一套原则和行为准则，以便指导和约束个人行为。个人作为公司的组成单元，必须能够确定自己的行为是否符合所在公司的长期利益。公司的全体成员必须能够按照明确规定的程序对公司政策做出有约束力的最终决定。最后，与其他任何机构一样，公司必须拥有能够为制定政策和执行政策提供清晰权力和责任的机构。

这就引发了如何在坚持政策和适应环境变化之间寻求平衡的问题。对于大公司来说，这个问题尤其紧迫，因为按照定义，大公司不仅要适应情况的不断变化，而且它本身就是这种变化的领导者，必须承担推动经济和技术进步的急先锋的职能。一方面是墨守政策和先例会扼杀冒险和开拓精神的风险，而这两种精神正是所有企业赖以发展的基础；另一方面是把投机行为误认为是创新精神的风险。特别是从账面上看，生产方法的重大变革所带来的利润与股票市场的"蝴蝶效应"所带来的利润完全一样。但是，前者能够成就公司，而后者却能够导致公司的覆灭。因此，公司首先要找到一种方法，区分根本性的经济条件的变化、政策必须与之相适应的变化，和纯粹是暂时的、必须以权宜之计加以应付的变化。其次，公司还需要一种能够分辨账面利润和真实利润的方法。

公司的另一个政策问题来自必须遵守正式的会计体系和引起官僚作风的组织制度。经济生活既缺乏保障又充满变数，使人们对熟悉的和安全的事物愈发青睐。当官僚的僵化作风开始滋生时，大公司往往无力阻止，甚至毫无察觉。大公司内部缺乏善于批评的局外人，比如英国的内阁首相和议会大臣就承担了这一职责，他们拥有与一般行政官员截然不同的政治背景和处事方法。公司的高层领导人产生于组织内部，所以当组织官僚化时，公司的高层领导人也将丧失应变能力——1939年，官僚主义的僵化作风以同样的方法在法国军队中蔓延。这种风险在很大程度上源于对专业知识的过度重视，因为它和大公司的一般管理人员（他们常常过着与外界隔绝的生活）一样强调"专业视角"。

只有依靠政策和政策制定者，才能解决这些问题。这首先意味着政策的本质和功能可以脱离日常工作而单独存在。一些人说话乏味，却不自知；许多公司也一样，它们不知道自己也有政策。这种无知是有风险的。由于无知，公司难以明白它们在做什么，为什么要这样做；由于无知，公司会把一些毫无意义的或过时的规定奉为圣旨，并且美其名曰"政策"。这个道理同样适用于政策制定部门；必须明确规定由谁制定政策，如何制定，以什么为基础制定。

这又引发了政策和生产之间的关系问题、政策制定者和管理者之间的关系问题，也引发了有关政策的两种基本考虑——两者常常相互冲突——之间的关系问题：考虑以运行顺畅的管理机构赢得生存，还是以高效率的生产者为公司目标。

长期政策需求和日常业务运行之间的潜在矛盾在每一个机构里都存在着。撇开这些不说，机构还面临着管理者和"实行者"之间的潜在矛盾：管理者以管理机制的延续为标准衡量效率；"实行者"以机构的目标和宗旨为标准衡量效率。这些矛盾是不可避免的，同时也是不可缺少的；只有当这四种趋势平衡发展时，机构才能正常运作。除非这些相互冲突的内在力量能够相互抗衡，否则没有一个机构可以生存。所以，公司需要一个制定政策的最高机构来解决这些问题。

标准问题

公司的目标是谋取经济利益，因此它必须有一个衡量效率的标准，一个客观的标准，不受任何人感情和意愿的影响。与此同时，现代大型公司不能像小企业那样毫无保留地把市场业绩作为判断标准。首先，以市场业绩为标准衡量的是公司的总体成绩，而不能衡量单个部门和公司内部经理人的业绩，它不能自动评价领导者的能力。其次，它无法自动分辨利润是由公司竞争地位的改善带来的，还是在偶然发生的情况下导致的。换句话说，以市场业绩为标准无法对公司的效率和实力做出直接、可靠的评价。所以，公司需要一个能消除外部波动评估竞争业绩的判断标准，以便公司有可能客观公正地评价经理人员的表现。

公司是一个以生产最大化为目标，有效地组织人们共同努力的机构，它的首要法则是生存。为了实现生产最大化的目标，公司必须制定政策，协调不同管理部门和不同目标的合理要求。这样，公司就不会一味依赖权宜之计，而能适应情况的变化调整政策；就能建立一个判断标准和运行框架指导个人行为。公司必须能够发掘组织内部的所有潜能和能力；能够把人才同时培养成专业人才（即高级人力工具）和"通才"（即具备判断力、决策力和知识的人才）；能够在用人时扬长避短；能够在较低的职位上考核员工的独立领导能力，他们职位之低可以保证他们的失败不会殃及公司。分配权力和职责、制定政策和行动的客观全面的标准、挑选和培养领导人——这些都是公司的核心组织问题。

2　分权

公司能否满足机构运转的这些基本要求，如何达到？我们希望通过研究通用汽车公司的组织形式和管理政策来解答这个问题。

在研究中，我们只是把通用汽车公司当作一个能反映大型公司的社会结构和组织问题的实例，所以，我们并不试图去描述通用汽车公司的现状和历史——更不用说介绍它的产品和业绩。但是，我们最好对其组织和政策的主要情况有一个基本的了解。

根据通用汽车公司主要的民用产品，可以把它的国内制造部门分成三大类。第一大类雇员和产品来自汽车和卡车生产分部：雪佛兰、别克、奥兹莫比尔、庞蒂克、凯迪拉克和通用卡车。费希尔车身分部也属于这一大类，它为所有汽车制造分部生产车身，与它们保持着最密切的关系。虽然费希尔车身分部的大多数工厂都由分部自行管理，但实际上它们与汽车生产分部的装配工厂是紧密联系的。

第二大类由汽车零件制造分部组成，它们为汽车工厂生产所需的绝大部分零件，也有不少零件生产分部向通用汽车公司以外的客户出售产品。在几乎所有的零件生产分部中，备用零件和替换零件业务都占有十分重要的位置。它们中有一些分部，尤其是生产火花塞、滚珠轴承、滚柱轴承和电气发动机的分部，直接向其他行业的生产商出售产品，这部分业务的销售额有时可以达到总销售额的 50% 以上。弗里基代厄（Frigidaire）分部也属于第二大类，由于制造和工程方面的问题，它素来只向公开市场出售产品。

第三大类制造分部由位于克利夫兰、底特律和伊利诺伊州拉格兰奇的三个柴油机生产分部组成，它们的产品包括卡车用的小型柴油机、船用柴油机和牵引美国流线型火车的大型电子机车。生产飞机引擎的阿利森（Allison）引擎分部也属于专营非汽车引擎的第三大类。

战争期间，通用汽车公司在这三类主要业务之外，又在东海岸建造了一批飞机制造厂，由东部飞机分部组织管理，它们在向和平时期转变的过程中遇到了特殊的问题。

三大类制造商共分 30 个分部，规模大的有雪佛兰和费希尔车身分部，它们本身就足以跻身美国最大的企业之列，规模小的器械分部只有一家工厂，和平时期的雇员不足千人。每个分部设有一名分部经理，经理就像独立企业的领导一样，拥有几乎全班人马：生产经理、总工程师、销售经理、主管会计、人事经理等一应俱全。换言之，每个分部都是独立的实体。最大的三个分部是雪佛兰、费希尔车身和别克分部，它们的经理都是公司高级管理层的成员。其他分部则按照各自的产品组成不同的集团，每个集团设一名集团经理，集团经理兼任通用汽车公司副总裁。他们在公司的核心管理层中代表自己集团的利益，在集团内部充当核心管理层的代表和分部经理的顾问。

与生产组织平行，在核心管理层中还有一套职能型服务班子，包括制造、工程、销售、研究、人事、财务、公共关系和法律等工作组。每个工作组由一名副总裁领导，负责向核心管理层和分部经理提供意见，在各个分部之间发挥桥梁作用，以及制定公司政策。

"直线组织"——制造分部——由总裁和两名执行副总裁主管；"职能部门"由董事会主席（兼任通用汽车公司首席执行官）和副主席主管。这五个人组成一个领导小组，并与一个政策委员会和一个管理委员会一起开展工作。除核心管理层的成员外，这两个委员会还吸纳了公司的高级管理人员、公司职能部门官员、曾经担任过职能部门官员的董事会成员以及主要股东代表。

这两个委员会是负责协作、决策和控制的核心机构，可以恰当地比作通用汽车公司的政府机构，所有政策和管理的重大决定都是经它们通过的。它们定期听取各个分部就经营情况、问题和业绩所做的报告。当组织内部在政策上出现重大的分歧时，它们将做出最终裁决。因此，委员会的所有成员——无论是职能管理部门的经理、分部经理，还是核心管理层成员——任何时候都能对所有分部的情况、所有领域的重要问题和决策，以及公司的主要方针和全部政策了如指掌。在处理日常事务的过程中，委员会的这些功能——融"职能部门"和"直线组织"于一体，在政策中考虑到各种问题和特殊情况，帮助所有高级职员全面了解问题——可能比它们制定政策的权力重要得多。

两个最高委员会均定期举行会议以便讨论和决策，但是，实际开展工作的却是一批附属的专门委员会。每个附属委员会负责一个领域，如工程、劳动、财务、公共关系和分销等。附属委员会的规模比最高委员会小得多，由该领域的一些人组成，它们的主席通常由负责相应职能工作的副总裁担任。附属委员会由相关领域的专家组成，他们有的来自核心管理层，有的来自各个分部。每个附属委员会还包含数名来自其他领域的高级领导层成员和高级经理，他们具有更广阔的专业背景，使该领域与公司其他领域相平衡，从而使分部成为整个公司的一部分。这些附属委员会每个月举行一次会议，向最高委员会提供建议，汇报情况，作为他们行动的依据。[一]

当然，单凭这样简单的介绍或是一张组织结构图，是不可能让一个局外人真正了解组织是如何运行的，但是这至少能够展示一些为了使机构有效运作而必须解决的管理和组织问题。这展示了通用汽车公司的实际规模：和平时期拥有 25 万雇员，战争时期再翻一番。这也展示了多样化的问题：不仅是产成品——和平时期超过 200 种，还包括从单价 50 万美元的柴油电气机车到不足 1 美分的一个螺钉；生产单位也包括在内——既需要拥有 4 万名雇员的工厂，也需要一般的机修车间。这还展示了自主权的问题：为了生产各

[一] 我还没有看到多少证据，可以证明政府组织理论和历史上的案例曾对通用汽车公司的管理模式产生过重大影响，其发展动力似乎主要来自它的经验和需要。但是，通用汽车公司的组织形式与两个以管理效率著称的机构——天主教会和现代军队，有着惊人的相似之处。现代军队的组织形式由普鲁士总参谋部在 1800～1870 年间首创，之后在各地广为采用。我认为这种组织形式为我们解决机构生存和效率的组织问题提供了一种基本方法，另一种方法是让建立在不同原则之上的机构相互制约、相互抗衡，如美国的宪法就是由一人执行，委员会审判，众人立法。

种不同的、不可能把它们全部置于公司首脑的组织和管理之下的产成品，通用汽车公司需要500名有能力、有经验、有抱负的主要管理人员。这还展示了统一性的问题：公司绝大多数产品的最终用途都是生产汽车，它们面向的是同一市场，因此各个分部不能自行其是，而必须在精神上和政策上结为一个整体。分部的管理人员既要拥有自主权，又必须接受核心管理层的领导；核心管理层既要给予分部管理人员有效、统一的领导，同时又必须遵守公司规定，听取公司管理人员的建议。

通用汽车公司不能像控股公司那样，每个分部都像是一个独立的公司，只有松散的财务控制。核心管理层必须了解分部管理的每一个细节问题，高层管理者必须行使真正老板的权力、权威和影响力。另一方面，通用汽车公司也不能像集权的组织那样运行，公司首脑制定所有的决策，分部经理没有什么决策权，只能发挥监工的作用，分部经理也必须拥有真正老板的自主权和实际的地位。

因此，通用汽车公司采取了联邦制组织形式——总的来说，是一种非常成功的组织形式。它试着用最多的自主权和责任将最大的公司统一起来；它像一个真正的联邦组织那样，希望通过地方自治来实现统一，反之亦然。这就是通用汽车公司分权政策的目的所在。

正如人们通常理解的那样，分权并不是什么新事物，它意味着劳动分工。事实上，它是任何管理，无论是企业管理，还是军队管理的一个先决条件。但是对通用汽车公司而言，分权的意义远不止于此。过去的20年里，小阿尔弗雷德P.斯隆先生于1923～1937年期间担任通用汽车公司总裁，此后又担任董事会主席，在这期间，他把分权的概念发展成为一套工业管理的理论和地方自治的体系。分权并不仅仅是一种管理技术，更是对社会秩序的概括。通用汽车公司对分权制度的运用不仅没有局限于分部经理和核心管理层之间，而且从理论上延伸到了包括工头在内的所有管理人员；不仅没有局限于公司的内部操作，而且还沿用到合作伙伴，尤其是汽车经销商的身上；在斯隆先生和他的同事看来，分权制度的运用和进一步扩展可以解决现代工业社会的大部分问题。

分权的目的

由于通用汽车公司把分权制度视为建立秩序的一个普遍适用的基本方法，我问过数名通用汽车公司的管理人员——尤其是那些职位较低的管理人员——在他们看来，分权要达到的目标是什么。以下是对来自很多不同的人的观点的总结，其中有一个人非常完整地谈论了他对分权政策的目的和成绩的看法。他的回答引起了我莫大的兴趣，因为他加盟通用汽车公司仅有两年，之前在一家组织原则与通用汽车公司迥然不同的大企业中效力，表现十分出色，因此我认为他的论述——因为我是在闲聊时突然问起的，所以他事先毫无准备——颇有价值。

以后我们会有机会讨论分权制度实际在多大程度上实现了它的预期目标，这里先列出被调查者提到的优点：

（1）提高决策速度，消除困惑，使相关人员明白决策的负责人和政策依据。

（2）避免各个分部与通用汽车公司之间的利益冲突。

（3）公平对待管理人员。只要工作出色，就能得到赏识。充分的信心和安全感，因为人身攻击、阴谋诡计和派系分裂在组织内部的蔓延受到控制。

（4）管理民主，不拘小节。没有人会滥用职权，责权分工明确。人人都能自由发表言论，提出批评和建议；但是决策一旦做出，就不会有人暗中捣鬼。

（5）消除"少数特权分子"与"绝大多数"管理人员之间的区别。"威尔逊先生（总裁）也不能擅自享有其他同僚没有授予的权力。"

（6）管理队伍庞大。这样，公司随时都有足够资深的优秀管理者，可以担当高层管理的重任。

（7）分权制度意味着碌碌无为的分部或管理者不能长期落后于其他分部或躺在昔日的功劳簿上蒙混度日。"在我以前工作的公司（上文提到过的那个被调查者如此说），没有人知道铸造车间的效率如何，也没有人知道铸造车间的主管是好是坏，铸造成本混在公司的总成本之中；而在通用汽车公司，铸造车间就是一个分部，因此它的成本和经营结果是一目了然的。"

（8）分权制度意味着"指令式管理"下人人按命令行事，却不知其所以然的情况不复存在，取而代之的是由相关人员共同讨论，集思广益地制定政策。"加入通用汽车公司后（仍然是上述那个被调查者），最令我吃惊的事或许就是第一次参加'斯隆会议'（参见下文）。我发现即使是低层管理人员，也能了解公司制定政策的理由；不管他们与核心管理层有多大程度上的不同意见，公司领导都会鼓励他们畅所欲言，各抒己见。在……（该被调查者服务20年，从学徒升至总工程师的那家公司）连高级经理也从来没有听到过任何核心管理决策的理由。"

从这一总结中，我们可以清楚地看到——其实我在交谈中就已发现——通用汽车公司的管理人员不仅把分权制度视为大企业的正确组织方式，而且他们认为，至少核心管理层认为他们已经建立了分权制的组织方式，并且达到了目标。

核心层管理和分部管理

如上所述，通用汽车公司没有把分权制度局限于最高领导层，而是把它视为处理一切管理关系的基本原则。发展分权制度是为了把核心层管理和分部管理融为一体，而且分权政策在通用汽车公司的最高领导层受到了最彻底的检验，得到了最广泛的认同，也在最高层获得了最大的成功。所以，我们应该从分析核心层管理与分部管理的关系入手，研究分权政策的意义和效果。

在分权体制下，核心层管理有两项职能。首先，它是分部经理的服务者，帮助他们更有效、更成功地实行自主管理。其次，它又是公司的老板，核心层管理必须把数百名积极进取、富有个性和独立自主的分部高级经理团结成一个团队。这两项任务看似相互矛盾，实则互为依存。为了解决这个问题，人们采取了多种方法：①通过核心层管理的权力为每一个分部和整个公司制定目标；②通过核心管理层决定分部经理的权限以及对他们的任用和解雇；③核心层管理必须始终关注各分部面临的问题和取得的进步；④分部经理不必担心纯粹的生产和销售过程以外的问题；⑤最后，通过核心层管理的职能部门随时向分部经理提供建议和帮助。

（1）各个分部，尤其是汽车分部的生产计划必须经过核心管理层的批准。核心管理层要为雪佛兰、别克等分部规定价格范围，未经特别许可，任何分部均不能超过该范围定价。但是，核心管理层不会组织奥兹莫比尔取代低价位的别克汽车，也不会规定雪佛兰分部应该以什么价格向费希尔车身分部购买车身。只要任何一个汽车分部的经理可以证明从其他地方购买车灯之类的零部件更加合算，核心管理层就不会强迫该分部从通用汽车公司内部购买。

类似地，核心管理层还必须决定两个不同的柴油机分部是否继续重复生产某些产品（它们在被通用汽车公司收购之前的发展造成的结果），还是应该分别生产一种型号的发动机。

核心层管理不仅要为各个分部划分经营范围，还要把它们整合成一个统一的公司。它要制定全面的总体目标，安排每一个分部在团队中扮演的角色；它要分析经济形势，并在此基础上制定总体生产目标，布置每一个分部的最低生产限额；它还要决定资金在不同分部之间的分配。

首先，核心层管理要事先为公司全局做打算。因此，它与分部管理不仅权力和职责各不相同，而且有着时间上的区别。优秀的分部经理对将来和现在同样重视；事实上，分部经理与分部职员——某些职员，如少数大型分部下设的几个大型工厂的经理属下拥有比一些小分部经理还多的工人——的一个不同之处就在于他们对分部的未来经营负有长期责任。但是无论核心层管理多么倚重分部经理的意见，对分部发展方向的决策仍然是核心层管理的责任，而不是分部经理的责任。预见问题并找出解决方法也是核心层管理的责任。其次，核心层管理要对所有分部的共同问题做出重要决策。最后，它要决定公司是否应该向新领域扩张——比如，扩展到柴油机业务，收购新的资产和建立新的分部。在核心层管理的所有职责中，最重要的就算事先谋划的职责了，它把通用汽车公司统一起来，向着一个共同的目标奋斗。

（2）核心层管理决定了分部经理的运作权限。在通用汽车公司，人们常如此表达这一点：核心层管理制定政策，分部经理负责管理。这显然是一种误解。每一个管理人员，下至最低的工头助理，上至董事会主席，都同时拥有决策和管理的职责，但是，核心层管理规定了分部经理的决策范围和必须遵守的一般规则。借用宪法的术语来说，分部经理的决策必须依赖于明示或暗示的授权，必须遵循明示或暗示的指令，否则就会构成越权。

作为最后的依靠，核心层管理还拥有解雇分部经理和任用新人替代的绝对权力。显然，核心层管理很少做出解雇分部经理的重要决定；最重要的是，这一决定不能以个人印象为基础，而必须依赖于对此人能力和成绩的客观评价。但是，能否做到这一点则取决于核心层管理的自我约束，而且也不会影响它解雇分部经理的最终权力。

（3）日常经营中更常见的情况是，核心层管理通过与分部经理的沟通实施管理。这种沟通是非正式的，借助于建议、讨论和建立在多年合作基础之上的相互尊重而展开。比如说，主管一个分部的副总裁虽然实权在握，但如果曾经有也是很少以命令的形式表现权威。相反，他总是在讨论分部的问题或成就，讨论核心层管理的决策时提出建议。或者他本身往往也曾是一个成功的分部经理，从而赢得下属分部经理的尊敬。政策和管理委员会的附属委员会同样握有实权，同样以非正式的方法实施管理。分部经理会与附属委员会共同探讨他们的问题、政策和计划。同样，职能部门的工作方式也是如此，这在后面将有所讲述。

不过，也有维护核心层管理的正式手段：对超过一定金额的资本投资和超过一定工资水平的管理人员雇用，它都拥有否决权。没有集团经理和职能机构的支持，分部经理一般不会提出此类建议，所以核心层管理极少行使否决权。但是，由于否决权的作用，分部的每一项重要决策几乎都得通过核心层管理的广泛讨论。

核心层管理的另一项任务也同样重要，即尽力帮助分部经理提高工作效率。

（4）分部经理将丝毫不用担忧财务问题。独立经营的公司总裁不得不耗费大量时间以获得扩张所需的资本,而分部经理完全不必为此担心。只要一个项目被认为是可取的,核心层管理就有责任为分部经理筹集资金。法律事务也是如此。此外,通用汽车公司建立了中央监控的统一会计制度。最后,公司的大多数工会合同和全部劳资事务的谈判都由副总裁领导的一个工作组集中处理;但是,与财务、法律和会计事务的集中处理不同,这样做不是为了让分部经理不再烦心企业的偶发性事务,而是因为联合汽车工会要求与公司签订统一的合同;通用汽车公司内部曾经就采用集中的劳资政策是否明智展开过一番激烈的辩论。

(5)最后,核心层管理通过职能工作组为分部经理提供服务。职能工作组的首要任务是随时向分部经理提供所需的建议。比如说,按照惯例,新上任的分部经理会到底特律办公室咨询自己分部的红利分配问题(参见下文)。战争期间,中心办公室的制造工作组应各分部的要求,为许多军火产品设计了基本的生产流程;但是,工作组通常会把生产的细枝末节和生产方法的改良留给分部去完成。

职能工作组的另一项重要职责是在不同分部之间发挥桥梁作用,尤其是扮演更新和改良生产方法的信息中心的作用。举例来说,如果一个分部发现了一种处理铸铝的新方法,能使成本下降5%,那么职能工作组就会立即通知其他对这一问题和类似问题感兴趣的分部。这样,职能工作组就可以通知其他感兴趣的分部,推广这种先进的生产方法。它还能用同样的方法收集信息,把某个分部碰到的新问题,某种新产品、新方法和新的劳资政策遇到的困难告诉其他所有分部,既节省了时间,又避免了重要损失。同样,职能工作组的专家也会帮助各个分部及时了解公司外部的研发、促销和公共关系的处理的最新动态。虽然每个分部都要向通用汽车公司上缴5‰的销售额用以维持核心层管理的运行,但是仅仅是核心层管理提供的这项服务职能就已经足够其收回投资。

必须指出,职能工作组只能向分部提供建议和意见,而无权直接控制分部经理及其政策。当然,万不得已时,其也可以请求最高领导层强迫那些顽固的分部经理接受建议,然而这只是在理论上行得通,在实践中并不可行。一般情况下,职能工作组必须"毛遂自荐",凭借其能力、信誉和成绩取信于分部的领导者。没有人可以强迫分部经理听取职能工作组的意见或采纳其建议。总的来说,职能工作组和分部经理相处得颇为融洽。

职能工作组能让分部的领导层了解分部外的所有重要发展状况,同时也会把分部内的重大发展状况告诉核心管理层。职能工作组——尽管不是唯一的消息来源——使核心管理层详细地了解企业生产、工程、分销和人事管理的各个方面,这正是高层政策制定者与分部管理人员进行合作的一个重要环节。

最后,职能工作组有责任与分部经理和核心管理层紧密合作,共同制定未来政策,职能工作组本身并不能制定政策,只能提供建议。核心管理层负责公司的主要政策,分部经理负责具体事务。职能工作组必须获取他们的信任,才能使自己的建议被采纳,进入公司的总体政策。

就像对一个运行中组织的任何正式分析一样,这样的描述也无法让读者明白对于一个组织而言最重要的东西——核心管理层的运行方式。上文只是概括了核心管理层的运行框架,而没有具体描述它的实际工作。对于分部经理,我们甚至连他们的运行框架也未做说明。若要贴切地描述分部经理的地位和运作,也许可以这么说:他们能在核心管理层制定的政策框架内独立自主地领导其下属开展工作。他们全权控制了生产和销售。他们可以聘用、解雇和提拔员工；他们能自行决定员工的数量、必须具备的素质以及工资幅度——只有一个例外：核心管理层有权否决分部经理对高级管理人员的雇用。工厂的规划、技术方案的选择和设备的使用也都由分部经理决定。他们还要核算分部的资本需求、制订扩张计划、筹建新的工厂，不过，重大的投资计划必须得到核心管理层的批准。分部经理要负责自己分部的广告宣传和公关事务。他们能自主选择供应商，购买所需物品。他们要为自己管辖的多个工厂分配生产任务，决定生产什么产品，采取什么方法销售产品和建设销售渠道。他们有权与经销商签订合约，授予或免除特许经营权。他们与独立企业的领导一样，切实掌管了有关分部运作的一切事务。根据几个分部经理的估计——并经过核心管理层成员的证实——他们控制了 95% 的决策权。

这样的叙述虽然是正确的，却仍然无法描绘一项难以捉摸而又至关重要的事物：分部的团队氛围。公司内不存在"通用汽车氛围"，也绝没有形成"通用汽车风格"；相反，不同的分部风格各异，分部经理的性格和背景千差万别，这着实让我大吃一惊。对此，核心管理层不但允许，而且极大地鼓励，因为他们认为一个人只有按照自己的方式才能把工作做得最好，一个分部也只有对自己的传统、风格和社会环境引以为豪才能把工作做得最好。所以，核心管理层只是负责为分部布置任务，而尽可能不去规定分部应该如何去做。分部经理只要表现良好，就不会受到干涉，但是他们必须清楚自己在团队中所处的位置。

这主要得益于公司的两项主要政策（以后将做详细讨论）：其一，建立一套客观评价体系，以分部经理对团队的贡献为依据判断他们的表现；其二，相互间交流信息和个人意见，使分部经理及时了解他们在团队中所处的位置和团队的工作情况。分部经理既是独立分部的领导，同时又是统一团队的成员，他们的双重身份在通用汽车公司的分红计划——它本身也是避免这两种身份相互冲突的一个重要原因——中得到了最佳体现。

通用汽车公司每年都要拨出一大块净利润，以股票的形式给管理人员分红（过去几年中，公司曾以现金代替股票发放一部分红利，使红利获得者不用出售通用汽车公司的股票，也能支付战时收入税，但是，这仅仅是权宜之计）。分部经理的红利均由最高领导层决定，它同时还要决定各个分部除分部经理以外的红利总额。核心管理层的这些决定不受任何人影响，但是它必须参照一个公式，该公式能反映公司的总体经营成果和各个分部大致的业绩。哪些人可以得到分红也要由核心管理层决定；一般来说，只有收入高于总工头的人才有资格参与分红。最后，核心管理层极力推荐一种分红模式：职位越重要的人，分得的红利在利润中所占的份额也越高；对低层管理者而言，红利只是一笔小小的"额外收入"；对高层管理者而言，红利是他们的主要收入来源，虽然其波动的幅度也很大。

在这些一般原则和建议之内，分部经理在其下属之间分配红利。他们可以特别奖励或惩罚某一个部门或某一个人。为了避免独断专行和党同伐异，当分部经理的决定与习惯做法截然不同时，他们必须上报核心管理层并说明原因。分部经理的决定一旦得到批准，就不得更改。

对通用汽车公司的管理人员，尤其是高级管理人员而言，分红在正常的年份中构成了他们收入的一个重要部分。因此，分配红利的权力加强了分部经理的实权，尽管核心管理层制定的一般原则和对分配计划的否决权使分部经理难以独断专行，恶意操作或偏袒徇私。与此同时，分部经理分得的红利既能反映其所在分部的经营成果，又能反映公司整体的经营成果，这就给了他们强大的动力，激励他们全力以赴，在管理好分部的同时积极参与整个公司的团队合作。

红利的发放促使分部经理扮演了独立主管和团队成员的双重角色。公司千方百计地鼓励分部经理持有分红得到的股票，这样在正常的经营和税收条件下，即使是一个较小分部的经理不出几年也能积聚一笔可观的财富，所以，他很快就能实现经济上的独立。当他想发表自己的见解，反对公司的政策，或是以自己的方式管理企业时无须再多作犹豫，因为他不必不惜一切代价来保住这份工作，在核心管理层面前他也用不着再自惭形秽：核心管理层的成员也许比他更富有，但那只是量上的差别，而非质的区别。与此同时，通用汽车公司的股票常常成为分部经理的主要财产，他们的财富因而与公司的前途息息相关。分红计划使公司的管理人员成为最大的个人（非法人）股东，通用汽车公司的股票成为大多数管理人员的主要资产——这虽然不是分权管理制度发挥作用的决定性因素，但也是一个重要原因。

双向流动

权力划分、职责分工、统一行动——联邦政府的这一定义确切地表达了通用汽车公司实行分权政策的目标。这样的统一整体不能依赖于对命令的盲目服从，而必须建立在核心管理层与分部经理对各自的问题、政策和处事方法的相互理解之上。每个人除了知道自己的任务以外，还必须了解其他同事采取行动的方法和原因，这是所有大型组织都不得不解决的一个问题。具体地说，如果通用汽车公司的每一项决定都要经过纽约或底特律办公室的几个人批准，那么不仅他们会操劳过度，而且整个公司也将无法运作。与此同时，如果这些掌权者对公司的重要举措一无所知，公司也同样无法运作。类似地，如果分部经理要亲自制定每一项基本政策，那么分部将无法运作；如果他们无从知道和理解政策的内容及其背后的原因，分部也同样无法运作。所以，通用汽车公司的第一个管理要求是，使尽可能多的管理人员理解公司及其分部的政策、问题和计划。信息和决策必须始终保持双向流动：从核心管理层流向分部，以及从分部流向核心管理层。

上文中，我们已经提到了集中信息流动渠道。主管一组分部的副总裁持之以恒地在公司总部和各个分部之间传达政策，互通工作情况。职能工作组不仅在核心管理层与分部之间，而且也在分部与分部之间实现了技术上的沟通。附属委员会是最高领导层开展工作的场所，同时它也拥有来自分部的成员，并且时常邀请分部的管理人员互相交换意见。此外，斯隆先生每年要在底特律主持两次特别会议，讨论重要问题或敏感问题，以求达成共识。大会将公布各分部的经营结果，探讨成败得失，并且就不同分部或核心管理层提出的建议展开辩论。通过这一会议，核心管理层的成员和分部职员无须事先安排，也能建立有效的个人联系。与会者一般为200～300人，而且每次都有一定数量的人员被替换。所以，几乎每一个高级职员——自车间主任以上——都有机会了解公司的总体情况、自己在公司中所处的位置以及公司的基本政策与规划。

这样的会议已经坚持了10多年，并且取得了巨大的成功。但是，与会人员过多，导致核心管理层与分部职员无法建立对各种政策与问题达成共识所必需的私人联系，而这种共识正是通用汽车公司赖以生存的基础。因此，各地的生产中心召开了一些小规模会议作为对斯隆会议的补充，使核心管理层的成员有几天的时间会见当地的分部管理人员。与会者包括应邀参加斯隆会议的全体人员以及一部分当地工厂和办事处的低层职员。另外，生产中心也会邀请经销商，举行类似的会议。

公司的管理人员通过这些渠道，可以及时了解公司的政策与问题，他们也经常参与政策的制定。每一项重要政策的决定都会听取有关分部管理人员的意见。当管理人员认为核心管理层的决策不正确或是欠考虑时，他们有权利也有责任提出批评。事实上，通用汽车公司对管理人员所下的一个定义就是"如果反对一项政策决定，就应该正式提出意见的人"。管理人员提出批评意见后不仅不会招致惩罚，还会受到鼓励，因为这表明了他们工作积极，关心企业。他们的意见也总能得到认真对待。

核心管理层当然不会根据分部职员投票表决的结果制定政策，他们甚至完全不用考虑分部管理层的想法。但是，当核心管理层拒绝接受分部管理人员的建议时，会试图去解释理由。核心管理层始终遵循着一个原则：与其用命令压人，不如耐心劝导，以理服人。对于有争议的问题，核心管理层宁愿等待分部经理主动请求颁布政策，也不愿意自上而下地推行政策。

我们也许可以通过一个例子阐明这种关系的本质。数年前，通用汽车公司颁布了一条政策，规定所有工头不再沿用计时工资，改为领取基本工资，并且在公司裁员时享有比计时工人更优惠的条件。战争期间，工头的数量翻了一番。在战后的大萧条中，新工头处境还不如计时工人。为了避免感觉被剥夺了相对安全的优越感，公司给新工头像以前工头同样的地位。这一决定遭到了几个分部经理的强烈反对，他们认为这会打击老工头的工作积极性，建议批准老工头永久性加入公司的管理队伍，以示区别。于是他们到核心管理层面前据理力争，而后者立即同意重新考虑整件事情。

另一方面，一旦公司的利益或政策受到威胁，核心管理层将毫不犹豫，甚至毫不留情地进行直接干涉。对于分部的一切事务，核心管理层都会尊重分部经理的意见，但是当分部经理的行为与决策直接影响到公司的整体利益时，核心管理层会要求他们采取合作的态度——两者构成了鲜明的对比。正是基于这一点，通用汽车公司向核心管理层发放了最多的红利。核心管理层总会提前对政策进行讨论，所以他们有足够的时间从容自在、细致入微地解决问题。据说，这能使所有的相关人员都有机会认真思考，发表意见，而又不会延误时机。最重要的是，它使核心管理层有时间去了解分部经理的观点，反之亦然。所以，当一项政策付诸实践时，每个人都能明白自己要做什么，为什么要这么做；每一个分部经理都能欣然接受自己参与制定的这项政策，知道它的来龙去脉和自己的权力范围，因此很少有人质疑责任的归属问题。

自由与秩序

通过对通用汽车公司政策目标的分析，我发现每个员工——至少 300～500 名一二线管理人员——都享有高度的自由，他们可以拥有他们愿意承担的一切责任。很少有人强调头衔、等级和正式的程序。事实上，所有管理者最重视的恰恰是管理人员之间和分部内部"不拘小节"的氛围。那么，对于长期以来威胁着每一个联邦政府，尤其是委员会式的政府的隐患——同级组织的明争暗斗、派系分裂造成的组织解体以及权力斗争——通用汽车公司又如何避免呢？政治理论中有一条基本公理：只有在一个规则明确、权力和责任严格分工的体制内，人们才能享有通用汽车公司赋予其最高管理者那样的高度自主。但是，通用汽车公司好像极大地缺乏清晰的权力分工。显然，公司要在激烈竞争的市场中生存，就必须明确决策权的归属并且及时决策。我们不禁要问："不拘小节"是否可行？只要有良好的愿望和意愿就可以了吗？又或者，个人自由必须以严格、客观的政策体制为前提吗？

毋庸赘言，这不是什么新鲜事，而是一个非常古老的政治话题——美国人最熟悉的莫过于杰斐逊与汉密尔顿的政见之争。

通用汽车公司的员工总爱把公司的正常运作归功于个人的良好愿望，而非组织制度，他们可以举出很多例子证明这一观点。公司崇尚"不拘小节"的风格，倚重信息沟通和劝导的作用，反对"指令性管理"，这些无疑都反映了小阿尔弗雷德 P. 斯隆先生的真实性格。斯隆先生 20 年来始终活跃在管理前线，推动通用汽车公司发展到了现在的地步。若没有斯隆先生的人格魅力，这种组织制度也不可能产生并发展壮大。然而，"性格解释论"试图从统治者的性格或是公民的良好愿望中寻找政治制度的基础，其实是非常危险的。通用汽车公司目前就存在着这种倾向，它表明整个组织尚未理解其力量的源泉，这也正是通用汽车公司的一个潜在缺陷。如果通用汽车公司真的依赖于个人的良好愿望而运作，那么它的寿命不可能比人更长。它的组织制度只能适用于某一特定性格的人领导的组织，而无法成为工业组织的一般模式，后者恰恰是通用汽车公司努力的目标。最后——对通用汽车公司来说，也许是最危险的一点——这一信念会演变为虚伪的感情主义，使公司以管理人员称颂人道主义的口头功夫代替他们的实际表现，对他们进行评价。

事实上，通用汽车公司的分权制度并不是基于最高领导层的良好愿望。即使离开斯隆先生在其长期领导中所展现的人格魅力，通用汽车公司依然能够正常运行。事实上，有些高级管理人员其实有着与斯隆先生截然不同的个性，他们并不像我们想象的那样不拘小节，相互尊重，公司也照样运行。所以，通用汽车公司必然拥有一套客观公正的参照体系，保证分权管理能够运行顺畅。这一客观体系运用成本会计和市场分析的现代方法，作为评价政策制定者和生产工人表现的客观标准。

这一客观体系由两套评价标准组成，分别适用于分部管理人员及其下属、核心管理层及其决策：①能客观衡量公司与各个分部作为生产商的运行效率的基础价格；②能自动、直接地反映公司作为销售商的运行效率的市场竞争地位。这一综合，两者既能集中反映公司的总体效率，又能为公司决策提供直观、公正的评价。

基础价格体系的作用是衡量所有业务单元的生产效率，从生产成本中剔除所有外部和暂时性的因素，尤其是商业周期带来的波动。它的要点在于，仔细分析所有进入生产领域的成本因素，它们都占有不同的比重，这正是现代会计的基础。这样，人们一眼就能看出某个分部——或分部下面的某个部门——与标准相比，生产效率是高还是低及其原因。它也能让人明白良好的经营成果应该归功于生产效率的提高、生产方法的改进，还是纯粹的偶然因素——后一种情况下，管理人员无法邀功。最重要的是，在经济繁荣时期，当管理人员以生产效率的降低为代价，也就是说冒着削弱公司长期实力的风险谋取利润时，人们不会被这样的巨额利润所蒙蔽；相反，在萧条的年份，由于人力无法控制的原因导致分部经营不尽如人意时，分部经理也不会因此遭受责难。所以，即使利润总额的上升足以掩盖生产效率的下降，分部经理也必须为此承担责任；在恶劣的经济条件下，即使分部发生亏损，只要管理效率有所改进，分部经理照样能够得到表彰。所以说，基础价格的成本分析方法提供了衡量生产效率的客观标准。

基础价格方式也建立了评价决策的标准——无论是在决策做出之前还是之后。它能揭示一项决策对生产效率可能造成的影响，用事实代替了雄辩。它解释了一项看来必要或明智的政策虽然不会使生产效率下降，却可能因为劳资政策、销售和公关等原因抬高成本。

基础价格同时也反映了通用汽车公司的资本运用情况。它计算了资本投资的收益率以及影响这一比率的因素：工厂的利用效率和生产设备的使用寿命等。因此，按照这种方式对任何投资所进行的估算都是客观的，可以随时按照实际经济发展进行检验。所以说，基础价格建立了扩张政策的判断基础，衡量了新的资本计划投资的可行性。

按照基础价格进行的成本分析均由分部完成，很多分部也常常要求车间主任和工头等管理人员对他们的部门进行成本分析——这些都体现了通用汽车公司的管理理念。凡是生产同类产品或使用同类生产方法的分部，都要进行成本分析的比较——这也是通用汽车公司坚持要求所有分部统一会计制度的原因之一。

在自由企业的经济体制中，高效率的生产只是成功的一个因素，一个成功的企业还必须善于在市场中出售产品，所以对市场及其产品的竞争地位的客观分析被用作通用汽车公司的第二套评价标准。它把消费者的决策、偏好与工程技术结合在一起，作为公司决策和评估的客观基础。这里仍然存在一个问题：如何在业绩评价中消除纯粹的外部波动？汽车制造分部的解决方法是，计算销售额在同类价格的产品市场中所占的份额，代替销售额的绝对值，以此来衡量经营业绩和竞争地位。只要一个汽车分部在潜在市场中的份额下降，那么即使它的绝对销售量（由于经济繁荣而）直线上升，公司也会认定它的业绩下降。另一方面，尽管凯迪拉克的销售额在过去15年中严重下滑，人们仍然认为管理层表现不俗。因为凯迪拉克在高价汽车市场中的份额增加了，所以其绝对销售量的下降是由高价汽车市场的萎缩造成的，这不是管理人员可以控制的，他们当然也不必为此承担责任。

由于零件分部生产的大部分产品都在通用汽车公司内部使用，因此它们不能用在消费市场中的竞争地位来反映它们的效率。所以，它们采用了另一种——也许更为严格的——衡量标准：能否以低于外部供应商的价格向汽车分部提供产品。如上所述，公司不会强迫任何一个汽车分部向零件分部购买产品，也不会强制定价。为了获得汽车分部的采购，每一个零件分部都必须提供比外部零件制造商更低的价格，满足汽车分部对质量和款式的要求，所以，它们大都和汽车分部一样面临着竞争的考验。零件制造商还必须满足消费者的需求。个人购买者一般只对有形的、可以证明的经济因素感兴趣，他们的消费决策往往受到习惯或广告（也就是说非理性的经济因素）的影响。

市场地位的衡量标准暗含了以下前提假设：如同基础价格中的工程技术和会计数据一样，消费者的偏好乃至偏见对生产商而言也是客观公正的。分析消费者偏好和分析成本因素同样必要。如果不知道影响消费者决策的因素，就不可能发现销售过程中的问题，也就不可能为改善一个分部乃至整个企业的竞争地位而做出合理的计划。因此，通用汽车公司建立了一个综合性的消费者研究机构。

通过对基础价格和市场竞争地位的客观分析，管理人员可以制订出大致的生产计划。各个分部每年都要向上递交来年的预期工作计划，分别估算出它们在整个行业景气时、正常发展时和不景气时的销售额、成本及预期资本需求。计划中还必须指明，根据对经济形势和二手车市场发展趋势等因素的分析，它们认为哪种情况最有可能出现。通过比较不同分部的工作计划，核心管理层能够对整个行业的发展有一个相当客观的了解。如果进一步仔细研究生产和销售人员、消费者研究机构及公司的经济学家的分析与判断，其结果不仅客观可靠，而且易于被执行层理解，从而为核心管理层和分部管理层的工作绩效设置客观的框架体系。

通用汽车公司以成本效率、资本投资收益和市场竞争地位为客观依据，衡量其决策和管理的效率与成果，希望借此消除个人主观因素在上下级之间、核心管理层与分部管理层之间的影响。一个人的工作效率是高是低，他是否成功，他对公司而言是否重要，这些问题都不应该由个人的主观偏好决定。事实上，人们根本不必对此下结论，这些问题应该由能够自动而直接地反映员工的工作效率和业绩的客观评价体系给出明确的答案。分部经理不用等公司总裁开口，也能从成本与市场分析的数据中知道自己的表现是否令人满意。同样，当总裁决定提拔某个职员时，他也没有必要向其他同事解释，员工在公司内的资料足以说明问题。客观评价也能减少个人因素对决策的影响。如果一个人的观点或提议遭到否决，那不该是因为他级别低，而只能是因为他不切实际。只有这样，上级才有可能在下属面前坦白承认自己的错误——这也许是人际关系中最重要的一点。总之，这一客观评价体系不仅能使人们无拘无束、和睦相处、同心协力、开诚布公，而且，它也几乎不可避免地通过极力阻止公司采取论资排辈式的管理方法，使联邦式的团队合作自然而然地成为公司的管理模式——至少，通用汽车公司的员工这么认为。

3　运行机制

我们的分析性描述让人觉得分权制度是经过详细规划后制定的。就现在的分权体制而言，这一印象基本还算正确。但是我们的分析似乎也在暗示——所有的系统性描述都是如此——现在的分权体制也是人们深思熟虑的结果。这就很危险，它会使人误入歧途。事实上，如果分权制度是一种纯理论的公司组织计划，那么就算它不会造成破坏，也会因为发挥不了作用而变得毫无价值。这样的制度是僵化的、教条主义的、停滞不前的。这样的制度是凭空想象的结果，它脱离了实际经验和实际问题，只能运用行政指令实施管理，因此会引起人们的不满。换句话说，这样的分权制度变成了"开明的专制"。"开明的专制"的一个重要特征是——常常为"开明的暴君"所忘记——对掌权者开明，对下属却是彻底的专制。纯理论制度的另一个更为严重的后果是：每一个需要解决的实际问题都会给既定的制度带来挑战，对其基本原则形成冲击——因为无论一种制度有多完美，都无法预见将来可能发生的问题，并事先制定出解决办法。最后，对于一个具体问题，纯理论制度关心的是它的解决办法是否与既定的原则相统一，而不是这种方法是否恰当。纯理论制度为自身的发展设置了障碍，它无力知道具体的管理活动，即一切管理体制的首要任务。

这并不是说分权制度是"实用主义"的产物，也就是说，没有基本原则可作为参照。30年前，当通用汽车公司作为一个统一的整体出现时，它的领导者当然也有他们自己对公司管理和组织的见解，有他们自己的奋斗目标和信仰，尤其有他们自己的尺度，判断什么手段是不应该采取的。第一次世界大战或稍后期间，最高领导层认同了公司必须拥有政策的一般观点。20世纪20年代初期，他们接受了在核心管理层与分部经理之间实行分权制度和建立客观评价体系的一般观念。但是，这些都只是组织和运作的一般原则——它们告诉人们应该怎么做，不应该怎么做，而没有指出应该做什么，不应该做什么。通用汽车公司的组织本身，它的具体机构、政策和决策都是在处理具体事件、应付具体人员的过程中逐渐形成的。

今天计划制订的大多数要求都是基于这样的错误认识：如果不遵循理论为将来制订全面的计划，那就只能无的放矢，"得过且过"了。通用汽车公司的力量源泉恰恰在于，它能运用原则和理念指导人们处理"计划制订者"无法预知和事先规划的具体情况，这一点具有非常普遍的意义。美国宪法以同一方式成功地奠定了未来政治组织的基础。宪法不是政府的"行动计划"，为政府制定任务，它也不是"实用主义"的产物。宪法设立了少量单一功能的政府机构，授予它们重权，并规定它们的权限。它以法律的形式确立了客观标准。它概括了决策的一般原则；值得一提的是，其中大部分原则列出了大量例外情况，明确规定了修订宪法的程序和条款，告诉人们怎样有所不为，但是，它把政府组织体制的实际制定明智地留给了具体的操作部门——宪法的成功很大程度上要归功于这一点。

通用汽车公司的组织体制经过了长期的历史发展，所以它实际上的组织形式有很多不符合一般组织原则的例外。几乎每一个分部都会因为这样或那样的历史原因——如特殊的生产问题，一个能力出众但脾气暴躁、带着卓越业绩退休之前总是自行其是的销售经理，又或者特别和谐或特别不和谐的劳动关系等——而违反某些一般原则。逻辑学家和制度制定者都希望组织体制存在逻辑上的连续性，但往往事与愿违。一些理论上可以这样或那样解决的这样或那样的问题，在现实中从未得到解决，有的甚至根本不曾出现。换句话说，通用汽车公司是一个运行中的、发展中的人的组织，而不是一个静态的规划蓝图。

但是，通用汽车公司的组织体制也有可能成为联邦分权体制的翻版，也可能形成极其不理想的结果。分权的理念不该成为一成不变的规则，相反，它应该发挥罗盘的作用，引领人们翻越崇山峻岭。虽然实际上的路线要依照自然的山势地形，但是，无论你绕了多少弯路，在途中如何迷失了方向，每走一步，罗盘都会显示你和实际方向的偏差，并最终把你带往目的地。

所有的人的组织都是如此。作为人的组织，它们不可能尽善尽美，因此它们必须能够在不完善的情况下运作。它们还必须兼顾人与人之间性格、能力和生活节奏的巨大差异。30%有效的组织体制，其实比号称100%有效的体制更有效、更强大。事实上，可以这么说，为了提高效率，分权管理体制必须吸纳一小部分不重视分权原则，甚至偏向专制的管理人员，他们倾向采取"照这样做，否则就惩罚"的态度。因为任何一个机构迟早都会面临事实分析和政策无法解决的问题，对此它们既达不成共识，也无先例可循。只有大刀阔斧才能解决问题；除非有人快刀斩乱麻，否则以合理性为由从长计议，组织将无法做出任何决定。所以，只要每一个人——包括独裁者自己在内——都能认识并理解独裁行为是一种偏离常规的例外，那么高压、独裁甚至专制的行为不仅不会违背分权原则，而且能成为分权体制发挥作用的前提条件。

当我们问起通用汽车公司是否实现了其管理理念时，我们并不想知道公司的实际体制是否符合规划，而是想知道公司有没有把分权原则作为它的"实际航向"，作为指导实际行为的准则——永远不会完全实现，但至少可以作为参照——以及作为解决新问题的基础。

向战时生产转换

如果我们要了解分权理念在通用汽车公司的实现程度，就应该研究通用汽车公司从和平时期到战争时期的生产转换。这种转换面临着一个全新的问题：确定生产规模。它没有先例可循。事实上，公司的管理人员只有抛开他们穷尽一生所积累的大部分经验，才有可能得出正确的结论。通用汽车公司的成功转换是否能归功于分权的原则和功能？又或者，它在紧要关头是否放弃了这一理念？

1941年，通用汽车公司迎来了有史以来汽车业务最繁忙的一年，为了满足空前高涨的消费者需求，所有分部都开足了马力。但是，核心管理层这时已不再关心和平时期的生产问题，其责任是事先为公司做好打算。1941年年初，通用汽车公司的两个最高委员会就已经开始考虑如何应付两三年后可能到来的军备需求高峰。首先，核心管理层认为，作为规模最大、经验最丰富的机械产品制造商，通用汽车公司应该接受最困难、最重要的任务，而不是一般性的常规任务。这样，他们就把问题的范围缩小到三个方面：确定军火产品的下单速度和需求高峰的可能时间，劳动力短缺，运输瓶颈。

早在珍珠港事件爆发之前，核心管理层就认识到劳动力供给会成为影响战时生产的关键性和决定性因素，而通用汽车公司也必须克服劳动力的短缺问题，才能保证战争物资的顺利生产。所以，核心管理层在1941年春天对公司所在的每一个地理区域做了未来劳动力市场的专题研究。通用汽车公司在10多个州的20多个工业区设有重要的工厂，这项研究工程的规模如此巨大由此可见。在有些地区，通用汽车公司的工厂是主要用人单位；而在另一些地区，其只雇用了一小部分劳动力，因此还必须考虑其他公司的劳动力需求。到1941年秋天，核心管理层估算出所有重要工厂所在城市的就业极限，并且计划在劳动力丰富的地区尽力扩大生产规模。在此基础上，核心管理层分派出各个分部可以接受的战时订单的最高限额。只要能够获得劳动力，其他问题，如财务、工厂设备、厂房和工厂熟悉的产品类型等都不重要。珍珠港事件爆发3周后，核心管理层完成了这项研究的所有细节问题，而当时政府甚至还未开始订购军火产品。尽管军备物资的生产后来发生了很多变化，但事实证明通用汽车公司对各地区最高生产能力的预测误差基本上都小于10%。

根据这一规划，分部经理从一开始就清楚地知道他们可以为公司做出多少贡献，他们能够并且应该承担多少工作。从一开始，分部经理就知道他们应该参照和平时期最高生产能力的两倍，制订战时生产计划。当很多企业还在为低水平的生产目标操心和努力时，通用汽车公司已经开始最大可能地扩张。因此，早在建筑材料和机器设备发生严重短缺之前，他们就已经建造了厂房，设计和购买了新设备，通用汽车公司的劳动力和住房供给从未发生严重的供给问题，也从未向政府寻求住房和运输方面的帮助。通用汽车公司成功地预见到战时劳动力和运输能力的短缺，并事先采取了预防措施，有力地向管理人员证明了其组织体制的合理性。

分部经理必须得到管理委员会的特许，才能在核心管理层规定的最高限额之外接受订单。此外，核心管理层还制定了生产的下限，规定分部经理必须在最短的时间内完成扩张要求。核心管理层负责监管各个分部的战时生产，分部经理必须向核心管理层汇报和解释推迟交货的原因；当出现严重违反合同义务或承诺的情况时，核心管理层会直接进行干预。除此以外，分部经理可以全权做主，他们自行决定生产的产品、地点和方法。他们向政府报价，决定交货日期并选择生产方法。他们根据需要建造新的工厂，购买新的设备，并在各个工厂之间分派生产任务。公司的职能工作组将协助他们交流新的生产方法，寻找短缺物资的供货渠道和合同的分包商等。此外，核心管理层会处理合同的一切法律和财务问题。核心管理层还在底特律新建了一个职能工作组，帮助分部经理处理战时订单。分部经理接到订单后都要向这个战时工作组汇报，并指出哪些订单超出了他们的生产能力，这样，各个分部就不会为了同一张订单而相互竞争，公司也不会因为订单掌握在不合适的分部手中而延误紧急的战争任务。

但是，核心管理层的作用远远不止于提供建议和信息。为了获取更多的战争合同，充分利用公司的设备和经验，通用汽车公司的管理层作为一个团队共同努力，而不是作为协调分部之间力量均衡的基础。公司要求核心管理层和分部经理在实际工作中灵活应变，而不要墨守成规，从而激励尽可能多的管理人员了解公司的政策和运作，并为此发放了大量股利。

绝大部分的战时订单都是由分部经理自行接受的。通常，他们不用征询核心管理层的意见，只要他们认为他们的工厂有能力生产某一新产品，他们就可以接下订单。在很多情况下，军队会直接与分部洽谈业务。有的分部经理会带领下属，结合自己的优势设计生产流水线，参与竞标。也有一些分部经理直接去华盛顿，调查什么产品的需求最为迫切，生产的难度最大，并以此为基础接受订单。

从下面的例子中我们可以看出，只要分部经理表现优秀，公司就不会干涉他们。有一个分部经理没有通知核心管理层，就取消了当时通用汽车公司最大的一份战争合同，并签署了另一份合同，生产一种全新的产品。此前，公司已经花了数月时间为旧合同做准备，而且，几个最有权威的核心管理层成员也已在初步讨论中断言，公司不能够满意地生产这一新产品。但是，当这个经理下定决心，不顾核心管理层的一致反对而接受军队的订单时，他的决定就不可更改了。

另一方面，核心管理层在很多情况下也会建议分部经理接受某项任务。有一段时间，军队急需中型坦克。核心管理层对生产问题进行研究后得出结论，生产坦克的一个必不可少的条件是拥有足够的占地面积。但是，有空余厂房的分部却没有可以承担这项繁重工作的设备和工程师，具备后两个要求的分部又缺少厂房。于是，核心管理层把这两个分部组织到一起，制订了共同的生产计划，利用其中一个分部的厂房和另一个分部的经验与设备——但是，由一个分部经理统一领导。

有一次，核心管理层已经接受了一份订单，海军要求通用汽车公司生产舰载飞机，但是舰载飞机的生产才刚刚起步，存在着工程和制造方面的困难，任何一个现有的分部都无法完成这项工作。所以，核心管理层合并了属于不同分部的几家东海岸的工厂，建立了一个新的分部，由新的管理层统一领导。不过，一旦这个分部成立，它的一切事务就交由新上任的分部经理全权负责。他要负责组织工厂、人员和机器，修改合同，以及接受新的产品订单。

在计划向和平时期转换的过程中，公司采用了同样的方法。核心管理层与分部经理分别负责政策的制定与执行，使得通用汽车公司能够在不耽误战时生产的前提下，为和平时期做好打算，就好像1941年时它一边应付和平时期空前繁荣的业务，一边为战时生产做准备。完成向战时生产转变的主要工作后——大约在1943年年中——核心管理层立即开始制订计划，向和平时期转换。核心管理层决定，即使战后的汽车购买热不会持续太久，但是通用汽车公司仍然应该在战后的几年中扩大生产能力。核心管理层预测了战后的汽车生产状况，并在此基础上制定了公司的总体政策。最后，核心管理层决定投资5亿美元用于战后扩张。虽然这一决定是由核心管理层独立做出的，但是在决策的过程中，他们广泛听取了分部经理的意见。决策出台后，核心管理层召集了所有分部经理，向他们详细解释决策的原因和依据。核心管理层要求各分部经理畅所欲言，勇于提出异议——前者会召开一系列会议讨论他们的反对意见。接着，核心管理层又要求各个分部根据总体计划确立的框架，拟订他们自己的工作计划。公司的核心委员会仔细审核每一个分部的计划，但是实际工作由分部来决定。

在通用汽车公司，没有一个职员敢说，战时生产是完全按照上一节中提到的系统性计划来组织的。在实际工作中，我们没有像分权理论所要求的那样严格划分核心管理层与分部经理的职能，而是根据具体情况以及有关人员的能力、抱负和人们的内心驱动力做出了变通。战时生产的本质决定了分部经理无法拥有分权理论所规定的自主权。如果市场中只有一个消费者——政府——公司就会倾向于集中处理产品的订单和销售。如果罢工会危及国家安全，核心管理层就会逐渐收回决策权，因为这一责任对分部经理而言太沉重了而无力承担。由于通用汽车公司主动规定了战时订单的利润上限——后来，法律制定了类似的强制措施——核心管理层承担了有关政府合约定价与重新议价的大部分事宜。

战时生产的性质也决定了公司不可能实现分权体制所依赖的联合。通用汽车公司在和平时期只生产250种密切相关或者互为补充的产品；战争时期，它的产品超过了3000种，而且大都毫不相干。没有什么产品政策，也没有规划和控制"产品价格范围"。核心管理层能起到的最大作用就是阻止不同的分部相互竞争，鼓励它们相互转包合同。产品政策在很大程度上受到物质因素和偶然因素的影响，比如劳动力、厂房和军队需求，又比如分部经理是否愿意接受订单，或者因为缺少生产新产品的设备而超过了合同期限。

但是，这些变通行为显然也坚守着一种特定的行为模式。公司在从和平时期向战时生产转变的过程中，也许没有一次行动严格遵守了分权的管理规则，但是如上所述，几乎也没有哪一次行动的主旨、方向和效果不曾受到分权原则的影响。这恰恰是因为通用汽车公司没有拘泥于分权原则的实现形式，它允许人们按照自己的方式处理问题，允许事务顺其自然地发展。换句话说，尽管公司没有彻底或几近彻底地贯彻和执行某一条分权规则，但却始终遵循着分权的模式。虽然通用汽车公司向战时生产的成功转换没有坚守任何一条分权的规则，但是如果违背了分权的模式、理念和原则，改用其他方式，公司将一事无成。

应该强调，迄今为止我们关心的仍然是分权原则最初的、最狭义的应用，即把它作为处理核心管理层和分部经理之间关系的基础，因此我们的结论也只适用于这一特殊领域。在以下两节和第 4 章中我们将讨论分权原则在其他产业组织领域中的应用：应用于生产商和产品分销商之间，分部的管理人员之间，以及劳动关系之中。那时我们很可能会发现一个非常不同的情形，但是，就工业企业的管理体制而言，我们认为通用汽车公司充分实现了分权管理的理念，并且形成了一套完整的行为模式，为成功解决经济生活中最棘手的具体问题奠定了基础。

尚未解决的问题

我们刚刚讨论了分权体制是如何成功的。但是，它能达到多少预期效果呢？它真的能解决组织体制方面的问题吗？——提供和培训领导者；不依靠天才和争权夺位，和平实现最高领导层的人员接替；制定灵活的政策，既能用来解决具体问题，又能充当行动方针；建立能公正评价政策和业绩的客观标准。

我们的分析指出分权体制为通用汽车公司明确了决策的方针和组织。分权的规则显然没有成为它们自身发展的障碍，所以分权政策依然在为公司的宗旨服务，而没有反过来成为后者的主宰。通用汽车公司的政策希望在不破坏秩序和权威的基础上，以团队合作的精神代替管理中的武断和独裁。公司制定了客观公正的规则——客观评价体系——约束管理者行使权力，使他们的权力更强大、更合理。其结果是形成了一个真正的联邦，它将根据职能而不是根据职位分配权力，根据最高法则的客观标准而不是根据权力进行决策。它也将为公司创造条件，发展真正的集体精神，促使管理人员把公司的理想作为他们自己的目标和理想，引导员工发挥更大的潜力。

首先，通用汽车公司成功构建了一个公司运行机构。公司的最高管理层由五个人组成，而且他们的权力不相上下，管理的连续性由此得到了保障；其职位的更迭是一个逐步吸纳高级经理人员的过程，而不是来自命令或决策的突然变化。大多数其他管理职位的更迭也是这样。公司里总是有足够多精通某一业务的人员，他们的资料清楚地记录了他们取得的成绩，使公司能够公正、合理地做出选择，而不必依赖于内部斗争。管理层团队工作的组织方式，职能工作组的帮助，基于基础价格体系、市场份额和消费者意见的持续不断的检查，所有这些，即使是普通人也能管理好这个庞大的机构。

在阅读以上所有内容时，读者必须谨记：现实只能近似地实现理论。即使我们彻底实现了分权原则，它也无法解决公司作为机构的两大问题，满足它的两大基本需求：①把基层所需的专业人员培养成能统筹全局的高层所需要的领导者；②打破大型组织的高级管理人员必然面临的孤立状态，因为与公司一样，所有机构都必须在社会中生存和运作，而管理者的孤立却会危及机构的生存和效率。两者的问题都在于如何开发和培养人类的珍贵品质：想象力和理解力。但是就分权的本质而言，它不可能为组织提供想象力或理解力这样无法组织的东西。

关于培训领导能力的问题，我们可以找到很多不同的解决办法。首先是关于公司不该把员工局限在一个知识领域内发展的争议。这是高级经理人员对培训方法的建议。至少,在早期就应该把具有领导才能的人与拥有某些特殊技能和本领的人分开,公司应该允许,甚至鼓励后者专心发展他们的技能或专门从事某一类型的研究,系统地训练前者理解和掌握全局,而非局部。因此,从一开始——自工头开始——公司就能系统性地把具有管理才能的员工从制造部门调往销售部门或人事管理部门,把他们从技术工人升为工头等。员工如果不具备在多个部门工作的经验,就不能走上领导岗位,即使低层的也不行——通用汽车公司的一个主要零件分部推行了这一计划。公司应该推行系统性的离任计划与合理的晋升体制,帮助全面贯彻对员工的综合培训。当某个部门的管理者离任后,应该从其他部门挑选继任者;在提升员工时,应该以他们需要的经验,而不是已有的经验为依据。

类似地,有人进一步提议利用公司的职能工作组,全面培养有前途的年轻人。一些职能工作组的工作性质决定了其必须常常从大局出发考虑问题,至少在基本方式上必须处理所有的方面。所以,即使是职能工作组的一般职员,也能建立起全局的观念,也能熟悉公司的所有主要业务。尤其是负责公共关系、消费者研究和劳动关系的几个职能工作组,它们处理的是需要专业技术的专业领域,关注的却是整个公司,而非某个分部或部门。所以,人们建议把这些——以及其他类似的——职能工作组作为培训场所;建议这类职能工作组每隔几年就到各个分部挑选一批年轻人为其服务一段时间,代替原来从公司外部聘请长期职工的做法。

另一些管理人员有着不同的见解。他们认为在初始阶段进行专业分工不但有必要,而且大有好处,因为年轻的雇员缺乏经验,接受全面培训还为时过早。这种观点认为,应该等员工相对成熟,并升至相对较高的职位后,再让他们接受全面能力的培训。其中最具代表性的方案是由一名高级人事经理提出的，他建议由通用汽车学院（公司扶持的一所大型工程学成人教育学院，位于密歇根州弗林特市）为25～35岁的有前途的低层管理人员开设一年制或二年制的培训课程，其性质类似于哈佛大学为培养记者而设立的尼曼研究员基金。在此期间，雇员可以领取与培训前相同的工资，他们可以自由选择学科。通用汽车学院还将邀请重点大学和工业界的精英担任一两年的客座教授，使雇员们有机会接受他们的教益。这一提议得到了广泛的支持——尽管它的拥护者存在着明显的意见分歧：一部分尼曼计划的追随者主张培训期间不要把重点放在工程学、制造学或其他技术性学科上，而应该加强管理学、历史学、经济学、哲学甚至艺术方面的教育，也就是说，把重点放在全面教育的基础学科上；另一部分人则偏向于开设有关企业管理和生产的研究生课程。

我们罗列了通用汽车公司讨论过的一些观点，从中可以清楚地看到，专业人才与通才之间的两难选择并不是大型公司所特有的，它只是长期以来职业教育和普通教育之争的冰山一角，前者长期以来始终困扰着教育界。也许，由通用汽车公司这样的机构解决这一现代教育的基本问题，要比在正规教育中解决它容易得多。

要解决的第二个问题，即消除对公司管理者无形中的孤立就困难多了。大企业的管理者会通过他们的一举一动影响社会，同时他们本身也会被社会影响，但是，他们又不可避免地生活在一个虚拟的社会中，过着隐士般的生活。这种孤立是必然的。大公司的管理者——如同任何大型机构的管理者——日理万机，根本无暇结识没有业务往来的人。如果企业出现了问题，其他人会剔除一切无关的信息，以一种特殊的方式让他们了解当前的情况，以便他们采取行动。除了业务上的接触外，他们认识的要么是同事，要么就是同一圈子的人。公司管理者和军队官员一样，在工作之外不需要其他的兴趣爱好。管理者的生活不仅限制了他们的想象力，而且也并不要求他们拥有多少想象力，这与"军队思维"如出一辙。

目前，我们对管理者的孤立的强调远远超出了必要的程度。比如，管理者虽然常常和工会领导打交道，却对工人的想法、顾虑、态度和思想状况一无所知；工会领导也对管理和管理人员一无所知。他们总是针锋相对，力求打倒对方。社会和法律的习俗——比如，瓦格纳法案的某些条款——决定了他们只能在非常状况下交往：不是在普通的日常工作中，而只是在发生冲突时碰面。类似的社会习俗也阻碍了公司管理者和政府官员之间的沟通，使他们难以理解对方的动机、想法和行为。与大多数"临时政府官员"一样，绝大多数在战争期间到华盛顿担任政府工作的商界人士都很讨厌这份工作，但是他们几乎一致认为战时服务使他们对政府和政策有了新的理解，而且很多人赞成，作为培训的一部分，企业应该要求年轻的管理者到政府部门工作一段时间。大型公司虽然可以减轻管理者的孤立程度，但是当管理者开始在一定程度上（严重地）自我封闭时，公司就不该让他们继续担任这一职务。

缺乏想象力的管理者也会给公司带来危害。公司要在社会中求生存。孤立的管理者无从知道——因为无法想象——他们的行动可能造成的影响，他们的认识范围局限于他们的工作和周围环境。每个人都只能从自己的角度看待问题；管理者的视角肯定很狭隘，使他们无法采取有效的行动。他们无法想象不同的人处于不同的地位会有不同的意见，甚至也无法理解这一点。他们也许明白，社会的一举一动——消费者、劳动力以及选举人等的作用和反作用等——都会给公司带来影响，关系着公司能否作为一个有效的生产商而存在。但是，孤立的管理者既不能理解外部世界的变化，也无从预测它的下一步行动。㊀研究报告和民意调查及其他手段都无法给出答案，因为他们需要的不是"事实"，而是从其他角度观察事实的能力。

军队的想象力更是有限，克列孟梭不无讽刺地指出：战争实在太重要了，我们无法放心地把它交给将军们。然而，无论是克列孟梭还是任何其他人都不可能不授权给将军——训练有素的军事管理人员——而去打一场战争。工业生产也很重要，也不能任由缺乏想象力的人来负责，却也不得不授权给难免不犯错的主管人员，即训练有素的企业管理者。诚如克列孟梭所说，更换人员或改变选拔制度都无济于事。大型组织的员工，尤其是处于高层或接近高层的职员，无论来自何方都会受到同样的束缚，所以，问题在于公司应该怎样赋予管理者以想象力，赋予他们对外部观点、对公众（消费者、工人、选举人和政府）的想象力及其局限的理解力。㊁

这一问题与组织的规模无关，它普遍存在于每一个组织之中。但是在小企业中能够迎刃而解的问题，大型组织却必须采取一定的特殊措施才能解决。小企业的专业人员能在不知不觉间了解其他部门的业务，小企业的管理者也能于无形之中获取外部信息。此外，组织合理的中小企业都会在董事会中设立一个机构，帮助管理人员理解外部群体，尤其是能对企业产生重要影响的群体，如股东、银行家、社会活动家和主要消费群体的观点、理由和反应。

㊀ 一个很好的例子就是，美国的大多数企业管理者都没有想到富兰克林 D. 罗斯福会在 1936 年、1940 年和 1944 年的总统选举中接连获胜，更无法理解其中的原因；又比如说，亨利·福特也没有料到"他的"工人会参与选举成立工会。

㊁ 毋庸赘言，上述所有内容适用于所有大型组织。我们已经提过"军队思维"的问题。1943 年国会表示，反对"教授"在物价管理办公室等政府经济控制机构任职，实际上是担心"学术思维"的优越感妨碍他们从企业和公众的角度考虑和理解经济问题。

大型公司几乎不具备与外界的自动交流，这是不可避免的。它的董事会无法像在小企业那样发挥作用。掌控一家大型公司是一项艰巨而复杂的任务，要求管理者全力以赴。外部董事有其他事情需要操心，对公司业务知之甚少，无法发挥局外人的作用。内部董事本身就是公司的管理人员。很多人建议在董事会中增加政府、公众、工人和消费者代表，以恢复它所丧失的职能。有时候，这确实很有帮助，铁路公司的主要托运人代表、公用事业企业的社区代表以及制药公司的医学专家都能起到不小的作用，但是总的来说，这一措施并不能使董事会发生什么变化。首先，为了有效运作，董事会必须维持较小的规模，这使它无法持续、系统而广泛地为整个企业提供想象力的源泉。其次，如果脱离了具体的问题和情况，想象力再丰富也无济于事，那只能是纸上谈兵。大型公司的外部董事不了解具体的业务，也没有实权。[○]所以，通用汽车公司取消了外部董事，其董事会成员只包括现任或退休的公司高层管理人员，以及杜邦公司（对通用汽车公司享有控股权）的高层管理人员，这一决定也许自有其明智之处。但是，这样虽然能使董事会有效地发挥管理作用，却依然没有能改变管理者的孤立状态。

如果说通用汽车公司已经找到了解决问题的办法，那是夸大其辞。即使说通用汽车公司的全体管理人员都已认识到寻找解决办法的重要性，也未免有些言过其实。公司对于这一问题的解决哪怕是对问题的认识远远没有达到尽人皆知的程度；管理人员，尤其是负责技术或生产的专业人员最为闭塞，因此认识上也最为肤浅。但是，在孤立的危险最显而易见的一些领域，公司已经找到了行之有效的解决办法。目前，公司正在制订一个长期计划，帮助

○ 德意志共和国的公司法规定，董事会必须有工人的代表，但是工人代表几乎没有起到任何作用，这充分说明了如果董事会成员要对公司和他们所代表的团队有所贡献，就必须详细了解公司的业务，这一点外部董事根本不可能做到。

管理者了解外界的观点、反应和态度。

通用汽车公司从三个方面入手，寻求办法打破对管理人员想象力的限制，包括：与消费者的关系、与经销商的关系，以及与工厂所在的社区之间的关系（这一方面才刚刚起步）。

其中最古老和最常用的办法是从消费者入手，由消费者研究部门负责，因为每个人都能透彻认识到消费者研究的重要性，所以这种方法颇有成效。消费者的动机、反应和观点决定了他们是否会购买通用汽车的产品。通常，我们很难让人相信其他人会重视连他们自己也不在意的事物和因素；消费者研究的实际工作困难重重，因为公众的信仰、习惯、癖好乃至错误认识都和工程数据一样的"事实"同样重要。工程师的工作和前途虽然依赖于公众对其产品的认同，但是他们也不能因此陷入误区；消费者研究工作组于是有了存在的价值——除此之外，它高质量的工作也为它赢得了人们的普遍认同。消费者研究坚持有意识、有计划地把消费者的看法传达给管理人员，帮助设计师、工程师、生产者和销售人员从消费者的角度看待他们自身和他们的工作。

还有一个试图让管理者了解经销商的看法和顾虑的完全不同的组织，其结果也非常相似。我们将在下一节中详细讨论这一组织，它包括两个独立的机构：经销商关系委员会和汽车支持分部。前者由经销商代表组成，他们定期与公司的高层管理者会面；后者是通用汽车公司的一个分部，从事大规模的经销权业务，向遍布全国的数百家经销商提供贷款，从中牟利。通过这两个机构——其中一个主要和最高领导层保持联系，另一个主要和各分部的销售经理保持联系——公司能够随时理解，至少也能了解经销商的处境、顾虑、问题、看法乃至成见。

从长期来看，理解社区——工厂所在的社区和雇员居住的社区——的看法与反应，与理解消费者或经销商一样，都能带来丰硕的成果。但是，前者无法立竿见影和客观，而且要与社区建立联系，就必须以社区为基础，也就是说围绕着分部经理或工厂经理展开工作，这可比在办事中心建立一个工作组更费时。所以迄今为止，在通用汽车公司一些主要的工业中心之中，只有俄亥俄州的代顿市成功地与当地社区建立了联系。公司承认这只不过是一个开始；公司已经下定决心帮助分部经理和工厂经理了解他们所在的社区——与此同时，也让社区有机会了解分部或工厂的问题、态度、顾虑和看法。

代顿市的工厂—城市委员会有来自该市所有主要工业企业的代表，它沿袭了底特律的"斯隆会议"的理念和组织形式。除了当地工厂的首脑之外，代顿工厂—城市委员会的成员还包括各行各业的地方领袖：市府官员、宗教和教育领袖、工会领导、商人、报纸编辑等。委员会不仅讨论影响社区生活的企业问题和决策，也会讨论影响工厂的社区问题，如住房、就业、交通法规、城市规划、产业布局、劳动力供给和工资。

这些都是用特殊方法解决特殊领域的特有想象力问题的方法。与此相对，也有人提议实施全面综合的公共关系计划，帮助通用汽车公司的管理人员了解外面的世界。这项提议是通用汽车公司公关理念发展的自然结果。

在公众看来，"公共关系"意味着宣传——就其本质而言是广告的一种延伸，从推销商品延伸到推销商品生产者。所以，"公共关系"一词总是让人联想到新闻广告、哗众取宠、大肆宣扬和粉饰太平等令人不快的含义。毫无疑问地，通用汽车公司也利用它的公共关系部门从事这些广告宣传，但是它已经逐渐认识到工作的重心不该是宣传公司的优点和成就，而应该让公众了解公司的问题。接着，它自然也就认识到要让公众理解公司的问题，公司首先必须理解公众的问题。

　　一个大公司的每一项重大决策或多或少都会对公众（包括工人、消费者和居民）产生影响，因此公众也会在有意无意间对公司的一举一动做出反应。但是，这种反应对公司决策的影响绝不是无足轻重的——换言之，所有的公司都生活在社会之中。所以，管理者为了使决策有效，不仅需要理解公司的业务和同事的心态，而且必须理解公众对他所处理问题的态度——包括他们的信仰和理由。他可能与公众存在意见分歧，但是首先他必须理解为什么公众会如此偏激，如此鲁莽地对他产生误解。所以，公共关系计划旨在帮助核心管理层和分部管理人员了解公众的态度、信仰及其背后的原因。

　　目前，公司已经制定了处理劳动关系、工厂—城市关系和公众关系的方案。这一计划才刚刚起步，它尚未找到合适的方法，也未组建合适的机构。同时，通用汽车公司的管理人员也还没有普遍理解计划的主旨不是向公众诉说什么，而是倾听公众的意见——正如消费者研究的初衷也不是教育公众，而是教育公司一样。如果计划获得成功，将有助于消除大型公司不可避免存在的孤立所造成的危害，使它们获益匪浅。

　　综上所述，我们认为通用汽车公司的分权理念足以解决它的主要问题——理解力和想象力的问题除外，它需要特别的解决方法。但是，我们也应该指出一个重要的不同意见：有人怀疑通用汽车公司能否运用分权制度成功地处理哪怕是像分部经理和核心管理层之间的这样的关系，甚至怀疑当前政府机构的分权趋势是否能够继续。我们看到，联合汽车工会坚持要求与通用汽车公司签订统一的劳动合同，使劳动关系的集中处理成为必要。如果工会要求与整个汽车行业进行劳动合同谈判，那么这一领域的集权趋势将进一步加强，各个部门在劳动事务中拥有的自主权到时将荡然无存。我们已经提到战争的必然结果：政府对所有的订单、原材料、价格和劳动力实行集中管理，使分权原则遭到严重的限制。分权的目的是赋予地方生产单位以最大的自主权。如果消费、信用、原材料和劳动力采取集中管理的方式，那么无论它们操纵在政府手中、卡特尔手中还是"大型联邦体"手中，分权体制都不可能正常运作。

4　小企业合伙人

在很多方面，汽车经销商可说是独立小企业主的原型，它的业务规模之大通常使它有别于"零售商"。汽车经销商的资本投资很少低于 1.5 万美元，在很多小镇，主要的汽车经销商就是最大的独立企业。但是，也极少有经销商的规模会超过中小企业的范畴——即使不按利润，按资本投资衡量也是如此。

经销商的业务可谓多种多样。它们出售新车，同时也出售另一种产品：二手车。两者既相互竞争，又互为补充。它们也会经营相关业务，如财务公司和汽车保险公司。最后，它们常常——尤其是在小地方——把汽车销售和维修联系在一起，为公众提供修理服务。所以，凡是小企业可能碰到的问题和情况，在汽车经销商看来都是家常便饭。

但是，汽车经销商与大企业合伙人，即汽车制造商之间在利益上存在着潜在的严重冲突，这一点和小企业主很不相同。经销商依附于制造商。和杂货商不同，经销商只能经营一个制造商的产品，而不得销售其他竞争性品牌的产品，但是它们根本不能控制产品的成本，也难以影响制造商的定价和供货方式。经销商投入资金并把自己的经济未来寄托于制造商的产品和制造商吸引大众的能力上。

对经销商而言，特定品牌的汽车经销权构成了企业的主要资产，这无疑加深了经销商对制造商的依赖程度。经销商把经销权称为"特许权"——言下之意是，只有"办理合适的程序""支付合理的价格"后，才能被授予这项权力。但是，对汽车公司而言，经销权的授予协议（在法律上）只不过是一份"销售协议"，也就是说，是制造商在任意有限的时间内转让财产的契约。制造商可以在规定的条件下解除合约，经销商必须经过制造商的同意才能续约。对经销商而言，"特许权"就是资本，是"它的"资本；但是制造商并不承认"销售协议"是经销商的财产，也不允许经销商出售或转让协议。换句话说，经销商为了维持经营，必须保住"特许权"；而制造商为了维持经营，则必须牢牢把握解除"销售协议"的权力。

对这一特殊现象，人们虽然颇有争议，却也早已习以为常。总的来说，其原因在于汽车制造商和经销商虽然相互依赖，经营的却未必是同一种业务，有时候他们甚至认为相互间经营的是竞争性业务。汽车制造商的直接利益、业务和利润均来源于新车销售。经销商虽然心有不甘，但他的主要业务却只能是二手车销售。战前的几年中，经销商每销售一辆新车的同时，平均就要销售 2.5 辆二手车。战后，全国的汽车存货均消耗殆尽，情况随之发生了变化。但是我们可以预见，经过一段过渡时期后，替换业务将又一次在新车市场中占据主导地位，一如 1930～1941 年的情形。只有公路建设和城市规划的重大变革，才能大幅度提高汽车拥有量。如果使用中的汽车总量没有明显上升，那么汽车经销商的新车销售仍将依赖于它能否成功销售二手车。

结果——在正常的年份中，人们已司空见惯——为了卖出一辆新车，经销商不得不回收一辆旧车抵作部分价款，并且为此承担损失；经销商以高于售价接受旧车，为了卖出这辆旧车，经销商将再一次发生损失；我们可以依此类推。为了维持数量上不占优势的新车销售，经销商必须承担这类业务（二手车业务）的损失，它们约占营业额的70%。这就意味着，经销商必须把70%的销售业务造成的损失控制在由30%的业务带来的利润——新车销售的佣金——以内，才有可能盈利。㊀在战前比较景气的几年中，通用汽车公司的经销商每获得1美元新车销售利润的同时，就会在出售旧车时损失87美分，可见其获利空间之狭窄。

以上描述的是汽车业务的会计惯例，而非经济问题。不过，影响经销商利润的主要因素确实在于旧车亏损与新车利润的比例。反过来，这也说明经销商提高利润的主要途径应该是减少旧车亏损，而这部分亏损的增加是对他们最大的威胁。战争前夕，当旧车与新车的销售比例稳步上升时，这一点更是明显。如果市场上投放的新车数量超过旧车市场换购吸收的适当比例，经销商就会发生亏损，因为那会立即扩大旧车亏损。如果可供销售的新车数量略低于旧车市场相应的吸收能力，经销商就能盈利，因为那时他们可以抬高旧车的售价，同时压低回收价格。换句话说，经销商关心的是利润或亏损的差额，而不是新车的绝对销售量。这恰好解释了战前的奇怪现象：当时很多经销商因为没有新车出售，旧车的损失相应减少，结果盈利反而比以前都多。

然而，制造商的利润——至少目前的利润——仅仅取决于新车销售，卖得越多，利润越高。从直接的结果来看——这通常也是销售经理采取行动、接受评价和获得报酬的依据——经销商的损失就是制造商的收益。旧车"换

㊀ 这里假设企业的日常费用由经销商的服务性收入、金融和保险代理的佣金等承担。同时也假设，经销商没有暗中抬高新车的价格——我们称之为"加价"。虽然现实不可能完全符合假设，但这并不会改变问题的实质。

购"的折价越高,经销商能够售出的新车也就越多,所以,经销商和制造商之间确实存在着直接利益的冲突。正因如此,特许权才显得愈发重要,因为制造商可以借助于特许权把自己的利益强加在经销商的损失上。

经销商认为销售新车是他们维持经营的基础,也是他们的权利。如果不能销售新车,他们的资本设备将失去存在的价值。最重要的是,经销商的辛勤劳动和他们最宝贵的无形资产——"持续发展的良好声誉"——都只能体现在产品市场的开拓和产品信誉的提高之上,这些都与特许权联系在一起;而经销商自己既不能把过程中的无形资产带走,也不能把它们出售给他人,或是传给下一代。失去特许权将是企业的严重损失,保住特许权成了经销商的头等大事。制造商认为特许权只不过是一份销售协议,不能赋予经销商任何特权。即使在今天,对于一些畅销的汽车,制造商也无需任何解释,就可以通知经销商立即取消他们的特许权。

制造商对特许权的观点合情合理。排他性的产品销售权只能是单方面授予的权利,必须能够被取消。但是特许权模棱两可的经济意义使制造商占尽先机,他们可以以取消特许权为威胁,把经销商置于自己的控制之下。经销商和制造商之间潜藏着利益冲突;在这种情况下,如果权力分配倒向一边,同时又不存在可以与之抗衡的力量,那么其必然结果就是权力的滥用。即使销售经理不想以强凌弱,他们也会不由自主地以取消特许权为威胁,迫使经销商参与竞争激烈的新车销售,这将直接导致旧车交易损失的增加。

也许有人会说,这只是极端的例子,而非实际情况。但是,没多少年以前——例如20世纪30年代中期——至少在新车滞销的时期,这种现象曾经频繁出现。

大、小企业间的所有冲突都会危及现代工业社会,经销商和制造商的冲突自然也不例外。但是，这对制造商来说也不是一件好事。汽车公司要获得成功，忠实、出色的经销商与好的产品一样重要；好的经销商非常难得。通用汽车公司十分清楚，消除制造商与经销商的潜在冲突具有更为广阔的社会意义。但是，首先，公平满意的经销商关系问题——与领导者的培训问题一样——首先应该是公司自身的问题，它关系到公司的生存、效率和成败。所以，通用汽车公司的经销商政策旨在使公司成为一个组织更完善，经营更成功、更稳定的生产商。公司当然也力图做一个好公民，但那是第二位的而不是首要的目标。

经销商政策

通用汽车公司的经销商政策共分三类：①采取措施，防止公司的销售人员向经销商施加过多压力，巩固经销商对特许权的持有权力；②帮助经销商提高效率，减少旧车交易的损失，从而改善他们的经济状况；③最后——协调经销商—制造商关系的基础——在一个健康的汽车市场中，以经销商和制造商共同的长期利益为前提，解决目前利润的潜在冲突。短期冲突依然可能发生，但是一旦这种威胁成为现实，双方将基于共同的长期利益解决问题。

根据第一类政策要求，通用汽车公司修改了经销商合同，不允许随意或突然取消特许权。在合同的有效期内——自战后交付第一辆汽车至今，合同的有效期均为 2 年——公司若要取消特许权，必须说明原因，并提前 3 个月通知经销商。合同中特意列出了经销商的哪些行为或疏忽可能导致特许权的取消。在取消特许权之前，地区或区域销售经理将代表公司给予经销商明确的警告。但是，无论经销商犯了多么严重的错误，地区和区域经理都无权取消他们的特许权。根据公司的内部规定，特许权的取消必须交由分部的销售总经理负责——这样既能保持一致性，又能避免个人恩怨的影响。此外，公司取消经销商的特许权后，还必须购回经销商的存货和分担部分租金。

经销商的权益由此在合同有效期内得到了保障，但是他们并不具备续约的必然权利；制造商也不会赋予他们这一权利，那无异于放弃对产品的支配权。对于这一点，经销商非常清楚。另外，续约的问题显然也不及取消特许权那么紧迫——也许因为关于续约的问题，双方可以在较长的时期内冷静地进行协商，而取消特许权总是发生在紧张销售的情况下。虽然大多数的特许权协议都能延期，但是为了维护双方的利益，经销商和制造商制定了明确的条款，摒弃了专横霸道的做法。

因此，通用汽车公司制定了另一项内部规定：只有分部销售总经理才有权拒绝续约，而且他们必须听取地区或区域销售经理的建议和明确的理由，才能做出这一决定。地区或区域销售经理应该曾向经销商发出明确的警告，并且给予他们整改的机会。此外，如果不再续约，通用汽车公司有责任像取消特许权那样购回存货，分担租金。

这些规则应该在日常工作中得到遵守，但是总有那么一些情况是对规则有不同的解释和造成了滥用规则的情况。虽然这种情况的数量并不多，但却会引起不小的摩擦，并且损害公司的声誉；最重要的是，经销商会因此觉得公司行为伪善，认为公司默许甚至鼓励了他们自己明令禁止的行为。

因此，通用汽车公司于 1938 年组建了一个申诉管理委员会，如果经销商认为分部销售经理对自己处理不当，就可以向这个委员会寻求帮助。这一机构——正式的名称是经销商关系委员会——由 4 名最高级别的公司官员组成，他们本身与产品销售没有任何直接联系，也不承担任何责任。所有经销商均向委员会申诉，但是委员会可能会拒绝处理鸡毛蒜皮的事情。经销商申诉不必支付费用，也没有正式的程序，委员会将在 30 天内做出裁决——这些都参照了联邦政府准司法复审机构的规定。自委员会成立 7 年以来，仅受理了 67 起申诉，大部分都涉及特许权的取消或延续。但是，委员会真正的作用并非向经销商提供援助，而在于促进经销商和制造商达成共识——虽然我们不清楚这类案件的具体数目，但肯定不在少数。它能使销售经理严格遵守规定，因为没有一名销售经理希望自己的决定被公司的高级官员推翻。它让那些起初心存疑虑的经销商相信，公司不会独断专行，销售经理也不会滥用职权，任意取消他们的特许权或拒绝续约。

通用汽车公司通过这些政策，基本上消除了由特许权问题在经销商和制造商之间造成的摩擦。但是有一个问题仍然无法解决：保障经销商死亡或退休后的利益。毋庸置疑，成功的经销商总是认为自己大大提升了特许权的价值——不是通过扩充设备，而是通过树立信誉。他们的企业价值远远高于有形资产的价值；他们的利润只有一小部分来自有形的投资，更多的应归功于其辛勤劳动和良好的信誉。但是，法律只能保障经销商对有形资产的权利，他们可以出售有形资产或将其传给后代。没有一个汽车制造商——无论是私营公司，还是国有的汽车托拉斯——会承认经销权是法定的、可以世袭的权利。

对此，通用汽车公司的解决办法是：要求销售经理尽力保护经销商在法律与合同规定之外的权利。经销商去世后，他的儿子只要具备必要的资格，就能继续持有经销权；一些分部还为经销商的后代开设了培训课程。如果经销商的儿子不愿意，或是没有资格接管经销业务——又或者经销商没有后代——地区或区域销售经理会寻找一个合格的买主，后者必须支付合理的价格，才能接过经销权。如果经销商想要退休，公司也会采取同样的做法。其实通用汽车公司在法律上——甚至在道义上——没有义务保障经销商退休以后，或其继承人的权利。经销商死亡后，特许权协议将随之失效，由于不具备所有权，经销商退休后也无法出售特许权。在实际操作中，制造商虽然拥有不容争辩的权力，但也会尽量维护经销商的利益。通用汽车公司甚至愿意为它所中意的买主提供资本，向打算退休的经销商或已故经销商的继承人购买经销权。

我曾听通用汽车公司的一些领导谈到，含糊承认多年成功销售的经销商在特许经营权价值中的利益的方法带有强烈的感情色彩，依赖于公司的美好意愿。因此，从长远来看，不能真正解决问题。早在汽车工业诞生的几千年前，人们就发现忠实的承租人能增加特许权的无形价值，却始终找不到合理的方法确认他们的贡献。唯一能够保证的是，在所有涉及特许权的问题中，这是最不容易在经销商与销售经理之间造成利益冲突的一个。如果销售经理出于道义赋予经销商权利，他们不必承担任何风险，反而可以树立企业的信誉，赢得经销商的信誉和忠诚。

旧车交易的损失是造成经销商和制造商潜在冲突的根源。为了提高经销商的效率和经济地位，通用汽车公司对旧车市场和新车市场（其直接利益的来源）没有厚此薄彼。每一名地区或区域销售经理手下都有一名旧车专家，为经销商提供建议和帮助。销售经理会密切关注经销商的旧车存量。如果他们认为存货过多，可能导致价格下滑，就会向经销商发出警告。以雪佛兰分部为例，它建立了一个完整的旧车销售机构，平行于新车销售部门。该分部坚持不懈地对旧车市场进行民意调查，研究消费者购买旧车时的偏好与忌讳。最强大的竞争对手的二手车销售曾一度困难，该分部仔细分析了问题，并且找到了解决办法。当员工抱怨雪佛兰分部的工作是卖雪佛兰汽车，而不卖竞争对手的车时，销售经理只是简单地告诉他们销售竞争对手的二手车也能促进雪佛兰新车的销售。

最后，通用汽车公司在制定新车的生产和销售政策时也会参考旧车市场的情况。每年，公司都会依据最准确的市场分析和预测制订生产计划。然后，由汽车分部的销售经理根据生产计划向各个经销商下达新车销售指标。旧车市场的供给和价格，以及经销商的市场前景都是制定销售指标的决定性指标。由此可见，销售经理不会强行布置销售任务，他们的决定建立在一系列数据之上，这些数据虽然未必准确，但至少还算客观。

冲突中的和谐

通用汽车公司已经认识到：对公司而言，经销商的利益、健康发展的旧车市场和销售经理销售新车的利益同样重要。新车的销售额决定了公司当年的利润，但是，旧车市场可以决定公司的长期发展和长期利润。换句话说，通用汽车公司业已认识到：不到旧车购买链中的最后一个买主付清最后一部分货款，公司售出的汽车就不能算是实现了利润。在这种观点的指导下，公司制定了政策，把承认经销商的权利，满足经销商的要求视为制造商走向成功的必要条件。一旦销售经理开始以目前的销售额和旧车销售情况共同作为衡量其业绩的依据，他们和经销商之间原本相互冲突的利益就会变得和谐起来。

通用汽车公司内有两个机构负责协调经销商和制造商之间的潜在冲突。这两个机构在公司的管理层中代表经销商及其利益，它们是经销商委员会和汽车支持分部。

经销商委员会是一个咨询机构，它要定期会见公司的高层管理者（战争期间会议被中止）。委员会成立至今已有10年，现拥有3～4个专门小组，36～48名成员。委员会成员的任期通常为两年，他们各自代表一个地区和特殊情况下的一个群体。虽然委员会成员不是由经销商推选或任命的，但是他们仍然把自己当作通用汽车公司的经销商代表。他们要召开会议向负责区域内的经销商汇报，听取经销商的批评、建议和观点。

委员会要向核心管理层汇报经销商的意见、问题和抱怨，内容从汽车设计的技术问题到销售手段和广告宣传。另外，委员会还要回顾总体上的特许权问题；新的特许权主要来自于这些讨论。

经销商委员会有不少在董事长办公室面前表现的机会，相比之下，汽车支持分部猛一看就不那么引人注目了。经销商委员会代表的是1.2万名通用汽车公司的经销商，它们的投资总额约为3亿美元；汽车支持分部可以代表的经销商从未超过300家，它的营运资本即使在生意最好的年份也不曾突破1000万美元。然而，汽车支持分部却是一个比经销商委员会更新鲜、更有趣的尝试，而且，它也为协调经销商—制造商的关系做出了更多直接或间接的贡献。汽车支持分部是一家投资银行，向有意购买通用汽车经销权并且符合条件的人提供贷款，贷款额最高可达总资本需求的75%，这也许是国内唯一一家成功地为小企业提供自由资本的"信用贷款"机构。仅仅这一点就足以引起我们的重视，因为目前我国的经济发展迫切需要能够为小企业提供风险资本贷款。

汽车支持分部的短期目标是帮助经销商。它为那些有意向已故或已退休的经销商购买企业的人提供资本。它贷款给那些有激情、有能力，但是缺乏资本的年轻人。它也使汽车分部能够把特许权出售给最能胜任的人，而不是最富有的人。它的宗旨和职能与通用汽车公司的其他职能部门并无二致。对公司而言，它的意义并非在于它的直接利润，而在于它能促使机构的盈利能力和经营效率都更为提高，所以，汽车支持分部收取的利息和服务费都比较低。经销商赚取了大部分的利润，而且经销商可以独享企业升值的利益——通常是资本提供者的主要利润来源。一旦经销商有了足够的利润，其就有权，而且也必须按成本向汽车支持分部买回自己企业的股票。汽车支持分部的资本贷款总共帮助了500名经销商建立企业，其工作成果由此可见一斑。战争爆发时，贷款名册上约有300名经销商，平均贷款额为2.5万～3万美元。

汽车支持分部有权买断经营失败的经销商企业。事实上，只有在1/20的情况下，汽车支持分部才有必要这么做。与其他形式的投资相比，资本贷款显然更加有利可图，它为"资本贷款"的拥护者提供了有力的证明：人们的能力和道德品质比不动产或股票更加可靠。汽车支持分部也借此证明了两个重要的观点：其一，向小企业提供风险投资是可行的——驳斥了认为在现代经济中小企业必定会因为缺乏资本而无法生存的观点；其二，大企业和小企业的资本需求未必矛盾，两者也有可能互补。

汽车支持分部的无形成果也许有着更为重要的意义。它是通用汽车公司的一个机构，它的资本金是公司的一部分财产，它的损失必须由通用汽车公司来承担，它的办公地点位于公司的中心办事处。然而，它代表的却是经销商的利益——不是抽象意义上的"一般经销商"，而是300名具体的经销商，他们正在全国各地为通用汽车公司销售汽车。因此，汽车支持分部关心的不是协调经销商—制造商关系的一般政策，而是可能对其投资产生影响的具体的经销商—制造商关系问题。如果销售经理的行为和政策损害了经销商的利益，汽车支持分部就会与销售经理交涉——不是作为一个局外人申诉自己的权利，而是作为通用汽车公司的一个机构保护公司的投资利益。销售经理更愿意相信汽车支持分部的立场比经销商更公正、更正确。与调查和讨论相比，整个公司也能借助于汽车支持分部更准确、更感性地了解经销商的问题和观点。汽车支持分部能把经销商—制造商原本相互冲突的利益变得协调一致。很难说得清它在其中对公司的政策和实践究竟有多大的影响，因为它主要是通过非正式谈判来解决具体问题，但是，可以肯定的是，它在解决经销商问题的过程中起到了不容忽视的作用。

这正是分权原则在制造商和经销商关系上的应用，它与分权原则最初的应用领域已经截然不同。分权原则应用于经销商时，其目的是把各个独立的企业统一起来，这表明——至少给出了强烈的暗示——分权原则是工业秩序的一般理念——一个以前我们称之为联邦制度的概念——而不仅仅是一种管理方法。

通用汽车公司的经验清楚地展现了解决一切经济或社会冲突的一般原则。仅仅保障一方的利益是不够的；无论让哪一方牺牲自己的利益都是不可能的，也是不可取的。只要双方在某一个领域的利益是一致的，我们就总能找到办法和谐共处。接着，双方就会为了他们的共同利益通力合作，并且把其他的利益分歧放在次要的位置。首先要在一个领域中形成共识——比如说，通用汽车公司和经销商之间共同的长期利益，然后，双方才能理解对方的处境，协调原本相互冲突的利益。通用汽车公司的经验再次证明了一个古老的真理：在政治体制中，个人利益不会长期服从于利他主义，反之亦然；最终的结果只能是两者合而为一，至少也要并行不悖。

最后，通用汽车公司与经销商的关系为大企业和小企业的关系树立了榜样。没有人会否认大企业和小企业之间（比如与之相关的供应商和经销商）存在着潜在利益或实际利益的冲突，问题仅仅在于两者是否可以调和，因此，通用汽车公司为解决这一问题所做的尝试就有很重要的意义。

大企业—小企业的关系问题在其他行业中的表现不会和在汽车工业中一模一样，所以，其他行业也不能直接照搬这些解决办法。但是，通用汽车公司用来解决问题的一般原则是不变的：联邦制度与调和矛盾的方法为解决美国其他经济领域的问题提供了范例。

5 分权管理可以成为典范吗

我们希望从通用汽车公司入手，探讨自由企业体制的成绩、问题及解决方法。

通用汽车公司的首脑没有把分权理念视为高层管理手段，而是把它看作工业秩序的基本原则。于是问题就产生了：在高层管理之下的公司能否按照分权原则和客观评价体系进行组织？即使将分权概念只用于高层管理，是否能普遍适用于美国的工业企业？这一问题自有其深意，因为通用汽车公司的组织结构不同于大多数的美国公司，它要生产数百种产成品，这些产品的生产工序既各自独立，又紧密相关。作为一个产品和工序都形形色色的生产性机构，通用汽车公司不仅能在技术上和财务上融为一体，而且整个公司都是为一个共同的市场而生产。统一和多样化的并存无疑是通用汽车公司制定政策的原则，但是，除了其最初目的，这些政策能否适用于其他具体问题？

如果说分权理念是一种有效的工业组织原则，那么它必然也适用于通用汽车公司的各个分部。如果它能直接在各个分部获得成功，那么我们就有把握假设：分权原则对美国的企业具有普遍的适用性和有效性。因为大多数美国公司的产品和工序种类都多于通用汽车公司的一个分部——由此推断，它们更加适合应用分权原则。

分部和最高领导层的情况显然有着天壤之别，公司按照产品组成不同的分部，每一个分部都是一个统一的整体，由分部经理主管；分部则由不同的职能部门——比如说工程部、销售部组成，每一个部门由一名部门主管负责，任何一个部门都无法单独存在。两者的差别越大，我们的讨论将越深入。部门主管不能独立自主，不能享有与分部经理同等的自由。首先，一般政策就不可能等同于管理决策。最后——或许也是最重要的一点——分部无法直接运用市场竞争地位的客观标准评价职能部门的业绩。对于制造部门，我们可以用成本和投资收益衡量它们的效率，但是它们没有可直接投放市场的产品，所以其业绩难以衡量。

但是仍然有不少分部建立了分权体制，并辅之以客观评价体系作为补充。有一个生产飞机的战时分部，就沿袭了通用汽车公司的组织模式。它下设的 5 个工厂像极了 5 个分部。但是消费者（政府）关系的处理有所不同，因为必须由分部统一处理，才能使所有的订单集中到分部经理手中。5 个工厂的生产安排当然也参照了公司的模式，但是，分配给每个工厂的任务都是完整的，所以，每个工厂经理都可以自主决定如何完成任务。因此，这 5 个工厂即使比邻而居，其经营的方法和手段却也天差地别。

这个分部是在 1942 ～ 1943 年间仓促建成的，它必须在尽可能短的时间里培训 4 万多名工人和近 2000 名工头。许多工头以前甚至从未在工厂中待过，也从未当过哪怕是非熟练的工人。5 名工厂经理不仅要负责工程和采购，还要负责招聘和培训工头及其他员工。只要他们工作出色且完成生产指标，分部经理就不会干涉他们。与此同时，分部经理设立了一个由12人组成的小型核心职能工作组——类似于通用汽车公司的职能工作组，它的职责包括随时向工厂经理提供建议和帮助，以及协调各个工厂的经营方法和手段。

除了工厂经理外，这个分部还把分权原则推广到车间主任乃至工头一级。只要条件允许，管理者就会把分权原则运用到下一级部门中，由下一级主管全权负责，从事完整、统一的工作。分部经理还仿效通用汽车公司的做法，经常召开会议，及时把分部的政策和问题告诉所有部门的主管和管理人员。

另一些分部的做法虽然没有那么新颖，但是效果也差不多。有一个零件分部，无论在战争期间还是在和平期间都有不俗的表现。它通过一个高级主管小组实行分权管理，小组成员包括总工程师、生产经理、厂务经理、销售经理和人事经理，他们在分部经理的领导下紧密合作。他们每个人都有自己的工作，但是根据要求，每个人都应该有能力在任何时候取代分部经理，所以他们会努力了解分部经营的各个方面。分部经理对每个人的独立领导能力也了如指掌。每个人也都接受过领导才能的全面培训，了解分部运营的整体情况。作为补充，更低级别的机构也建立了类似的组织。职能工作组管理人员和低级主管经常会晤分部经理和其他部门的同事。这个分部还实施了一项升职政策，系统地对有前途的员工进行全面培训，使他们在职业生涯的每一个阶段都能全面了解分部的运营情况。尤其值得一提的是它对工头的培训政策。工头在第一次升职后会接受综合培训；他们也有计划地变换工种——先是在部门内，然后在整个分部内——以此发掘他们的潜力，促使他们了解分部的整体运行，不让他们局限于自己的部门之中。

还有一个分部——一个较小的汽车生产分部——深受手工业传统的影响，并依此实行分权管理。它经常邀请车间主任乃至工头参加管理会议，让他们有机会了解发生的主要问题；不管这些问题是否与他们相关，他们有机会参与研究其他分部的问题。对于他们自己部门的问题，管理层也会征询他们的意见。这个分部的升职和人事政策十分强调对员工的全面培训；就我所知，这是唯一一个在提拔员工时对他们需要学什么和能够做到什么予以同等重视的分部。

上述每一个分部本身都足以构成一个大企业。飞机分部拥有 4.5 万名工人，相当于一个很大的企业，比大多数美国规模最大的公司的生产单位都大。几乎没有一个大企业能像这个分部一样集中生产一种产成品。所以它的经验证明了：分权的管理原则不仅适用于大公司的生产部门，而且适用于专门生产一两种而不是一百种产成品的企业。美国的企业很少能够简单照搬通用汽车公司的模式，但是，它们全都可以——或者说，几乎都可以——借用通用汽车公司的一般原则。

分权管理的优点是什么

但是，有一个问题我们仍未回答：分权管理的优点是什么？如果其他公司也采用分权原则，会有什么意义？这个问题远远超出了企业管理的范畴，触及社会组织的重大命题。

在通用汽车公司内部，也有一小部分高级主管——他们的数量虽少，经验和影响力却不容忽视——认为除去一些特殊情况，分权管理未必是最有效的企业组织形式。

通用汽车公司最大的分部之一——费希尔分部——正是一个最好的例子。费希尔车身分部在战时生产中对机构进行了拆分。它根据5种主要的战时产品，把分部拆成5个子分部，每个子分部的经理享有和分部经理几乎相同的地位。他们拥有自己的职能人员，有权直接处理子分部发生的问题。子分部以下，又分成多个自主管理的单位。费希尔车身分部的核心管理层按照通用汽车公司核心管理层进行组织，它负责制定政策、监督管理，而非直接控制生产，通过分部的职能工作组为生产部门提供建议、援助和指导。但是，费希尔分部在战前所采取的几乎是完全的集权管理模式。它的工厂遍布全国各地，只要有通用汽车公司的汽车装配工厂，附近就必定会有费希尔分部的工厂，但是通常很小的地区管理事务也都必须上报底特律。由于特殊的历史原因，费希尔分部的氛围就像一个大家庭，并不像现代军队，但是它采取的大多是自上而下发布命令的集中式管理手段。

费希尔分部的普遍观点认为：就和平时期的生产而言，集权管理是最有效的组织形式。和平时期，费希尔分部只生产一种高度复杂的产成品，只有很少一部分零件——如车身上的金属元件——单独生产在技术上可行或是在经济上有利。战争期间费希尔分部要生产5种各不相同的产成品，于是分权的管理方式才成为自然而然、有效和必要。但是到了和平时期，采取分权的模式没有必要，也不符合生产过程的逻辑。这种观点认为，分权原则虽然具有普遍的适用性，但未必就是最有效的工业组织形式。换一个角度来看，费希尔车身分部显而易见是一个非常成功的生产商。通用汽车公司得以坐上汽车行业的第一把交椅，费希尔分部的效率和业绩功不可没。虽然我们没有公司的内部资料，但是我们可以肯定费希尔分部的收益率不会低于其他实行分权管理的分部。如果采取分权模式，费希尔分部能够获得效率上的提高吗？

集权管理的缺点又是什么？

雪佛兰分部的经历提出了同样的问题。它的规模也很大，生产效率也很高，对通用汽车公司的发展也同样功不可没，但是雪佛兰分部也没有遵循分权的原则，或者更确切地说，它以截然不同的方式应用了分权原则。它没有把分权原则当作一种工业组织原则，而是把它用作加快管理速度的手段，并且大获成功。在通用汽车公司看来，分权原则是对立宪政府原则和法律规则的一种应用；而在雪佛兰分部眼中，它只相当于交通法规。可以这么说，"分权"（decentralization）一词的第一个字母在通用汽车公司是大写的"D"，而在雪佛兰分部却是小写的"d"。战前，雪佛兰分部的集权观念比起费希尔车身分部有过之而无不及，但是，谁也不会怀疑它的生产效率。

费希尔分部只生产一种产成品，它体积庞大、价格昂贵、工艺复杂，而且如拆开生产既在技术上不可能，又在经济上无利可得，这使它失去了代表性。但是雪佛兰分部却不存在这一问题：它的产品多种多样，虽然最终产品都是汽车，但是每一种产品都是独特的，很多产品的生产方法也不相同。表面上，这似乎是一个运用分权原则的明显案例，但是它让我们看到，即使一开始就不遵循分权原则，也并不会降低效率。

市场调节

自由企业制度与国家资本主义的区别在于：前者依赖市场决定诸如价格、盈利能力和生产。赞成自由企业制度效率更高的主要观点认为，竞争性市场调节的有效性；主要的反面观点则认为成本会计体系的有效性，也就是说，单单成本效率就足以代替市场调节。

通用汽车公司会根据各个分部在激烈竞争的市场中获得的成绩对它们做出最终评价，即使规模最大的分部也不例外，但是大型分部的个别部门或单位与市场联系甚少，它们的业绩也就很难与市场成绩挂钩。比如负责零件生产或局部装配的部门，它们的生产成果无法单独出售或单独估价，所以只能采取成本会计体系作为客观评价标准。通用汽车公司认为仅仅这一个标准还不够，必须以市场标准为补充，因此公司提倡通过分权管理促使个别生产单位直接与市场发生联系。但是，很多超大规模的分部虽然没有实行分权管理——也就是说，把成本会计体系作为唯一的标准——却也实现了极高的内部效率。

我们可以毫不夸张地说，通用汽车公司的超大型分部就像在计划经济体制下运行，它们的内部组织与苏联的"托拉斯"有着惊人的相似。在苏联企业管理方面最具权威性的著作[1]指出，基础价格体系调节着"托拉斯"之间的竞争。同样令人惊讶的是，通用汽车公司超大型分部的管理人员在解决工业组织的问题时，采取了与书中描述的苏联企业经理相同的方法。如果大企业——苏联几乎没有像雪佛兰或费希尔分部这样大的单位——无论采取分权还是集权的体制，都能达到同样的生产效率，那么自由企业就未必是最有效的生产商——尽管生产效率不是检验社会制度的唯一标准，也不是最高标准。

对于这个问题，也许有人会说集权管理没能促进通用汽车公司的超大型分部提高效率，反而起到了阻碍作用，其实，它们的组织方式实际上并不更有效，但是，这种相对低下的效率妨碍了它一年更新一次车型。一年更新一

---

[1] 《苏联工农业管理》，格雷戈里比安斯托克、所罗门 M. 施瓦兹和亚伦·尤戈著，牛津大学出版社，纽约，1944 年。

次车型已经成为汽车行业的惯例，它迫使所有的汽车制造商在激烈竞争的市场中不断推陈出新。结果，连大型分部集权体制下的各个部门也受到了持续，即使是间接的市场压力。它们本身并不生产最终产品，因此无法根据市场竞争地位真实地衡量它们的经营成果，但是竞争压力却是无时不在、无处不在的，所以，即使这些分部不实行分权管理，也能在很大程度上享有分权管理的效果。

这正吻合理论经济学的著名论断：只有在真正的市场中，成本会计体系才能成为衡量生产效率的客观尺度。如果不存在真正意义上的市场——一个"客观的"市场，不能被任何受它评价的人操纵——成本会计体系就缺乏一个有效的参照系，就不再可靠，就容易产生腐败。根据这一论断，竞争也就是不以市场为最终参照系的成本会计体系，就好比一个可以由玩家按手中的牌随时更改规则的牌局，它的效率无法和市场间接调节下的成本会计体系相媲美。如果市场竞争不像汽车行业那样激烈，那么市场间接调节下的成本会计体系必须辅之以分权管理，才能和市场直接调节下的成本会计体系同样有效。事实上，汽车市场的情况非常特殊——很少有行业能做到每年更新换代一次——所以，我们有理由推断：从总体上看，即使集权体制的成本会计体系紧紧依赖于真正的市场，它的效率也不如分权体制，因为后者可以得到成本会计体系和市场的双重调节。

这一论证很合理，它证明了市场可以充当客观标准，分权原则是有效的工业组织原则，但是，它使用的主要是反证法，然而，再有力的反面论据也难免有些似是而非。另一种观点索性直接声称，如果通用汽车公司的超大型集权分部改用分权体制，它们的效率可以更高。它们现在虽然可以和分权管理的分部同样低成本、有效地生产产品，却还是达不到组织管理效率的一个重要指标：它们无法发掘和培养企业领导人。

培养领导人

这并不表示雪佛兰和费希尔车身分部的员工得不到提升；大型分部的升职机会也许远多于小型分部——加薪的机会无疑也更多。同时，大型分部的管理人员比小型分部更有安全感。但是，一个大型分部的高级主管向我提起，他曾建议他的下属到一个零件分部接受一份工资相对较低的工作。"如果他继续留在这里，肯定能得到更好的收入和更多的机会，但是他将失去发展独立领导能力的机会和重要的商业经验。最重要的是，他将一直是大型组织中的一个无名小卒。而现在，他必须熟悉各种管理事务，而不仅仅是工程方面。他必须学会做决策，对他的评价将是根据他的业绩而不是一个大型组织的业绩。如果我的眼光没错，他确实有能力，那么他将很有希望成为分部经理，继而入主最高领导层。"换句话说，由于大型分部实行了集权体制，它的职员可能直到退休还是一个拥有单纯部分知识的专家，他们无法获得全面的经验，难以成为领导者，而且也缺乏机会用自己的成绩证明自己的独立领导能力。大型集权分部缺少的正是培养领导人的效率，而这种效率是企业未来经济效率的希望所在，没有它，企业就无法妥善解决生存问题——一切机构的头等大事。

大型集权分部在培养领导人的方面缺乏效率，这一观点正确与否无法在统计上得到证明。事实上，笔者写作本书时，正巧有几位雪佛兰分部的主管荣升通用汽车公司的最高领导层成员。但是，通用汽车公司内部有这样一种印象——无形的，却也是真实的——最高领导层的成员更多地来自分权管理的小型分部，较少来自大型的集权分部，两者不成比例。说起在未来 10 年或 15 年中有望入主最高领导层的青年才俊，人们总是对小型分部的管理人员青睐有加。虽然在战时生产中，超大型分部的表现不比任何机构逊色，但是人们却总爱从小型分部中挑选典型，称颂管理者的管理技巧和技术成果。通用汽车公司最棘手的战时生产任务是一项"史无前例"的任务——它对太平洋战争的胜利功不可没——为此通用汽车公司不得不成立了一个新的分部，该分部的经理和主要管理人员均来自小型分部。这每一种印象——我只举了一个例子——本身并无多大意义。尽管每一件事例都不足以证明什么，但是它们汇集起来却反映了一种一致的模式，这绝非巧合。

事实胜于雄辩，通用汽车公司，甚至大型分部的员工都普遍接受了这一结论。一个大型分部的高级主管在详细讲述了大量集权体制的优点之后总结说，如果没有小型分部为它们输送高层管理者，集权体制的优点就无法体现。他指出，通用汽车公司得以实现高效率的原因在于它有一小批大企业能够赚钱盈利，同时又有一大批小企业能够提供领导者——"类似于大型棒球俱乐部的运行机制，它们的人才来自小型棒球分会，收入却来自大型分会"。另一个大型分部的管理人员坦言，他的成功与官僚主义作风密不可分——虽然僵化的官僚式管理会扼杀员工的积极性，限制他们的能力发挥，甚至剥夺年轻管理人员发展独立领导能力的机会，引起他们的不满。通用汽车公司的管理人员津津乐道的一件事就是，大约 15 年前公司将一个大型分部拆解成 4～5 个新的分部。当一手建立这一分部的分部经理以生产效率为由提出反对时，公司告诉他生产效率根本不是要考虑的问题，关键是要为员工创造 4～5 倍于现在的机会，让更多的人能够接受锻炼，成为领导者，考验自己独当一面的能力。

更有意思的是，在恢复和平时期的生产过程中，费希尔车身分部决定不再恢复战前的组织形式，继续实行分权管理。这一决定的主要原因是对训练有素的且有独立能力领导者的需求，而不论集权体制的生产效率如何，都无法培养出足够数量的优秀领导者。

上述结论对自由企业制度与计划经济体制的优劣之争意义非同一般。有了这个结论，我们就可以说，即使集体经济能够和竞争市场中的自由企业生产出同样廉价的产品，它在培养和训练具备决策能力和勇于承担责任的领导人方面终究是稍逊一筹。

从整体上看，对于一个机构而言，培养领导人的能力远比低成本、有效地生产更重要。如果离开了积极、能干、勇于承担责任的企业领导，那么效率再高的机构也难以维持它的效率，更不用说提高效率了。

市场和市场价格不仅是一种经济手段，它们也是一种社会手段。它们能客观检验管理者的能力，从而为社会提供经济领域的人员更替原则。如果没有市场检验为经济领域提供合理依据，我们将不得不退而依靠纯粹的官僚主义标准、定期"整改"或明目张胆的权力斗争来决定经济组织的领导人。

最后，仅仅是生产性单位的私人所有还不足以构成自由企业经济。生产性单位的组织体制必须能够使它们自己绝对服从市场竞争地位的客观评价，这也正是分权原则的主要目标之一。只要通用汽车公司最大规模的分部还倾向于采用集权管理，通用汽车公司就不能算是彻底解决了大型公司的组织问题。即便如此，它也证明了分权管理有望成为解决大公司制度问题的可行方案。

第3章 | CHAPTER 3
作为社会性组织的公司

1　美国人的信仰
2　工头：工业社会的中产阶级
3　工人

1　美国人的信仰

到目前为止，我们的讨论仅限于社会、经济的工程问题，这些问题虽然也有争议，但是它们的解决方法基本上可以得到客观的论证。然而在政治信仰、愿望和价值观的领域中，不仅存在方法和手段的差异，更有社会目标方面的分歧。因此，我们必须从一开始就指明本书讨论的是美国社会特有的信仰、目标和宗旨，它们深受基督教传统的影响。

根据美国社会的传统特征，它的政治哲学认为社会机构不仅仅是实现社会目标的手段，其认为社会的意义超出了它本身；社会机构也绝非权宜之计，它与个人的最终道德目标密切相关。一方面，美国的政治哲学不会神化社会，把国家、民族或种族视为无所不能、无所不知的神明，赋予它们绝对的价值；另一方面，它也不会贬低社会，把法律等同于毫无道德意义或道德依据的交通规则。

美国人几乎认识不到他们对社会的看法与欧洲人有着天壤之别。过去300年中，欧洲的社会哲学始终左右摇摆，一会儿把社会奉若神明，一会儿又把社会视为野蛮武力的表现。美国和现代欧洲在社会组织的性质与意义上的意见分歧可以追溯到16、17世纪。30年战争（1618～1648年）前的一段时期，欧洲大陆（英格兰所受的影响较轻）摒弃了传统观念，不再把社会当作实现道德目标的手段——中世纪信仰的基础所在——代替它的或是神化政治，或是贬低政治的观点。自那以后，欧洲只能在黑格尔和马基雅弗利的学说之间进行选择。但是，美国（以及由胡克始创，经过洛克和伯克发展的那部分英格兰传统）依然坚守传统的社会观念——基本上源自基督教在5～15世纪之间的发展成果——并且把这些旧的原则应用于新的社会现实和社会需要，建立了美国社会。

受这一社会哲学的影响，美国社会同时具备了最物质主义和最理想主义的特征，不计其数的观察家曾为之困惑。美国能够是物质主义的，因为它重视社会生活的物质机构，赋予了它们道德意义。这令欧洲的理想主义者难以接受，他们认为基本信仰和道德目标超越了人类卑贱、平凡的实体，只存在于纯粹的精神世界。也有些人主张社会本身就是它的目标所在，在他们看来美国的观点简直就是一派胡言，而且非常危险，因为要求人们为自我实现寻找理由，无异是在激发下层民众更多的劣根性。不可思议的是，美国同时又是理想主义的，有时甚至带着孩子气，因为美国人从不把物质机构和物质利益视为最终目标，而只是把它们当作实现理想目标的一种手段。所以在分析家的笔下，美国时而沉湎于"万能的金钱"之中不能自拔，时而又无私地献身于改造世界的活动之中，为未来开创太平盛世。虽然这两种描述都过于夸大，却也大致反映了美国的社会特征，而我们只有同时把握这两个方面才能真正认识美国。美国人认为社会机构和物质利益具有道德价值，因为它们是追求道德目标的手段，美国人既不是理想主义者，也非自然主义者，他们是二元论者。

美国的社会哲学赋予了它敏锐的政治洞察力。联邦主义之所以能成为经典的政治学说，是因为它同时具备了深刻的实用主义和道德内涵。但是这一社会哲学也造成了美国最严重的政治盲点：没有看到人们对国家的忠诚常常带有非理性的、感性的或自然主义的因素。所以，美国人民对国内巨大的感情力量一再视而不见——南北战争前的一段时间就是很好的例子，他们经常无法理解其他民族，尤其是欧洲人的行为。比如说，要让美国人理解德国士兵即使痛恨纳粹主义，也依然会在战场上奋勇拼搏，那几乎是不可能的。对国家和民族的忠诚不是权宜之计，而是一生坚定不移的信念，这是每一个欧洲人——无论是德国人、法国人，还是俄罗斯人——的基本观念，美国人却认为这是对上帝的亵渎。美国人也把国家视为社会生活的载体，并非因为国家之存在，而是因为它生动体现了美国人民的信念；正因为如此，国家才得到重视。

在这里，我们无须关心这种哲学是否符合美国的政治现实。㊀与我们相关的是，只有在这一基础之上分析美国社会才是有意义的，因为这是美国人对他们社会的看法，他们对社会的评价依赖于社会对个人信仰与基本目标的实现程度。所以，欧洲国家不得不面对很多社会和政治组织问题，美国人却

㊀ 关于这一社会哲学对社会的正确描述和它为自由社会奠定了基础，在拙作《工业人的未来》里都有详细的论述。

丝毫不用挂心。同时，凡是有关美国信念与美国社会表现的关系问题，他们都必须认真对待，他们必须时刻反省他们的社会机构是否遵守了美国人生活的基本承诺。

可以这么说，在任何复杂的社会中，必然都会有大量与完成社会承诺和实现社会信仰毫无关系的机构。忽视这一点，并且幻想文化的绝对统一和社会"理性典型"的统一，是施本格勒之类的文化史学家或现代美国学派的人文学家的一大弊病。也可以这么说，任何社会都需要一些本质上与社会目标并不相干的机构。例如，家庭的目标是满足人类的生存本能，所以它是社会存在的条件，而不是以社会为存在条件；又比如，教会统治的不是尘世，因此它超越了社会。但是，如果社会机构的运行妨碍或阻止了社会基本道德目标的实现，就将带来严重的政治危机——不仅在美国如此。一个很好的例子就是存在于中世纪末的上升国家与一般教会之间的冲突；或者相反，存在于基督教的宗教目标与19世纪社会思潮之间的矛盾。

但是仅仅符合社会的道德目标，还不足以成为社会的代表性机构。代表性机构的运行必须保证实现社会承诺和社会信仰。正是因为这一保证，它才能成为代表性社会机构。换言之，我们面临的政治问题不仅面临公司与社会的功能性协调，还面临它们之间的道德目标的协调。要增强公司的实力，提高公司的效率，就必须保证实现社会的基本信仰和承诺，否则，美国的工业社会将无法有效运作。

然而，我们并不想追求完美或理想的境界，只是希望尽力而为。一切社会的力量、凝聚力乃至最终的生存都取决于它能否充分实现它的基本承诺和信仰，能否在它的成员眼中成为一个有意义、有理性的社会。但是，没有一个社会可以完全实现它对每一个公民的承诺，人类的世界不可能十全十美。

另一方面，也没有一个社会可以完全背弃它的承诺却依然存在，这样的社会不止失败，而且是种威胁，它缺乏理性的基础，而它所宣扬的信仰也将沦为人们的笑柄。但是，除非进行纯粹的实用主义试验，否则没有人能知道或确定一个社会必须具备多少道德效力才是合理的、成功的，才能被人们认同。维持社会生存所需的最低道德效力也许非常低。只要老百姓认为失败是偶然的，而非普遍现象，他们就能像接受机遇那样坦然面对失败。

正因为人们不相信任何社会都有不可避免的缺陷，所以才能创造出无数的政坛佳绩。社会应该尽力实现它的承诺和信仰：在这一信念的指导下，改革家积极行动，大大推动了社会、政治的发展与进步。任何社会都难免有缺陷，但是如果由此而听天由命——历来都是腓力斯人所具备的特征——怕是没有什么比这更可悲的了。

但是社会及其社会机构毕竟不可能尽善尽美，人类的行为本质特征也决定了他们的效率低下（虽然不比蒸汽机之类的人造产物效率更低）。由于不能理解这一点，一些人在政治分析和政治活动中犯下了严重的错误。在每一个社会总是一而再地有人会因为社会及其社会机构不是100%的有效而认定它们终将失败和灭亡。比起草率地预言一切机构（无论是资本主义机构还是民主机构，是大英帝国的机构还是其他的机构）都注定要灭亡，这还不算太糟，还不至于造成实质性的危害。但是，这种观点常常使我们变得愤世嫉俗，企图抛弃现有的社会和机构——因为它们不够完善。举例来说，只要黑人还被当作贱民，美国的民主制度就算不上十全十美。但是如果像一些左翼分子那样，由此断定美国的民主是虚伪的民主，不如彻底将它推翻，那不仅不合情理，而且危险至极。这种自以为是的政治行径和腓力斯人同样可悲，也许比后者更具破坏性。

如果我们要分析社会及其社会机构对基本信仰和承诺的实现程度，那么首先必须明白，没有一定的道德效力作为基础，任何社会和机构都无法生存。但是我们也必须知道，我们不应该期望或要求社会及其机构做到完美无缺。套用埃德蒙·伯克的观点，要推翻一个社会，仅仅证明它不完善是不够的，还必须证明新的社会或机构可以做得更好。

基本承诺

美国人民表面上一致接受美国社会的基本承诺和信仰，但是在实现这些承诺和信仰的具体方法上，他们却永远无法达成共识。美国的政治哲学建立在崇尚个性的基督教的基础之上，由此，①它做出了公平的承诺，就是我们常说的保证人人享有公平的机会；②同时，它也承诺个人的自我实现，鼓励人们对"美好生活"的追求，也许更确切的说法是保障个人的社会地位和行为权利。

虽然其他国家也崇尚个性的发展，但是没有一个国家会像美国这样强调个性，也没有一个社会的承诺和信仰能如此集中地体现对个性的追求。这种对个性的极力强调使美国与其他西半球国家有明显区别。但是，美国和现代西方国家——至少是拥有西方新教传统的那部分国家——仍有一个共同点，它们都把基本信仰建立在世俗的领域之中。美国试图在社会、经济领域实现它的信仰和承诺。欧洲是否依然如此相当令人怀疑——1914年时，或许直到1929年欧洲也还是这样；这里面可能潜伏着美国与欧洲未来矛盾冲突的主要隐患。⊖

⊖ 拙作《经济人的终结》（New York and London，1939年）充分探讨了这一问题；它不属于本书的研究范围，我们所要关心的是美国社会，出于第1章提到的原因，它采取了上述社会信仰。

世俗领域中的个性概念已经深入人心。几年前,《财富》杂志曾做过一项民意调查,百分之九十几的被访者把自己归为"中产阶级",占压倒性多数——反映了美国人民对其社会原则的信仰和他们实现这种原则的信心。

与所有的口号相同,仅从字面上理解"中产阶级社会"一词是毫无意义的。既然是中产阶级,那就必然还存在在它之上和之下的阶级,但是,"中产阶级社会"一词无疑又表明所有的——或几乎所有的——社会成员都认为自己是中产阶级的一员,并且也确实属于中产阶级。人们并没有忽略这一术语在字面意义和实际意义上的差别。事实上,150多年来,左翼和右翼的极端分子常常利用这一漏洞,指责"中产阶级社会"是一句虚伪的空话、一个可笑的骗局和一种荒谬的宣传。

在《财富》杂志的调查中,也许没有多少被访者确切地知道国民收入的分布情况,或是算出过提高自身社会和经济地位的额外经济收入,但是,更不会有人幻想美国是一个没有贫富之分和强弱之分的国家。他们几乎异口同声地把自己称为"中产阶级",首先是因为在美国只有一种生活方式。百万富翁如果希望自己有一座充满"上层"气息的府邸,就必须购置一座法国式城堡;工人可以开着和老板同样的汽车去工厂上班,这就是美国人通常意义上的"平等"。这种现象是美国所特有的,欧洲国家并没有类似情况。美国社会的显著特征给外部游客留下了深刻的印象。我们可以对它做如此解释:这些美国人友善亲切,不畏权势,没有嫉妒心,发自内心地为他人的成功感到高兴——同时,美国人也甘于做"安全"的平凡人,喜欢循规蹈矩。平等的概念究竟是开拓精神的产物,还是开拓精神的基础,对此美国人展开了大量讨论。然而无论平等的概念源自何处,它都已经渗透在所有美国人的生活,反映在生活中的每一个细微之处:在美国,老百姓都有机会见到高级官员，办公大楼中没有老板的专用电梯，美国人尤其对"仗势欺人"之辈——无论是欺压个人，还是国家——深恶痛绝。

同时，"中产阶级社会"也意味着每个社会成员都有机会度过有意义、有价值和充实的一生。实际上，拥护中产阶级社会的传统观点就是主张让人们活得有尊严、有意义，即享有个体的社会地位和行为权利。

最后，也是最重要的一点，"中产阶级社会"这一概念表明：在美国，个人的社会地位应该也确实只能由他对社会的贡献大小来决定。从这个意义上说，美国不存在上层阶级和下层阶级，因为严格来说美国根本没有阶级之分。可见，美国人梦想中的"中产阶级社会"实际上是一个没有阶级的社会，它崇尚的是待遇平等，而不是收入平等。

这一切我们都很熟悉，但是，我们往往会忽视机会均等和个人尊严、行为权利之间的微妙关系。它们像暹罗的连体婴儿，缺了谁也不能独存。我们必须借助于同一种社会机制同时实现这几个方面，才能建立"中产阶级社会"。同时，它们互相之间的辩证关系又使它们看似相互矛盾。一个原则是作为独一无二的个体，每个人都应该享有一定的社会地位和行为权利；另一个原则则是个人的社会地位和行为权利应该唯一取决于他对社会的贡献大小。根据第一个原则，每个社会成员都应该在社会中寻找生存的意义——社会应该被看作只为他个人而存在。根据第二个原则，个人的成绩和能力决定了他的社会地位，个人的社会成就构成了评价个人的唯一标准。结果也有两种：一种是等级社会，另一种是无政府状态。

如果认为抛弃其中之一就能轻而易举地解决这一矛盾，那是自欺欺人。18世纪腐朽的法国封建社会和17世纪英国的平等派成员采取的就是这种方法——只有这两种尝试。但是，每一次片面的尝试都证明了这两种信仰只能同时实现。根据基督教的传统，个人如果得不到平等合理的机会，也就不可能享有社会地位和行为权利；个人如果没有自尊也就无法得到平等的机会。两者的关系如同北极和南极的关系：既不能相互替代，同时又缺一不可。美国的中产阶级社会清楚地认识到了这一点，正因为如此，中产阶级社会这一概念才获得了强大的力量和无限的魅力，这一认识也为美国政治带来了综合和平衡的永恒命题。

如果大型公司成为美国的代表性社会机构，它就必须实现美国社会的这些基本承诺和信仰——至少要达到最低要求。它必须赋予个人一定的社会地位、行为权利和公平均等的机会。这不表示公司的经济目标（有效生产）应该服从于它的社会职能，也不表示实现社会基本信仰应该服从于个别企业盈利和生存的目标。只有在履行社会职能的同时能够促进其有效生产时，公司才能成为美国社会的代表性机构，反之亦然。但是作为美国社会的代表性机构，公司除了作为一种经济手段以外，还是一种政治和社会实体；公司必须同时发挥社会团体和生产商的作用，两者的重要性不分上下。

个人地位和行为权利的要求在现代工业社会中意味着，公民必须成为工厂的一员，即雇员，才能赢得社会地位，获得自我满足。在工业社会中，人们只有通过工作才能树立自尊，实现自我，所以，一切企图让现代人在"文化""娱乐"和"休闲"领域实现自我的大胆尝试都是徒劳无功的。首先，公民之所以成为公民就是因为他们从事产业生产，这就是社会保障部门为之努力解决的问题。因为，如果公民的社会地位取决于个人根本无法控制的因素，如商业周期，那么他就称不上真正的公民。同样重要的是，个人必须能够从工作中获得自我满足，这种自我满足来自个人的社会价值，体现了崇尚个性的基本信仰。工业社会必须让它的成员感受到自身的价值；要达到这一目标，宣传或其他心理攻势都无济于事，唯一的途径就是让社会成员的价值得到体现。我们要求实现"企业民主"，并不表示人人都能享有相同的级别、收入和职责。恰恰相反，"企业民主"基本上是一个等级概念。人们的职位不同，级别、权利和收入也就千差万别，但是他们之间的相互从属使得每一个人的行为都关系着整个企业的成败得失。若像平均主义者那样感情用事，指责工业社会建立在从属关系，而非平等关系的基础之上，其实是误解了企业和社会的本质。机构的宗旨是组织人们为实现共同的社会目标而努力，他们必须有等级之分，公司也不例外。但是，企业的成功需要上至老板、下至清洁工的共同努力，缺了谁都不行。

与此同时，大型公司必须保证每一个员工都享有均等的升职机会。这一要求完全符合传统观念，它源自基督教中关于人类尊严的教义，其创新之处就在于我们今天尝试在生活中、在产业领域中或通过工业领域实现公平。机会均等不是人们常常所误解的收益的绝对均等，恰恰相反，机会均等本身就意味着收益的不均等。因为公平的概念意味着个人收入与其成绩、职责挂钩，而成绩和职责总是因人而异的。

很简单，机会均等意味着升职不能基于世袭，也不能凭借运气之类的外部因素。机会均等意味着公司对员工的提升必须遵循一个合理的标准。这一标准的确立是现代公司必须解决的一个实际问题。

这些信仰和要求没有任何新奇之处，但是，以前我们从未尝试过在产业领域中实现这些信仰和要求。尽管与所有的西方国家一样，美国的工业化进程已经走过了一个世纪，但直到最近还保留着工业化之前的思想和意识。虽然美国不乏大型的工厂和城市，但它却始终寻求在农场和小城镇中实现其社会承诺和信仰。直到现在，我们才意识到采用大规模生产方式的工厂是构成我们社会的实体，是美国社会的代表性机构，必须担负实现我们梦想的重担。我们的基本信仰和承诺是否具有生命力——我们的生活是否具有生存的意义——取决于大型公司在工业社会中实现这些信仰的能力。这项要求公司实现的任务艰巨无比，同时也是史无前例的。世上无人知道如何解决这一全新的事物——工业社会——面临的问题。一个良好的开端就足以令我们心满意足和惊喜万分了。

机会在减少吗

产业社会的一个显著特征在于，它能轻而易举地实现传统社会难以实现的问题。公平总是这世上难以达到的事情，至少无法实现较高程度的公平。但是，工业社会生来就拥有公平的制度，它应该能够实现较高程度的机会公平。现代工业社会采用大规模的生产方式，对管理和技术人才需求若渴，因此，我们有理由相信产业社会可以实现机会均等。事实上，我们掌握的资料虽然很有限，却一致表明工头与工人、车间主任与工头的比例与 30 年前或 50 年前相比已经高了很多，而且这两个比例还在不断上升之中。

然而毫无疑问的是，美国以及其他所有西方国家的公众普遍认为现代产业体系下的机会正在不断减少，而机会的公平程度比机会本身下降得更快。我们不必做民意测验，也能猜到大量的——也许大多数的——社会成员都会对下面的问题回答"是"：你认为现代公司提供的机会比二三十年前的小企业提供的更少吗？

当统计数据与公众的普遍印象相互矛盾时，工程师或统计学家往往认为公众的观点"纯属偏见"，毫无价值，从而把它们置之脑后。但是，政治活动所依据的并不是统计数据，而是政治信仰。事实和数据能够决定一项行动的效果，却不能决定行动本身。政治分析的第一法则就是：树立一种普遍而坚定的信仰作为分析的合理依据。无论这种信仰乍看之下有多荒谬，它也总能为具体而真实的问题提供不甚明确却大致合理的解决方法。所以，当人们普遍持有某种信仰时，政治上就很有必要探询个中原因。

人们普遍认为现代工业社会无法在较高程度上实现机会和经济收入的平等，这种印象反映在政治上表现为现代工业公司不能胜任它的社会职责。现代公司与它之前的小企业社会相比，使更多的人获得了更多的机会，但是在我们的社会成员看来，它所采取的方法显然并不合理。比如，从工人到工头（晋级企业中层）和从工头到车间主任（中层内部的变动）的升迁制度就不够合理。

工业社会的公平机制不尽如人意，显然有三个原因。

其一，现代工厂中的机会很多，但是机会的提供机制缺乏合理的依据和客观的标准。工人乃至越来越多的工头也认为，工厂的升职选拔制度混乱无序，让人摸不着头脑。员工的升迁与否似乎完全取决于管理层的一时兴起，而后者几乎不与普通员工接触，因而对他们知之甚少。这种观点会遭到每一个经理的强烈反对，被他们斥为无稽之谈，他们认为他们和他们的手下花费了大量时间，对升职的合适人选做出了慎重考虑。毋庸赘言，这的确是事实，然而这并不重要。真正重要的是，人事管理的考虑和决定缺乏明确的政策和客观的标准作为依据。由于缺乏这一决策基础，工人和工头——他们的思维方式不同于管理人员——找不到任何规律。事实上，在上面的分析中也确实不存在什么规律。在工厂员工的眼中，管理者的决策程序毫无道理可言，然而认识到这一点的管理者却是凤毛麟角。工厂的管理者一心想做好员工的升职工作，几乎是同时，工人们却认为他们的升职与否取决于领导的偏好、管理者的心血来潮和各种偶然因素，两者间显然有着强烈的对比。这是不可避免的，因为工人们在管理者的行为中看不到任何理性的规律——正如在没有事实依据的情况下，最荒谬的谣言也在所难免，而且未必能够止于智者。

因此，要为工人和工头创造公平的机会，首先就要建立一套明确易懂、客观合理的政策。这种政策不能像紧身的夹克衫那样，把运动束缚在它所界定的狭小空间之内。与所有明智的政策一样，它应该起到罗盘的作用，为管理者提供决策的依据，同时又允许他们随机应变。建立这样一个决策依据绝非易事，因为工业工厂的性质不允许它们采用例行的程序决定员工的职位，它们希望把员工的表现、能力和性格等最难以捉摸的因素作为升职的依据。然而，如果没有合理的政策，工厂就只能采取论资排辈的方法——我们所能想象的最死板、最枯燥的方法。普遍、机械地使用这一方法会使工业工厂无法从基层获得领导供给，从而危及工业社会的存亡，因为我们工业社会的运行效果依赖于尽可能多的领导供给。论资排辈必然会大大降低破格提升的几率。但是比起一个缺乏理性、令人难以理解的升职制度，工人和工头宁愿牺牲一些改善自身社会、经济地位的机会，接受论资排辈的制度。

其次，人们认为公司并未在实现机会均等的承诺方面取得实质性进展，另一个原因在于正规教育正日益成为担任管理工作的必要前提。在这里，我们无须讨论这种现象是否合理，是否意味着部分管理者想把判断人们能力和成就的重任交给职业教育者。虽然现代工业企业和现代技术更加青睐受过正规教育的人，而非那些在车间或办公室中学习成才的人，但是我们显然高估了正规教育和一纸文凭对个人能力与成就的证明作用。我希望这种对学历要求日益形式化的趋势能够迅速扭转，但是，目前我们只能接受现实：正规教育虽然不是升职的必然保证，但若没有文凭就会成为升职的一种障碍。

从大学生和工学院毕业生中招募全部管理班子，而不给其他人任何机会的工厂，即使在今天的美国也属例外。基本上，只有那些主要或只雇用女性的工厂才会采取这一做法。但是现在，人们有越来越多的理由可以指责那些把学员的学历看得比能力和性格更重的人事经理。

高中生和大学生的数量与日俱增——尤其是在中西部和西部地区——在一定程度上抵销了这种趋势。但是，对正规教育的强调使经济状况变得格外重要起来。勤劳、能干的孩子不管多穷，只要他愿意努力，基本上就能读完高中和大学；而那些双亲富裕的孩子即使能力不很出众，也能接受同等程度的正规教育。经济能力的大小也许并不重要，关键是质的区别，因为它对"英雄不问出身"的承诺——我们国家最宝贵的传统之一——提出了挑战。中西部和西部地区的人们不能忍受任何破坏这一承诺的行为，因此波士顿和费城盛行的裙带关系虽然无碍大局，却也遭到了他们固执得几近不可理喻的责难。他们甚至无情地把富人家的孩子排除在政治和商业领域之外，使得后者一生都难以有所作为。工业体制对长期正规教育的偏好，暗含了对经济状况的重视，不管多么轻微，这构成了它的重大缺陷，因为它没能实现社会的承诺。

因此，无论公司的员工在工作前受过多少正规教育，只要有能力，就有权获得升职的机会。正规教育必须向那些拥有学习的愿望和能力，但是在正常情况下无力承担相应费用的人敞开大门。此外，每一个公司都不妨重新考虑对学历的要求，如果它的作用仅仅是帮助人事经理逃避评估下属能力的职责，那么还不如取消这一要求。

最后，人们普遍认为公司不能提供大量的均等机会，归根结底还是因为公司没有为他们提供展示潜力的机会。对此，专业化的过度发展要负部分责任，而通才教育恰好可以抵销这种趋势。但是，现代大型企业就其本质而言，也缺乏让员工充分施展才华的舞台。采取大规模生产的工厂往往把工人困在某个固定的工作岗位，从不试着去挖掘他们从事简单劳动以外的工作的能力。而且，大型组织的管理人员几乎接触不到基层员工，也就无从发掘有潜质的年轻人，这些在小企业中却根本不是问题。正因为如此，人们宁愿舍弃大型组织而选择小企业。一个人在大型组织中可以得到的机会确实很多，但是被埋没、被错置和被遗忘的可能性更高。人们认为年轻人在金融、会计、法律和销售部门从事低级文职工作比在工厂上班有更多的升职机会，因为非生产性部门保留了更多小型商业企业的特性。

所以，公司必须设法为工人，尤其是年轻工人创造展现才华的机会，并努力与那些有特长爱好的工人建立私人联系。工厂的管理层在战争中的最大收益莫过于了解了他们在战前究竟浪费了多少人才。"提建议计划"和大规模升职计划的成功让我们明白：战前的公司根本不懂如何为雇员提供用武之地。

工业社会中的尊严和地位

所有研究过美国工业社会问题的人都不会对上述怨言感到陌生，但是，我们更常听到人们抱怨，现在要维持个体的独立性远比 50 年前困难得多。从统计学的角度证明这种说法是对是错恐怕毫无意义，真正重要的是，现代公司中的升职无法像小企业社会那样给人们带来同样的满足感。在现在的公司中得到晋升的人无疑远胜于在过去的小企业社会中获得独立的人。现代公司能给予升职者更高的经济回报——相应的经济风险可能更小。然而，人们认为经济回报只是经济上的回报而已，"独立"的本质却是社会和心理上的满足感，不是经济上的满足可以替代的。即使是大公司的负责人，通常也不能独立行事，他们的权力有限，因而难以成就自己。他们也没有昔日小企业管理者在当地所拥有的社会地位，事实上，他们所在的工厂或分支机构常常位于大公司的总部以外，如果是这样的话，他们在当地就毫无社会地位可言。

近来，组织工头工会的尝试已经证明这是美国现代公司的基本问题之一。从统计数据看，现在有机会升到主管阶层的工头不会比从前少，甚至可能更多。他们的报酬与独立小企业主相比，无论从绝对数量，还是参照国民收入的相对数量来看，都是有过之而无不及的。在刚刚结束的大萧条中，惊慌失措的管理者成批成批地解雇工头，这与过去从不触及管理阶层的传统政策形成了可悲的对比。但是，工头的处境显然不比普通小企业主差。即便如此，仍然有大量的工头认为他们失去了中产阶级的地位；在美国，工头的地位今非昔比，它不再是通往管理阶梯的第一步，而成为一条没有出路的终点。一句话，工头的职位不能再给个人带来足够的满足感。这种结果在很大程度上是战时的特殊情况和混乱局面造成的。但是，弥漫在工头之间的不安情绪——战前，在很多工厂中偶尔也会出现——只能解释为工头的报酬还达不到中产阶级的水平。工头的情况如此，工人的情况就更不用说了。

可见，由社会地位和职责带来的尊严和成就感的问题确实存在，而且，仅仅依靠增加升职机会或提高经济报酬并不能解决这一问题。如果因为经济地位或经济机会有所改善，就认为不存在中产阶级"无产阶级化"的问题，是毫无意义的。要让中产阶级维持他们特有的心态，认同社会的意义，工业社会就必须使他们获得心理和社会上的满足。对经济机会和报酬的强调甚至只会加剧显然是工业社会的主要问题的尊严和成就感的匮乏。因为只从经济地位的提升方面进行考虑，难以在工业社会中获得尊严和个人成就感，这是把问题过分简单化了的观点，但还算不上歪曲事实。

人们把"加官晋爵"看作成功的唯一标准。但是，能够升职的人总是少数，能够从工人升为工头的是少数，能够从工头升到车间主任的也是少数。我们的社会现状是：如果升职被视为唯一的社会目标，如果其他方面的满足都被视为次要的，那么大多数人都不会感到满足。我们担心"机会越来越少"，并且要从增加升职机会入手解决问题，但是，两者间很可能根本没有什么联系。与其说升职的机会越来越少，不如说实现自我价值的机会在不断减少。如果事实果真如此，那么我们就能解释为什么人们总是声称机会越来越少了。工业体系的扩张虽然创造了更多的升职机会，但是从总体而言，机会（升职机会加上实现自我价值的机会）确实在减少。于是，个人尊严、地位和职责的实现就成为工业社会无法解决的一个主要问题。

作为自由主义和商业社会的产物，现代公司赖以生存的信条的最大弱点就是看不到个人对社会地位和社会职责的需求。在商业社会的价值观里，经济报酬是独一无二的社会准则。亨利·梅恩有一句名言：近代历史是一个由身份地位向契约合同转变的过程；它巧妙地概括了19世纪的信念，即社会地位和社会职责只能是经济地位上升的产物。这种对经济状况的强调旨在挑战由完全政治地位决定个人地位，否认机会均等的社会观念。但是，它矫枉过正了。它为寻求公平而否认了未升职者——即大多数人——的意义和成就；它没有认识到一个美好的社会必须同时提供公平和地位。

商业社会拒绝关心"失败"的大多数人，它无疑是卡尔文主义的产物，因为卡尔文主义也拒绝关心没有被上帝选中的大多数人。自赫伯特·斯宾塞之后，人们常常摒弃神学术语，转而用达尔文的"适者生存"来表述这一信仰。但是，这并不能改变事实：只有当失败者被视为"遭上帝抛弃"的凡人，同情失败者就如同质疑上帝的决定，都是罪孽深重的时候，商业社会的价值观才会有意义。只有当我们确定：①经济上的失败是某人自身的过错所致；②作为一个个体和公民，此人一无是处——我们才能因为经济上的失败否认他的社会地位和社会职责。但是，在相当长的时间内，我们都不愿意接受卡尔文主义，至少在这一方面如此。因为一个人在经济上的穷困就认定他是醉鬼，并且常常殴打妻儿，在我们看来是可笑的、不合逻辑的；但是依据维多利亚早期盛行的律令，这种推论再正确不过了。也许我们尚未做好准备，把经济成就作为判断个人价值的决定性因素，也许我们也未做好准备把无用之人，即经济上的失败者，抛入无边的黑暗世界。这就为我们提出了难题：如何赋予大众地位和职责的同时又不放弃机会均等？18、19世纪就曾因为追求机会均等而摧毁了旧制度中由政治因素决定的社会地位。作为工业社会的代表性机构，现代公司最重要的任务也许就是在公平与尊严，机会均等与社会地位、社会职责之间达到平衡。

"单调"的生产线

是什么原因造成了工业社会中地位、职责以及个人满足感和成就感的匮乏？一种常见的回答是：在工厂上班——尤其是在采取大规模生产方式的现代工厂中上班——乏味至极，使工作者失去了所有满足感。工作沦为谋生的手段，不再对工人的创造力具有任何挑战性。一成不变的工作代替了创造性的劳动，机器的束缚抹杀了工人的手艺和技术——从威廉·布莱克在《魔鬼工厂》中的严厉谴责到查理·卓别林在《摩登时代》中的明嘲暗讽，人们历来都是这样评论现代工业。就连实业家也能接受这一批评，但是他们认为这是工业体制唯一美中不足的地方。一名大公司的劳动关系专家曾经说过："有正常智商的人是不能在流水线上工作的。"他的话很有代表性。

传统的观点很多。查理·卓别林的电影纯属模仿，仅是对现实生活的一种模仿。工业流水线生产体系剥夺了工人工作的满足感，具体表现在两个方面：流水线上速度最慢的工人决定了其他所有人的进度；同一动作的不断反复使完成一项任务的满足感荡然无存。一个曾经在汽车厂担任工头的汽车修理工说道："在这里，每当我完成了一项修理工作，就会有一辆汽车驶离修理厂，我完成了一项工作；在底特律，不论我做了多少挡泥板，看到的总是同样高度的一堆钢板。"不幸的是，现代管理受"流水线情结"的影响，提倡的正是这种生产特性，认为工人在工作中越少人性化，越多地像机器一样，其效率就会越高。

但是，即使在高度机械化、大规模生产的工厂中，流水线操作所占用的也只是一小部分劳动力。首先，汽车制造的最后阶段和查理·卓别林模仿的流水线生产既不是大规模生产的唯一形式，也不总是它最有效的途径。战争使我们明白，强迫所有人接受同一种工作节奏和工作速度，并把工人限制在某个单一的基本操作，这种情况确实不可避免，但却不是有效的大规模生产的重要特征。

总之，对于流水线的"单调"的指责未免过于肤浅和感情用事。很显然，再简单的流水线操作也不会比绝大多数农业劳动——例如，铲除玉米地杂草，消灭马铃薯甲虫，或是插播烟草幼苗——更乏味。通常只有那些终日居住在都市的人才会把农村生活奉为一种理想状态，用来对比"单调"的现代工业社会。如果真以为人类的生活和工作充满了"艺术气质"，"诗人是用热血而不是墨水抒发情怀"，演员是在"用生命演绎角色"，那就大错特错了；同样，对工业社会"单调"和"缺乏创造的成就感"的指控也是建立在完全错误的分析之上的。换句话说，这只能是懵懂少年和门外汉的浪漫主义情怀。只有门外汉才能摒除单调，寻求"创造的成就感"。专业人员从事的往往是日常性的工作。根据传统的观点，如果有人拥有现代产业工人缺乏的一切，那他就是艺术家了。然而，只有极少数流水线工作像练习计算那样单调，缺乏创造的成就感和沉闷乏味。

对"单调"的指控不仅忽略了单调是不可避免的，也忽略了对绝大多数人来说，相当程度的单调是必需，甚至是有益的。单调的反面是不安全感。"单调"意味着简单，意味着我们知道接下来会发生什么事。但是，没有人能忍受彻底的单调，除非是白痴。但是，也没有人能忍受毫无安全感可言的生活，除非是疯子。任何一个正常人都需要大量有规律的生活来维持健康的心态；"战争疲乏症"和"炮声休克症"都是因为生活中没有了单调，充满不安全感而引发的精神紧张。一个人的创造力越强，承担责任的意愿越强，他就越不需要单调。

但是真正的创造能力——大部分生活在基于自身内在能量的世界里的能力——是世上最稀缺的品质。愿意承担责任的仍然是极少数。大多数工人不愿意接受工头的职位，这种广为人知的现象不完全是由于害怕承担责任，一个内在的和非常容易理解的原因常常是不愿意破坏与工友已经建立的社会关系，但是害怕承担责任当然起了很大的作用并导致愿意接受单调，也就是安全感。

存在着比单调更深的缺乏工业公民职责和权利的原因。为了找到这些原因，我们必须从对"单调"的感性争论转向我们几乎没有拥有的事实。

所有的报告都表明，从事大规模工业生产的妇女没有像男性那样，深受

"单调"之害。战争期间，当数百万计的毫无生产经验的妇女走上流水线和传送带从事工业生产时，这一点表现得尤为突出。两性之间是否可能存在着某种深刻的差别，使得女性乐于从事男性深恶痛绝的日常工作？如果如此，为什么传统观念总认为夏娃和女性总是渴望新奇？是否因为女性没有把工厂的工作当作永久的、一生的事业，也没有指望从这份工作中寻求生命的意义和声名地位，所以常规性工作才会在女性和男性之间带来如此不同的心理和生理效果？女性通常把工作视为学校和婚姻生活之间的一段过渡时期，在此期间，她们只求获得报酬——或许还有寻找丈夫的机会——满足感不在她们期待的范围之内。既然没有期待，她们就不会因为"单调"和"缺乏创造的成就感"而不满意。

西方电气公司（位于伊利诺伊州的霍索恩）在20世纪20年代末做过一项试验，证实了上述想法。在试验中，研究人员故意把一些工人的工作环境弄得很糟糕，使他们的工作变得更加单调。但是，只要受到更多的关注和认可，他们的生产效率就会提高，疲劳程度就会下降，满足感也随之稳步上升。这项试验清楚地表明，工人的满足感取决于他们受到的重视程度，而与工作性质无关。不是单调重复而是缺乏认可、意义和工作与社会的关系造成了工人的不满。

战时的经验让我们更深刻地领会到这一道理。观察者一致认为，在英国，战争带给产业工人从未有过的满足感、成就感、被人尊重的感觉、自豪感和公民意识。与此同时，机械化的发展也突飞猛进。位于该国西海岸的飞机制造厂就是一个很好的例子。战争早期，低落的士气几乎成为工厂不可克服的难题：怠工、旷工和罢工经常发生。提高工资没有带来任何改变；调整工作时间，改善交通状况，设立职工子弟托儿所，便利购物环境也都徒劳无功。最后，工厂发现工人们从未见过他们制造的飞机，不知道自己生产的零件被安装在哪个部位，也没有人告诉他们这些零件对于整架飞机的运行有多重要。于是，一架轰炸机被运来放在工厂的空地上展示，工人们受到邀请，带着妻子儿女坐上飞机参观。当他们在轰炸机上看到自己生产的零件，当他们听到机组人员解释这些零件的重要性后，低落的士气和不安的情绪刹那间消失得无影无踪。工人们找到了他们在战争中的位置和作用，明白了自己在战争中对于国家、对于社会的责任和价值。

这些事实都清楚地显示了问题的关键所在，"单调"其实无伤大雅。在现代工业的大规模生产中有很多不要求熟练技能的工作，那些工人们有能力，并且愿意承担责任，积极进取，却几乎没有得到表现的机会。流水线上的工作总是令人大失所望，因为它强制所有的人遵循同一种工作节奏和速度，这种速度和节奏不是由工人们自发调节产生的，而是取决于整条线上动作最慢的那个人，最慢的人的速度提高了，整体的速度才能提高。同时，由于不断重复同一操作，工人的身体和注意力都失去了平衡，肌肉和神经因而异常疲惫。

然而，问题的重点与机器无关，而在于社会层面：在大规模的工业生产中，工人与其工作缺乏紧密的联系，所以无从获得满足感。他们没有生产产品。他们往往不知道自己在做什么，为什么要这么做。他们的工作除了换取劳动报酬就别无意义。他们没有公民意识，也就无法从工作中获得由此产生的满足感。先哲告诉我们，如果一个人只求谋生，只是为工作而工作，不理解工作的意义，那么他就不是也称不上一个真正的公民。

在战争中，我们费尽心思把工人和他们的产品联系在一起，而在战争的紧张气氛中，这也相对容易一些。但是，一旦回到和平时期，生产不再关系到民族存亡，而只是为了满足消费者的个人需求，那时我们该怎么办呢？希特勒遇到过同一问题，他的唯一解决办法是把战争作为社会的唯一目标。美国的工业社会必须寻求自己的解决方法，使我们即使在和平时期也能进行有意义的生产。

工会主义有用吗

迄今为止，人们一共试过两种方法解决工业社会的公民意识问题：家长式管理和工会主义。两种方法都没能解决这一问题。

家长式管理的失败是显而易见的。除了少数几家公司因为尊重创业的"老板"还勉强支撑着，家长式管理在其他地方已经形同虚设。它失败的原因也是显而易见的。事实证明不仅家长式管理是一个错误的解决方法，甚至连它想要解决的问题本身也是错误的。家长式管理赖以存在的基础就是一个谬误，它认为人们会把宣传当作现实。家长式管理试图通过告诉员工他们拥有社会地位和职责的方式，给予员工社会地位和职责。工业社会之所以会产生地位和职责的问题，是因为工人在现代工厂中得不到成年人应有的尊严和责任，反而可以像孩子一样依赖他人。家长式管理通过把工人当好孩子对待的方式，试图让他们感觉自己更像成年人。结果，家长式管理往往比老板的"严厉管束"更令人不满——至少在美国是这样。

管理者对工人拥有不可推卸的重大责任。但是，仅仅依靠为他们提供更多的社会保障、福利待遇和娱乐设施，把他们照顾得无微不至，并不能解决工业社会的职责和地位问题。唯有赋予他们成年人应有的责任和尊严才是解决之道。

如果说工会主义连一个预期目标也没有达到，这恐怕是在开玩笑，而且居心叵测——既然法律允许劳资谈判，工会制也几乎成为强制性措施，那么工会主义就不算完全失败。首先声明，笔者这么说的目的不是要否认显而易见的事实，也不想质疑工会作为产业工人一般性和实际上是强制性组织的永久性。毋庸置疑，即使采取我们所能想到的最激烈的反工会手段，也不会严重影响工会发展的趋势或规模。唯一重要的问题是：工会会成为继续保持独立自治的社会机构，还是会成为由国家政府管理的官僚机构？工人组织的国有化当然不会使政府放松对劳动法和管理者的限制，恰恰相反，这会导致政府以行使劳方权利为名，对企业实施极度监管——所以，维持现有工会的独立无疑更加符合公司管理层的利益。

但是，在采取大规模生产的现代工业社会中，我们的工会没有，事实上也无力解决工人的公民意识问题。工会的注意力和作用主要集中在经济层面。工会能够提高安全措施，如年薪制、年功薪金制，来达到更高的工资和更少的工作时间。他们也可以要求分享管理权力，包括确定价格、制定政策和分配利润的权力。即使工会成员自己首先要在工会里寻求的就是社会的统一，但是，他们对经济、政治力量的需求永远也不会服从于社会需求。

其次，工会尚处于起步阶段，其本质是消极的。工会是反抗的组织，针对的是资方和社会，为保护工人的权益而生。然而，它应该是成为工业体系的参与者和社会公民的工人联合体。最强大的工会领导也无法阻止工会继续其明显的反社会的行为：在合法的范围内举行罢工——明目张胆地勒索社会；收取入会费——断然否定机会均等；"限产超雇"，阻碍效率提高和生产进步——近似于拦路抢劫，其实质都是私自征收国家收入。除非工会停止这类行动，否则政府必将对工会实施监管。我想任何一个美国主要工会的领袖——约翰 L. 刘易斯可能除外——都不会认为这些行为合理，或是符合工人的利益。但是，就因为这些行为最能体现工会主义的消极本质，工会领袖的努力竟然全都付诸东流。

总而言之，工会和公司一样，都是工业社会的基本机构。因此，工会必须拥有与社会和谐的一面：工会目标的达成有助于社会基本信仰和承诺的进一步实现。但是，美国工会主义反工业、反社会的消极主旋律与社会对工会的要求——成为促进社会福利和成就的组织——之间也存在着深刻的矛盾。这一矛盾并非不可调和。它可能不是工会主义的必然产物——尽管各地的工会都深受其害，⊖或许它只是一定历史条件下的产物，而且这种历史条件已经一去不复返。我们希望工会最终将由反社会的机构发展成服务社会的机构，肩负起引导工人成为真正的公民，融入工业社会的艰难重任。然而，到目前为止，工会甚至几乎还没有开始行动。

2 工头：工业社会的中产阶级⊖

第一节的理论分析把问题具体落实到两个概念之上：机会均等以及社会地位和职责。在分析现实问题时，我们发现对于工头——工业社会的中产阶级——和计时工人的问题的解决有很大差别。工头需要解决的仅限于中产阶级的地位和职责的问题。工人不仅需要解决地位和职责问题，还缺乏均等的机会。

⊖ 阿道夫·斯特姆瑟尔以亲工会的立场，对这一问题做出了饶有趣味的研究。他在《欧洲工人的悲剧》（1943年）中令人信服地指出，外强中干的欧洲大陆工会走向崩溃的原因在于它们只能代表一部分特殊的反社会利益群体。
⊖ 本章完成数月之后，即1945年5月，美国管理协会出版了一份关于工头境况的报告，该报告和笔者的结论非常相似。

仅是两代人之前，美国的工厂数量还很少，工头近似于半独立的承包商，负责供应某一种产品或是从事某一个生产过程，并按约定收取相应费用。如果他们能够降低成本，成本的降低部分即是其利润——有时，这种利润是他们唯一的收入来源；如果交易失败，他们要承担所有的损失。换句话说，工头接近于自负盈亏的商人，唯一的区别在于他们不拥有资本设备。

在大规模的现代工业生产中，我们显然不能以同样的方式对待工头，但是受传统观念的影响，工头一职仍然被视为工人阶层的最高职位以及通往管理阶层的第一步，这使美国的工业体系完全不同于欧洲。在美国，工头在传统上属于中产阶级，下层社会的人只要有能力就能进入这一中产阶级；同样，有能力的中产阶级成员也有机会晋级上层社会。而即使在中产阶级社会发展最为成熟的欧洲，如北欧国家，产业工人也从未进入中产阶级的领域。在欧洲，工头确实处于工人阶层的最高位置，但是，从来没有一个国家把它视为管理阶层的底部。管理层的成员不是来自工头，而是来自工头以外的群体——大学毕业的工程师、办公室职员、会计和销售员等。在欧洲，成为工头无异于走进一条死胡同——永远在工人阶层打转，却无法进入中产阶级。可以说欧洲的工头酷似服役多年，却永远得不到军衔的军士。美国的工头则相当于副排长，依据传统，他们同时又是少尉，与将军同属一个社会阶层。

工业时代，美国中产阶级的心态和结构在很大程度上都取决于工头这一特殊地位。要维系中产阶级社会的存在，就必须维持工头的传统地位。这意味着我们必须继续赋予工头进入管理阶层的机会，保留他们作为中产阶级的地位和职责。

工头的机会

19世纪70年代的工头自主经营，自担风险，基本上没有任何晋升的机会。60年前，工头只有一种晋升的机会，那就是获得足够的资本，购置资本设备，开始创业。有望拓展事业的工头也只是一小部分。但是，现在有很多职位空缺，如车间主任、工厂经理，大都要依靠提拔工头来填补。在上两代人的时候，还没有收入税，资本积累无疑比现在容易得多。在当时的银行运作方式下，个人还可以凭借信用贷款获得资本。尽管如此，工头的机会仍然十分有限，根本无法与现在相提并论——在资本充足的大型企业中，工头只要表现优异，就有机会升为部门主管。

所以，工头面临的问题不是有无机会，而是机会是否"公平"；也就是说，确定升职人选的标准是否清楚明白、合情合理。

这是分权管理想要解决的问题之一。于是，我们自然想知道一个实施分权制度的公司会怎样解决工头的问题。

通用汽车公司从三个方面入手。

（1）首先，通用汽车公司把工作重点放在对工头推行基本定价和成本分析的客观评价标准方面。每年，工头都要为自己所在的部门制定一个成本、产出的效率预算，集中表现为3个生产效率指标：人均每小时生产量或（如果部门使用不同工种的工人）单位工资的生产量；每一单位机器投入的产出；由自然消耗和错误操作等原因造成的原材料、工具损耗率。工头制定的预算及其执行情况同时反映了他们作为技工和领导者的能力，因为任何一项能力的缺乏都会立即导致效率下降。工头在制定预算时，可以请求分部的效率专家帮助，但是专家的作用仅限于提供帮助——为工头提供帮助和建议。专家的地位与核心管理层中为分部经理提供帮助的职能工作组非常相似。和对待分部经理的情况一样，公司主要通过工头之间的业绩竞争，而非自上而下的检查对工头的效率做出必要的考核。这样，不仅工头可以清楚地知道自己的工作业绩，管理层也拥有了判断工头管理能力的客观标准——尽管并不全面。

（2）其次，为工头提供管理培训，让有前途的工头承担更多责任，以便测试他们的能力。这一点同样重要，但是普及的程度远不及第一种措施。起先，有几个分部推出了一些专门的工头课程，不仅让他们学习人力资源管理的基本原理，还让他们了解公司的整体运作及其所在部门在其中的作用。至少，用于讨论其他部门和公司整体业务的时间和用于专门培训现有工作的时间一样多。少数几个分部甚至让工头在工厂内轮岗——通常是让他们接替某个休假或生病的同事。工头们偶尔也会被派往一些更重要的岗位，如总工头助理。

在很多分部，尤其是那些传统上注重手艺的分部中，高级主管会亲自参加工头的培训项目，借此了解这些工头和他们的个人能力。在一些特别重视以人为本的分部，管理层的言行举止无不透露着对人才的渴望，车间主任和工厂经理的兴趣就在于为工头创造所有可能的机会。

（3）最后，有6个分部正在努力吸纳工头进入管理委员会——哪怕只是让他们提供建议。在非正式会议之前涉及全体工头或是公司整体业务的管理问题被提出来。管理者鼓励工头各抒己见，随意提问，还尝试让工头了解公司运行的问题所在以及规章政策的制定原因。这些会议通常是非正式的，它们为管理者提供了挖掘人才的良机；在工头看来，它们的作用仅次于成本分析的评价体系，为人员的选拔和提升提供了一个公平的基础。

但是，即使把所有这些措施的作用都发挥到极致，也不会有太大的成效。因此，通用汽车公司就如何保持管理人员的充足供应，如何让工头获得机会的均等展开了热烈的讨论。通用汽车公司的管理人员对我提过很多改进办法，以下是一些既有效又可行的建议。

在提拔工头之前，应该先让他们积累一些非生产性的，或者至少是本职工作以外的经验。这样既能防止工头的过度专业化，又能为正确的提升储备更多的候选人。例如，我们可以让管理流水线的工头到机修车间、事务部门或后勤部门工作一段时间。坦白地说，短期内这可能会带来昂贵的支出，因为我们无法指望一名优秀的流水线工头也能为会计部门做出卓越的贡献。但是，我们仍然相信，当工头重新回到原来的工作岗位后，随着他们工作效率和理解能力的提高，随着管理层对工头了解和理解的加深，无论短期成本的多寡，我们都能得到高出数倍的回报。

类似地，也有人建议出台明确的政策，在较高的职位上——如车间主任助理——锻炼工头。这样不仅有助于管理者判断他们基层管理者的真实能力，更重要的是，工头也可以借此了解自己是否能够并愿意承担更多的责任。给工头一个了解较高职位的机会，既有利于管理者做出更好更满意的决策，又能排解落选者的不满情绪。

多次有人建议，应该对适应更高级别职位的工头提供集中培训——可以采用高级工头课程的形式，也可以采取升职"再培训"的形式。这将有助于消除现有体制的一大弊端：很多工头因为没有接受过培训，升职后表现不佳，不得不退回原来的岗位，这令他们颜面扫地，心生不满。

没有人会把这些建议当作灵丹妙药，但是，他们表明对于工业社会的中产阶级机会均等问题，这是一个组织和技术的问题，因为机会本身确实是存在的。他们还表明，尽管现有的解决方法还远远达不到令人满意的程度，但是这一问题并非不可克服。

工头的工作

作为工业社会的中产阶级，工头面临的地位和职责问题远比机会均等的问题严重得多。事实上，连工业体系中究竟有没有他们的一席之地都很值得怀疑。过去50年中——尤其是近15年——工头的社会地位、职责和自我实现的机会都在迅速消失。他们已经成为，或至少正在渐渐成为被美国工业社会"遗忘"的群体。

有讽刺意味的是，对工头地位和职责的最大威胁恐怕正来自他们的机会的增长。70年前，工头受企业主或最高管理者的直接领导。在没有资本积累的情况下，这严重限制了他们的发展机会；随着工厂工头和公司总裁之间的管理级别逐渐增多，工头获得了他们现在所拥有的升职机会。但是，没有这些管理级别的时候，工头能够拥有与如今分部经理相当的独立地位和重要职责。

70年前，工头即使够不上半独立的承包商，至少也能参与管理决策与政策制定，对工人的领导地位也无可争议。今天，工头的上面多出了一大堆管理人员，他们接管了工头的大部分职责和权力。管理决策在离工头遥远的一个层级上制定，管理层要下大力气才能让工头与这些管理决策相联系，工头实际上不可能参与决策。生产方法主要成了专业技术的培训问题，不再依靠工头需要一生来积累的经验。于是，工艺流程工程师、时间—动作分析专家和训练有素的专业生产人士几乎全权掌握了有关生产方法的事宜。与此同时，随着工业单位的规模不断扩大，企业不得不制定劳资政策，约束工头的行为。这意味着工头丧失了聘用和解雇工人的自主权；训练有素的人事经理会借助能力测试和时间—动作研究，安排他手下人的工作；就连对工人进行技术培训这样的传统工作也不再有工头插手的余地。大型企业的发展渐渐剥夺了工头的全部管理职责，使他们退化为监督工人执行命令的小组长。

工会成立后，合同的客观效力取代了工头的个人权威，结果工头连监督工人执行命令的职责也被大打折扣。此外，工会的成立使劳资问题倾向于在全厂范围内解决。无论由谁——劳方或资方——挑起劳资政策的问题，最终都必须由高出工头数级的管理者来解决。大多数工会总是跳过工头，直接向工厂经理传达他们对劳资政策和待遇的不满，甚至其他所有的问题，并要求建立一个集中机构负责人员招聘与解雇；管理者通常认为这是故意违反工厂纪律，挑衅工厂的管理权威。总之，工会领导再有诚意与资方合作，他们也不会去找工头，因为站在工会的立场来看，与一个没有决策权，无法代表公司做出明确承诺的人谈判，简直就是浪费时间。工头的一边是强大的工会，另一边是强大的资方，如果必须在两者之间做出选择，那么很正常地他们会选择逃避。

近来，工头联盟的组建清楚地表明工头认为自己的地位受到了威胁。可以肯定的是，战时特殊、短暂的混乱局面和长期的失调状态都是导致组建工头联盟的原因。同样可以肯定的是，一个群体能够在不丧失中产阶级特征的情况下组成联盟。新闻协会没有使记者成为"无产者"，美国教师工会也没有削弱学校教师的中产阶级意识。总之，面对类似情况和被同样问题困扰的中产阶级群体组成专业性协会总是件好事。然而，它们都没有切中要害，组建工头联盟只是一个征兆。工头的前途发生了一个非常普遍的变化，组建工头联盟只是一个表现形式，而非引起变化的原因。工头前途的变化本身来自工头基本状况的改变：他们越来越像长期服役的军士，而非少尉。

这一点在对"主管"和"管理者"两词的使用上表现得尤为清楚。在本书中，到此为止，笔者在提到这两个概念时，都包含了工头。确切地说，这是通用汽车公司的高级官员和一些分部经理的用法。但是，他们的一些同事反对这种用法。后者认为工头不属于管理层，不以分权为基础进行组织，也无权参与管理的决策。

选择术语的分歧最终表现为工头在公司中的实际地位的分歧。通用汽车公司有意识地把工头与其手下的计时工人区别开来。工头按月支取薪水，其水平必须高于他们手下收入最高的五名工人平均水平的1/3。公司裁员时，工头享受高于计时工人的待遇。工头的带薪假期、退休金和遣散费，参照低级主管的标准发放。另外，有几个分部还为工头设立了专门的食堂，允许他们不打考勤卡，以显示工头与工人的区别。

除了这些明文规定以外，通用汽车公司并未对工头的职位做出统一的规定。一些分部试着把工头真正纳入管理层。在一些小型的汽车或零件制造分部，工头们不仅从感觉上意味自己已经成为管理层的一员，而且实际上正作为管理层的一员积极参与管理决策、生产计划和劳资政策的制定，并承担相应的责任。

但是，在另一些分部，包括一些规模很大的分部，工头充其量也只能算是个小组长。在其中一个分部中，甚至连小组长都算不上。该分部设立了一个特殊的管理部门，负责人员招聘与解雇，也安排每一个工人的工作岗位和内容。该部门会通过时间—动作研究、能力测试和与工人的交流，制定出最完美的工作流程。但是，它几乎从不询问工头的意见。工头要做的只是确保工人遵守由他们自己和该部门共同决定的生产流程。工头可以要求修改生产流程，但是他们无权做出任何变动；工头唯一能做的就是请求该部门调走与自己合不来的工人。

尽管通用汽车公司内部存在着观念和实践上的分歧，但它的经验仍然清楚地揭示了两点结论。第一，工头本身并不愿意放弃中产阶级的地位，并将支持管理层为保留这一地位所做的努力。比如反映在现实中，在通用汽车内部组建工头联盟就没有受到什么压力。虽然底特律地区是工头组建联盟的中心地，虽然通用汽车公司在战争期间进行了剧烈的扩张，但战时混乱恰恰是工头组织联盟的重要诱因。甚至有些工头联盟自己的成员也"非正式地"告诉我，通用汽车公司的工头相信他们的最高领导层的确想赋予他们真正的权力、地位和职责。

第二，在采取大规模生产的现代工业社会中，工头能够保留多少中产阶级的地位取决于分权体制的进行程度。只要分权体制的触角——至少在一定程度上——达到工头阶层，他们就算是低级主管；反之，如果分权体制没有把工头纳入管理层，那么他们最多不过是小组长。

现在，我们可以回答工头在采取大规模生产的现代工业社会中是否属于中产阶级的问题了。资方在同工头联盟做斗争时，总是强调工头是管理层的一分子，并具有资方所声称的地位和职责，那并不正确。工头联盟则断言，在采取大规模生产的现代工业社会中，工头不属于管理层，那同样也是错误的。正确的说法是，在采取大规模生产的现代工业社会中，工头的地位处于一种临界状态。经过艰苦的努力和奋斗，他们能够成为管理层的一分子，但是，他们的中产阶级地位从来都不稳固。由于现代技术和劳资关系的原因，分权体制不可能完全渗透到工头阶层。

总之，美国的工业社会必须为工头制定系统的培训政策，并且要求所有公司允许工头加入管理委员会。无论是从社会，还是从公司的角度来看，这些尝试都是值得的。工头作为工业社会中一个自觉的中产阶级群体,如果没有他们的有力支持,管理将难以在工厂中维持,自由企业制度将不再受到广泛的拥护。然而,尽管我们已经尽了目前看来最大的努力巩固工头的地位、职责和权力,工业中产阶级的社会地位依然摇摆不定。他们处在工人和管理层之间,兼具两者的特性。如果工人阶级走向无产化,那么工头也必定会向同一方向发展。

如果我们的工业社会因为阶级斗争而陷入内部冲突,那么处于两大阵营之间的工头将必然丧失其作为中产阶级而一贯享有的独立和尊严。光靠管理层的努力,永远也无法解决工头的问题。工头的地位不仅取决于下级工人的地位,同样也取决于他们与上级管理层的关系。如果工人也进入美国的中产阶级行列——换句话说,工人如果在工业社会中也能享有地位和职责——工头的中产阶级地位将牢不可破;反之,他们的地位将非常不稳定。在最后的分析中,解决工头问题的关键在于对工人问题的解决。

3 工人

通过分析工头的机会和中产阶级地位,我们明白了作为工业社会基本原则的分权体制只能运用于真正拥有管理职责——哪怕只是一点点——的阶层。我们不可能以分权体制为基石,把工人融入工业社会,因为产业工人的定义指的就是工人是接受管理,而非实施管理的群体。

工人的公民意识问题在美国的汽车业中表现得最彻底、最严峻,也最难解决。在全球范围内,汽车业代表了现代工业。汽车业在 20 世纪的地位如同兰开夏的棉纺厂在 19 世纪早期的地位:工业中的工业。所有工业的表现可能都依照它进行判断。任何一种方法，只要能唤醒汽车工人的公民意识，就能在整个工业社会中得到推广。在其他行业行之有效的方法，除非可以解决汽车业的问题，否则就没有更多的意义。底特律是工业社会的化身；无论好坏，底特律怎样，工业就会随之发生怎样的变化。

汽车业的劳资关系也是最糟糕的——劳资双方互相怨恨——除了采煤业和橡胶业等几个传统污染的资源型行业尚能与之匹敌外，其他行业不能与之相比。这种敌对状态有违美国社会最根本的信仰和承诺，造成这种状态的主要原因在于我们无法为工人提供均等的机会，无法赋予他们社会地位与职责。

汽车业的劳资双方互相敌视，互不信任，互为敌对，导致工人在汽车行业中如此地位还有很多其他原因。影响最大的当推1937年的静坐罢工，它比任何其他事情都妨碍了劳资双方能够本着理解、同情的精神共同解决问题。在1937年的影响下，太多的管理者宁愿相信工人属于比人类低级的种类，工人领袖非奸即盗，也不愿意直面这一危险而棘手的问题。在1937年的影响下，太多的工人拒绝相信所有的老板都可以成为他们的朋友。静坐罢工掀起了攻击、诽谤的高潮，经过那样的岁月，双方再理智的人也难免失之偏颇。

汽车业集中分布在密歇根州东南部几乎与世隔绝的几个小镇，这是引起劳资冲突的另一个原因。管理者主要由中西部小镇的"元老"组成；工人们大都是来自东欧和南欧第一代、第二代移民，来自西弗吉尼亚和田纳西山区的新移民或是黑人：两者间有着潜在的矛盾。因此，管理者，尤其是级别较低的那些人常常有一种优越感，至少也把工人视为外来者。

正是因为工业社会没有能为工人提供均等的机会，没有能赋予他们地位与职责，没有能让他们融入社会，所以这些因素才会如此令人困扰。20世纪30年代的劳动纠纷留下的记忆,劳资双方的相互碰撞,充其量也只不过是引爆的火星;真正的炸药埋藏在汽车业内部,作为大规模生产方式最年轻、最具代表性的行业,它以最明显的方式向人们展现了工业社会尚未解决的基本问题。在印刷、钢铁制造等其他领域中,小作坊的悠久传统和古老手艺的丰富内涵模糊了这一问题的本质。在汽车业,问题就相当明朗。底特律和这一汽车王国的其他较小的卫星城市构成了一个工业中心,工业社会的重要问题在这里一览无余。从某一角度来看,这意味着汽车业的实际情况与它所表现出来的相反,相对来说还是比较健康的,至少它的伤口清晰可见。但是,换一个角度来看,该行业的问题恰恰是最棘手、最迫切需要解决的。

劳资双方关于工人机会的看法都清楚地反映了工人缺少平等升职机会的程度。工厂经理越来越习惯于向外寻求工头及其他低级主管的人选,对本厂职工却视若无睹。很多采取大规模生产的工厂在挑选工头和低级主管时,更看重工程院、大学的文凭,或是在办公室、会计或销售部门的工作经验。这在流水线上表现得尤为明显;流水线上的工头即使曾经做过工人,也很少是在流水线上工作的。

工人们对自身机会的评价是:他们要求用资历取代业绩,作为升职的标准。更加发人深省的是,工人们普遍认为,若要在大规模生产的现代社会中升职,就必须去工会工作,在工厂中上班根本不可能获得机会。最后,总体上,大规模生产的工人都不愿让他们的孩子步他们的后尘。他们相信提高自身社会和经济地位的最佳途径就是避免在工厂工作,上大学接受教育——这与过去的工匠形成了鲜明的对比,后者总是为他们代代相传的传统工艺而深感自豪。

尽管如此,计时工人的机会仍然远胜于他们的社会地位与职责。采取大规模生产的现代工厂需要大量主管，即使它们的人才供应越来越多地来自外部，最终仍然会有相当一部分的工人得到提升。但是，职位低于主管的人就很难在工作中获得满足，其工作与现实生活之间的联系也很模糊。对绝大多数汽车工人来说，工作的意义仅仅在于工资，而与工作本身或产品毫无关联。工作成了一桩不自然的、难以认同和无聊的事情，它让人感受不到自己的尊严和重要性，工人们只是为了获取报酬而勉强为之。难怪他们会打马虎眼、会磨洋工、会想方设法以更少的工作量换取同样的报酬，难怪工人们无法快乐，无法满意——因为工资不能带来自尊。多年前我曾遇到一个守旧的工匠，他的经历也许不失为一个恰当的总结。当时，他刚决定辞去在汽车业的高薪职位。我问他为什么对底特律的生活感到不满，他回答说："所有的人都在接受救济，就连有工作的人也表现得仿佛失业一般。"

对此，常见的反应有两种。第一种是假装事情本该如此。第二种反应则更加缺乏建设性：田园浪漫主义者认为工业发展构成了一种严重的背叛，他们仅有的办法就是抹杀过去 200 年所发生的一切。

我深知我们尚无可行的解决方法，而我认为最危险的事莫过于用花言巧语或是鼓吹一些"万能"的妙计——所有欺骗行为中最可怕的一种——来掩盖事实。在我看来，现在找不到解决方法并不说明永远也找不到，我们需要努力思考，努力奋斗。我们不可能在短期内找到长久的解决方案。从我们发现这一问题至今，也不过 50 多年的时间，但是之后很久，或许在大萧条之后，美国才首次意识到工人的公民意识在工业社会中的重要意义。

机会均等化

为工人创造均等的机会的首要任务和最显而易见的步骤就是首先应当为

他们提供培训，使他们在竞争中和工程院毕业生、大学毕业生处于同一起跑线。就通用汽车公司而言，其通用汽车学院就尝试着开设了很多基础课和专业课，从机械工程学到简单的操作技巧，如操作高速计算机，不一而足。

有一个分部做得更加全面、深入，它不仅建立了学徒学校，还为雇员们提供到附近的一所工程院学习专业课的机会，工人们只要顺利通过这些课程，就有机会升为管理人员。部分课程安排在上班时间，此外工人每周还要抽出6～8个小时的业余时间。该分部规定所有新员工都必须参加这些培训。培训项目得到了工头们的一致支持，他们中的很多人过去都参加过学徒培训计划，现在则构成了教师队伍的中坚力量。但是，愿意并且有精力和动力通过低级主管课程的人为数并不算多——有时候，人们害怕雇员培训计划会使工人培训过度，造成人才的过剩，现在看来，我们似乎多虑了。

其次是为工人们创造发挥潜能的空间，让他们在工作中也能获得知识和培训。一些分部为工人安排了定期轮岗，以便寻找每个人最适合的岗位。有些分部还把能力较强的工人安插到重要岗位上——比如为新员工安排工作或提供指导——给予他们表现的机会。

也有一部分通用汽车公司的人事专家提倡通过正规的心理或能力测试，"挑选"贤能从事一些对技术能力或独立能力要求较高的工作，我以为这并不可行。有些重要的东西是心理和能力测试永远无法测量的：将特别的优点或技能与人性相结合，对于一些有明确知识或技术要求的工作，心理和能力测试尚能比较准确地挑选出不合适的人选，但是它们绝无可能告诉一个人他适合做什么，更不用说他能否胜任领导岗位。即使我们能发明一种万无一失的测试，把它作为升职的基础也还是不明智的，因为升职的标准必须明白合理、易于理解，才不会违背机会均等的承诺，各类测试恰巧犯了此忌。不过，在决定新人的工作起点时，测试还是有用武之地的，但是它们只能作为人为判断的补充，而不能取代后者；或许我们可以听从一名主管的建议，让能力最差、事业心最弱的工人从事最机械化的工作。

最后，也有些分部努力激发工人的工作热情。它们不仅向工人提供各种相关信息，而且设立了奖金，鼓励工人积极思考，发明创造。这些措施的原意是考验工人的能力，作为其升职的标准，推出之后却被广泛地用来解决他们的职责与地位问题。

生产社区

战争让我们发现，对于工人的职责和社会问题我们做了多少工作，做得很少。战争使工厂招收了一批又一批的新人，他们毫无工作经验，不能仅是接受工业社会的生产环境，还想知道自己的工作意义所在。按照传统方式雇用新人的困难迫使很多工厂管理者尝试新的方法。此外，战争使生产具有了精神意义——与和平时期构成鲜明的对比。这也显示了我们应该做什么和能够做到哪些。战争虽然业已结束，战时生产的精神激励虽然短暂，其中的教训却值得我们汲取。

首先，战争给予我们的最大收获在于对大规模生产方式的灵活运用，这同样适用于和平时期的工业社会。战前，大规模生产技术总体上被僵化运用，就像在汽车流水线上看到的那样，以为这是大规模生产方式唯一正确的使用方法。战争使我们明白，流水线生产既非大规模生产的唯一形式，也绝非在所有情形下都是最好的一种形式。进一步说，传统的流水线生产把人类视为机器的附属品，这既不是唯一可行的观念，也不总是最正确的。我们知道，大规模生产远远不只是一项技术，而是一个宽泛的概念。它包含三个相互联系的要素：可相互替代的标准化零件；将每一道生产工序都看作由一连串基本的简单操作组成的生产原则；材料控制原则，即在同一时间内向所有步骤的操作员提供他们所需的物品。

新的理解大大扩展了大规模生产方式的应用范围。我们知道，只要产量足够大，任何操作都可以借助大规模生产的形式来完成，操作的难度和对精确度的要求都没有太大的影响，这大概算得上我们这辈人所创造的最伟大的一个单项技术进步了。同时，我们知道要求大多数工人不断重复同一个基本操作，并不是大规模生产方式所必需的，而且也不总是它最有效的一种形式。我们知道，大规模生产能够——虽然不总是能够——不要求流水线上的每一个工人都恪守同一速度与节奏，即由整条线上速度最慢、能力最差的成员所决定的速度与节奏。流水线对工人的速度与节奏的限制，正是造成他们身体疲劳和神经紧张的罪魁祸首。我们还知道，任何一项操作都没有必要让工人不断重复同一个动作，同一个永无休止、永远没有成就任何事的动作——这也正是流水线工作缺乏满足感的最主要原因。

关于我们灵活应用大规模生产方式的例子数不胜数。战争期间，我们不止一次地看到工厂由于缺乏熟练工，而不得不使用非熟练工从事技术要求很高的新工作。这样的"安排"绝对不符合正常的流水线生产方式：先让技术不熟练的工人从事对技术要求不高的工作，接着再让技术不熟练的工人从事下一个对技术要求不高的工作，以此类推。解决这一难题的方法就是把一项复杂的工作重新拆分成多项简单操作——就好像玩七巧板那样。把这些操作拆解成很多简单的步骤，就像流水线上的工作，然后把所有简单的步骤组合在一起。这样，非熟练工通过一系列简单操作，就完成了熟练工才会的工作——而且和后者同样可靠、高效。同时，每个人都以最恰当的速度和节奏生产一个部分。新员工就是借助这样的分析拆解展开工作的。一个人事经理这样说："我们使新员工充满自信。"接着，他用图表一步一步显示操作流程，每一个步骤都列出工人必须注意的事项，如温度、速度等。最后，他又在图表中标明执行每一个步骤的原因和目的。

在密歇根州，通用汽车公司有一个零部件分部，负责为英国皇家空军生产投弹瞄准器。外行人总以为流水线是由一堆机械装置组合而成的，然而在那里他们会看到更加意想不到的画面。该分部的主要问题与速度和精确度无关，而是如何在最后装配阶段使几十种高精密仪器协调工作——类似于一个广为人知的儿童游戏，它要求玩家把密封盒子里的小珠推进不同的洞眼。这不仅需要绝对的耐心，而且要求工人完全放松。为了消除紧张，该分部最终完全抛弃了流水线技术，它采纳最先进的物流理念，在同一时间内向流水线上最后阶段的每一个工人提供他们所需的全部零部件。但是，这种做法和传统的传输带不同，它不是为了强迫工人加快速度，而是要工人放慢速度，维持轻松悠闲的步调。流水线上的每一个人都要独自完成一整套操作。只有当工人发出信号后，下一道工序所需的零件才会送到。最后的调试阶段没有任何时间限制——有时只要几分钟就能把零件摆正位置，有时候却要花上几天的时间才能做好。如果最初的几次尝试徒劳无功，那么工人就必须暂时放下手头的工作，休息一会儿或是做些纯机械化的操作。

不可否认，这的确很荒诞，但是它蕴涵着深刻的教义。美英两国的一流工程公司都曾试着以传统的流水线生产方式完成这一工作，但均以失败告终。它们断言，使用现代生产方式根本造不出投弹瞄准器；以传统的流水线技术而言，这个结论显然非常正确。但是，最终的解决方法表明现代生产方式不仅可以用来生产投弹瞄准器，而且只要运用得当——如果我们充分发挥想象力——就能比熟练工匠提高很多倍的速度,而所需的成本却只有后者的几分之一。尽管没有数据为证,但相关的主管仍然相信,如果把这些应付非常事件的方法用来生产某些产品,一定会比传统的流水线生产更加快捷,成本也更低。

另有一个生产电子附件的分部,其经验同样发人深省。这个分部突然接到海军的命令,增加一种急需的产品的产量。该分部一直以来都在生产这种产品,而且,这种产品与和平时期的主要产品非常相似。照理说,应该不存在任何有关设计和生产方式的问题,但是,由于当地劳动力短缺,该分部不得不将生产转移到另一个劳动力充足的城市——尽管那里的工人完全不具备经验和技术,因此,它必须为那些非熟练工重新设计工艺——原来的是为半熟练工设计的。这样的解决方法和第一个例子一样,显然是有针对性的。复杂的技术性工作被拆分为一系列简单操作,由单个工人逐一完成。在设计整套操作的过程中,该分部让每一个工人都要参与生产流程中的每一个设计步骤。它先向工人展示产成品,说明其作用,然后一步步追根溯源,最后到达第一步操作。老厂派出不到50个人指导和管理新招的数千名工人,后者几乎毫无工业生产的经验,但是他们只花了短短几个月,就完成了这些精密产品的生产。新设的临时工厂在速度和成本方面均可与和平时期的生产方式相媲美。我们无法对两者做出确切的比较,但是现有的数据表明新技术吸取了流水线生产的理念,而不拘泥于形式,使得工人能够独立完成一项成品,同时又保持了与旧生产方式一样的效率。而且,在新技术下,工人的满足感、对工作的认同程度以及对产品和工艺的了解都远胜于从前。

战争给我们上的第二课是让我们知道:如果工人从工作中得到的仅限于工资,那么他就不可能开心,也就不可能感到满意。工人可以对其工作与产品产生兴趣。其实，工人都渴望尽可能多地了解自己的工作、产品、工厂和任务。战争期间，工厂的管理者为了提高效率——并非出于人道主义考虑——不得不发挥想象，把工人和他们的产品联系在一起。结果，各个环节的效率和生产力都得到了提高，工人们士气大振，满足感随之上升。

通用汽车公司在密歇根州北部有一个规模较小的分部，战争期间由生产转向齿轮转而生产军用卡宾枪。为此，该分部必须大幅度扩大生产规模，大量雇用对工业生产完全陌生的新人；同时，这项工作还要求工人必须小心细致。管理者定出计划，挑选熟练工组建了一个特殊部门，负责新员工的培训。首先，这个部门会把新员工带到机器旁边，给他们几天时间寻找工业生产的"感觉"，熟悉大工厂的氛围、声音和气味。接着，这个部门会派出一名熟练工，把新员工——大多数是女性——带到射程之外，然后一边分解手枪，一边解释其工作原理，并指出将要由他们生产的部件。随后，他会让工人开上几枪。直接示范能让工人切实了解精确度的重要性。新员工第一次拿到的手枪是严格按照标准生产的，试过枪后他们会得到另一把卡宾枪，在后一把枪中，他自己将要生产的部件不是太大就是太小，这样，他们立刻就能明白这一部件在步枪中的作用。接着，特殊部门的代表和工人一起坐下来，根据时间—动作研究的结果，针对每个人的工作节奏，制定出最有效的生产方法。每一道工序都是为工人量身定做的，考虑了他们各自的身体性能和性格特征。最重要的是，专家们都训练有素，只提供指导、建议和协助，生产程序和计划画成图表。这个工人就不仅知道他每个步骤做什么，而且知道如何去做。这在工人和工人对战争所贡献的努力之间建立了直接的联系。他们在自己制定生产程序与计划的过程中接受了最先进的生产方式。虽然当地的工人把跳槽和缺勤当作家常便饭，但是这两种现象在上述工厂出现的频率仍然低于和平时期。有一点恐怕更加重要：工人制定的生产指标几乎全都高于时间—动作研究得出的标准，很多工人的实际产量还会超过所制订的生产计划的要求。在这一计划的空前成功下，该分部决定即使恢复到和平时期的生产，也绝不放弃这一计划。

在战争的推动下，很多经理发现热爱自己的工作，并引以为豪的工人都是优秀的工人和公民。他们逐渐意识到，过去由于他们缺乏想象力，忽略了工人对工作归属感的需求，更不用说设法满足这一需求。战争早期，军方提议开一架大型轰炸机到通用汽车的一个分部——该分部以福利待遇优厚，培训设施齐全而著称，它为这类轰炸机供应数百种关键的小零件——展出，险些遭到分部经理的拒绝。他认为这样既浪费时间，又吸引不了工人，还不如将时间和精力用于生产。令他惊讶的是，这次展出在工人之间引起了空前的轰动，工人的士气和生产效率得到了不可思议的提高。可是，吸引工人目光的并不是这种轰炸机在战斗中的丰功伟绩，而是机组维护人员对生产过程所表现出来的兴趣。工人们从机组维护人员那里首次了解到他们生产了两年之久的零件究竟是什么，被安装在哪里，又有多大作用。管理者想都没想过要告诉工人这些基本知识，更没想到工人知道这些事情以后，竟会振奋士气，提高生产效率。经过这一事件，该经理得出以下结论：恢复和平时期的生产后，他的首要任务就是仿效这次展出，在工人和他们的产品之间建立一种这样的亲密而愉快的联系。

仅在1944年一年里，通用汽车公司的40万名雇员就提出了11.5万多条书面的改进建议。即使考虑到战争时期的激昂情绪，考虑到不同于和平时期井然有序的生产风格——军用产品的生产总是匆匆上马，变换频繁，这一点有很大的改进余地——建议总量仍是惊人的。此外，我们也不该忘记每一条书面建议的背后，可能都有一条未被记录在案的口头建议，或是另一条某个工人提都未提却不用再提的建议。

同时，在提出的 11.5 万条建议中只有 1/4，即 2.8 万条是可行的，其余的都毫无用处。总的来说，分部经理非常重视工人的建议，他们委派一个由工厂主管组成的委员会认真研究这些建议，并要求后者尽可能采纳它们。工人们并不强求自己的建议被采纳，对他们来说，能想到一个有用的点子就已经足够了。可是，依然有 3/4 的建议不被采用。绝大多数工人仍然缺乏对工厂及其工作的了解，这反映了工厂没有为他们提供足够的学习机会，建议的数量则表明了工人们渴望学习、渴望参与的热情。

从何处入手

通过对战时经验的分析，可以得出三个结论。首先，面临的主要任务是劳资双方都需要激发想象，转换态度。其次，我们最好从工作方法、产品和工厂生活等不会引起争议的纯技术领域入手。最后，我们必须认识到以我们目前的认知尚不足以治本，只能治标。这样的"社会把戏"虽然还不能解决任何问题，却可以为劳资双方提供解决问题的想象空间——他们目前缺乏的正是想象。

我们可以先从几个领域入手，哪怕只是耍耍"小把戏"也无妨。短期内，最有效的途径无疑是创造性地运用大规模生产方式，因为这正可以发挥现代管理最擅长的技术想象，而不是因为这种方法立竿见影。在恢复和平生产的过程中，大多数工厂都重新回到战前使用的传统方法；我们不会要求它们做出别的选择，因为这段时期的首要任务是尽可能提高生产速度，扩大就业人数，而非尝试新事物。而且，对于很多工序——比如，汽车的最后装配——而言，传统的流水线生产方式始终都是最有效的。工业社会的教育使经理们习惯于从单位成本的角度考虑问题，对他们来说，能够带来效率提高的大规模生产方式的创造性运用，比脱离成本因素考虑问题、采取行动更容易被接受。为此，我们需要系统地评估大规模生产方式在战争期间取得的零星乃至偶然的进展，并建立一个健全、连贯的理论体系。聆听工程师和生产主管对大规模生产方式的切身体会——他们中的很多人浑然不觉他们实际上正在从事全新的工作——我越来越迫切地感到为大规模生产技术创建理论的必要性。这一理论或多或少要对弗雷德里克·泰勒的著名研究做出补充，但是它关心的重点应该放在每一个工人而不是每一步操作之上。

工人、产品和工厂之间的关系是我们有望取得积极进展的第二个领域。和平时期，我们应该尽力维持战时生产中工人对产品的认同和兴趣。这种认同和兴趣来自爱国热情和战时生产的魔力。不可否认，同样是生产铰链，生产飞机座舱的铰链绝对比生产汽车车门的铰链更让人兴奋。然而，在工人看来，只要能了解产品及其用途与生产方式，即使是生产普通的门铰链，也很有满足感，很有意义。这不是说我们应该把工人培养成专业工程师或生产主管，但是，这么多工人不知道关于机器运作和大规模生产的原理，那也是不必要的和会削弱现代工厂的士气的。

在这里讨论改善劳资关系的新方法并不合适，而且我也没有这个资格。但是，有一点是毋庸置疑的，新方法必须完全摒弃通常的错误考虑劳资关系的基础，告诉工人他们想知道的内容；其基础必须是倾听来自工人的声音，了解他们真正想知道什么，他们已知的和未知的是什么。为此，大部分无益于技术进步的建议就能派上用场了。因为那些"没有价值"的建议能够透露出很多工人的要求、需要和愿望。提建议的行为本身不仅表明了工人的工作热情，而且显示了他们认同工作还有改进的余地。每一条具体的建议均来自工人的亲身经验，所以与之有关的谈话、演示或工作指导都与工人直接相关，而不像宣传手册、演讲或"教学材料"那样遥不可及。哪怕只是为了这个原因，我们在和平时期也应该不遗余力地继续推行"提建议计划"。

为此，人们已经达成共识。可是，在和平时期真正获得成功的"提建议计划"却屈指可数。主要的障碍有两个：

首先是工头的态度。在"提建议计划"中，我们希望工头的下属们能够出谋划策，改进生产方法。战争期间，大部分的产品和工序都是全新的，这时如果手下的工人比自己懂得多，工头还比较容易接受，因为一开始大家对新产品和新工序都很陌生。然而在和平时期，如果工人提出的建议是工头所没有想到过的，工头一般会心生芥蒂，认为这不啻批评他们的工作效率与能力。这一问题在过去相当严重。当手下的建议被采纳后，工头倘若也能从中获得经济上的利益，或许就能解决这个问题了。

其次更麻烦的是，如果工人知道自己的建议会因为提高生产效率而剥夺其他同事的就业机会，他们就会退缩。战争期间，每一家工厂都面临着劳动力短缺的困境，这一问题也就不那么重要了。即便如此，雇主们仍然发现，当一个工人提出改良建议后，最好对受到影响的工人做一点补偿，否则，即使是在战争条件下，生产效率的改进也会被工人视为对其利益的侵害，从而遭受巨大的压力。正如过去所有的经验所显示的，在和平时期这种压力如此强大，以至于足够阻止任何工人提出改善意见，这显然与充分就业息息相关。但是，即使是经济繁荣时期，在工人一展所长与忠于同伴的愿望之间也总是存在着不可调和的矛盾。理论经济学家坚信长期来说工人必将从技术进步中获益，但是无论他们对工人的这种忠诚有多痛惜，这样的态度始终根深蒂固，而且也还是值得赞扬的。

为了调和这一矛盾，几个工厂着力于消除有效建议对工厂生活产生的威胁。通用汽车公司的一个附件分部20多年来始终推行"提建议计划"，并获得巨大成功。该分部承诺在采取建议后相当长的一段时期内，不会减少雇用人数，也不会提高单位工资的产量指标。这样，行之有效的建议虽然提高了产量，却不会影响就业，甚至还能增加所有人的工资收入——至少在较长的一段时间内是这样。这虽然能将矛盾最小化，但是我们只有把工人对同事的忠诚融入"提建议计划"——也就是说，使工人的建议为全厂带来利润和好处——才能真正解决问题。

苏联的"提建议计划"——大概是苏联在工业化中做得最成功的一点——遵循的正是这一原则。我们不妨认真研究苏联的政策，它规定在实施一个建议后的头12个月中，把由此节省的一半费用用于改善全厂的福利，如解决住房、建设工厂医院或工厂学校等。然而，美国很难采纳苏联的这种做法。不过，我们或许可以用有效建议所节约的资金为全厂工人提供三种保障——慢性病、年老和失业保障——以解现代工人的心头大患。这样的保障基金，工人及其个人生活就不会受到雇主家长式作风的限制；保障基金最好由联合劳资委员会实施监管。慢性病准备金也许应该把工厂目前提供的普通疾病保障和意外伤亡保障排除在外，专门用于那些能使工人完全丧失劳动能力，保险公司又不予投保的严重慢性疾病。上述建议或许根本不切实际，也可能毫无用处，但是它们至少指明了可以从何处入手解决问题。

要让工人积极投入工作，加深对工厂和自身地位的了解，"提建议计划"是我们最容易想到的一种方法，但并非唯一的途径。经验告诉我们，可以让工人参与设计、制订他们自己的工作计划。我们已经列举了几个战时生产的例子，比如那个由生产转向齿轮转而生产卡宾枪的工厂。当然，工人可以并且能够规划的也仅限于他们自己的工作细节。生产计划和工艺设计的主要责任必须掌握在专业人员手中，但是，操作机器的工人可以探究前者给他们制订了什么计划，原因又是什么。而且，工人可以在指导者的带领下，摸索最适合自己的生产速度和节奏。这样，他们不仅能从工作中得到更多的满足感，而且能够站在管理者的立场看待自己的工作。

与此同时，我们也应该想方设法去满足工人对其所在企业的兴趣。在过去10年左右的时间里，管理层已越来越多地认识到工人的这一需要。他们每年都会印发诸如《告雇员书》之类的企业资料，披露他们认为工人可能有兴趣知道的事实。就我所知，大部分报告都难免失败的结果，因为它们纯粹就是无聊的宣传资料，摆出一副降贵纤尊的姿态，仿佛在对工人说"爸爸知道这就是最好的"。管理者应该本着严肃而成熟的态度，告诉工人他们想知道的东西，而不是自己希望工人了解的东西。在任何情况下，问题都应该由工人来提出。

我们必须采取措施，制定政策，让工人了解自己的工作并对之产生归属感，但是这还不够，因为这只能让工人获得短暂的心理满足。只有当感情、知识和理解力在工作中转化为进取心和责任心时，它们才能真正让工人感到满意。离开了积极的投入，短暂的心理满足毫无意义，甚至会酝酿出更强烈的挫败感。企业家长式作风的根本缺陷就在于它没能认识到这一点，同时这一缺陷也是导致其失败的主要原因。为了唤醒工人在工业社会中的公民意识，赋予他们社会地位与职责，我们必须下决心尝试培养他们的进取心、责任心和参与精神。

笔者之所以认为这种尝试至关重要，还有另外一个原因：这是改善劳资关系的最直接途径。凡是曾经以第三者的身份参与解决劳资纠纷的人，一定会发现劳资双方的相互误解是引起争端的一个重要原因。所谓的争议通常只不过是一种表象，问题的真正起因往往是管理者摸不透工人的想法，工人也猜不着管理者的追求目标及其原因。一名睿智的资深劳资关系专家曾经说道："我从不尝试解决表面问题，我总是努力让他们明白为什么对方会在这一点上提出问题。一旦他们能理解对方，他们几乎总能自己把问题解决。"当然，这忽略了常常隐藏在牢骚抱怨和要求加薪之后的工人与管理者之间的权力斗争。但是，他说对了一点：重要的不是问题本身，而是隐藏在问题背后的不满，这种不满往往源自缺乏想象和理解。目前为止我们讨论过的那些措施，如果成功的话，就能让管理者理解他们现在还摸不透的工人的视角，但是，我们也有必要让工人了解管理者的工作和视角。在当今社会，让工人理解管理者可能比让管理者理解工人更加重要。否则，工人既不会尊重，也不会支持管理者的职能。只有当管理者在管理实践中受到尊重和服从，建立在组织基础之上的现代工业才能正常运作。工人若要理解管理者及其职责、问题、基本理念和合理性，最有效的途径就是积极开拓，争取承担更多责任。促进工人对管理者的理解是对工业社会和平的主要贡献。

所以，虽然困难，管理层还是应当尽力让工人参与工厂的社区管理，为自身谋福利。我们不禁怀疑如今的管理者是否一手包办了太多的事情，而没有放手让工人自己去干。这种家长式作风反而会"好心办坏事"。例如，在通用汽车公司的一个分部中，工人们自发组织了红十字会捐款和战时借款的筹集活动。管理层不假思索，就从工人手中接管了活动的各项事宜，并委派人事部的专业人员负责筹款。专业人员的工作无疑更加出色，筹到的资金也远远超过工人所能达到的数目。可是，他们剥夺了工人有所作为的满足感，结果在工厂中引起了强烈的不满。可见，要让管理者理解这类人性问题是一件多么困难的事。工人的不满令分部主管匪夷所思，后者因而将之归结为工人思维偏执的又一明证。

对于意外防范、自助餐厅和保健服务等事务，或是女性工作场所的日间托儿所，即使不能全权交给由工人和工头组成的委员会负责，也必须让工人积极参与它们的管理。工人们都渴望被他人认可，这一愿望正可以借此得到满足——现在他们只能在工会活动中寻求满足感，很多工人也能因此积累管理经验。此外，这还有助于把工厂建设成一个社区，工人们可以在这里找到生活的意义以及自身的社会地位与职责。

工资问题

所有这些建议都只能缓解症状，而不能根治病症。尽管如此，要做出任何一个"社会小把戏"也不是什么容易的事。如果所有这些"小把戏"都能发挥作用，至少也能为寻找治本之法提供依据；除非我们彻底解决劳资关系中的工资问题，拔除这个痛苦与病毒的根源，这一效果才可能达到。

传统观念总是把工资当作"劳资关系"的核心问题。证明这一观点的错误性是本书的目的之一。确切地说，工资问题是一个外生问题。劳资政策并不是工资的决定因素，事实上，工资是由工人的生产效率、产品价格和一定价格下的市场需求等客观经济变量决定的。这意味着，工资大致上可以由客观因素决定，不应该，也不必要成为备受争议的问题。

然而，在现实生活中，工资的确是一个备受争议的问题，由此产生的痛苦和争端从未停息过。事实上也是如此，劳资双方因为工资问题处处对立，这种情况一天不改变，社会行动就一天不会产生积极的效果。举例来说，就在本书出版之前——1945 年——通用汽车公司爆发了一场罢工,结果劳资双方把战时生产带给他们的教训忘得一干二净。工资不是这次罢工的真正原因:虽然工会要求提高 30% 的工资,公司只愿意接受 10% 的增幅,但是双方都极有诚意在此范围内达成共识。工会举行罢工是希望能够参与制定公司的利润率和产品价格,即参与公司管理。可是,如果我们能找到一个客观依据解决工资问题,让人人都心服口服,那么罢工将永远成为过去。

工资率的客观依据只有一个:工人的生产效率。工人的工资只能由他所生产的产品决定;工资是产品单位成本的一部分,通常情况下也是单位成本的最大组成部分,它必须从产品的单价中获得偿付。没有生产率提高作为基础的工资增长带有欺骗性,会损害工人自己的利益。它可能通过缩小产品市场直接危害工人,也可能损害消费者的利益,即强迫其他公司的工人接受上涨的产品价格。所以,生产效率是决定工资的唯一基础,也是合理的、可行的唯一基础。

建立一个以生产效率为基础的客观工资体系绝非易事。除了找不到可靠的数据外,我们还面临一大难题:如何在工人和消费者之间分配由效率提高带来的好处,也就是如何在增加工资和降低价格之间分配由效率带来的好处。归根结底,这要看工人是偏向于增加工作,还是偏向于扩大就业和提高工作稳定性。因此,只要获得产品的需求弹性和竞争性价格地位等客观数据,这一问题就能迎刃而解。我们欣喜地看到一些高度负责的工会领袖,如钢铁工人工会的哈罗德·拉坦博格,近来已经表示愿意接受以此为基础的工资体系。

更棘手的问题是:如何在工资和利润之间分配由效率提高带来的好处?毕竟在通常情况下,生产效率的提高只应归功于管理者的努力,所以利润理当成为主要的一方。同时，公司的管理者和所有人不仅为公司劳心劳力，而且承担了资本风险，他们的付出也应该得到回报。因此，资方至少应该得到由公司效率高出行业平均效率所产生的超额利润。但是，他们应得的其实远不止这些。不过，现代工业的利润比起工资总额来简直微不足道，所以工人们对此漠不关心，在他们看来，净利润只是一种宣传手段。

生产效率的客观依据是与"集体谈判"相抵触的。但是，"集体谈判"显然未能实现其拥护者的预期目标——工业和平。集体谈判，即两个实力相当的群体之间的谈判，当然比一边倒的独裁来得公平。所以说，虽然实力优势基本上已经从资方转移到了劳方，现有的法律优于从前，但是，除非势均力敌的双方在原则上达成一致，否则他们的谈判不但实现不了和平与协调反而难免遭受挫折，陷入僵局，导致相互攻击与怨恨——现实正是如此。相形之下，战时政策的成功真是不可思议。战时劳动委员会只是一个临时机构，而把"小钢铁公式"（Little Steel Formula）作为决定工资的依据也未免太荒谬、太武断了。但是，就因为"小钢铁公式"为工资决策提供了一个客观依据，使得战时的劳资政策大获成功。

年薪

与确立基于生产效率的工资依据同样重要的，也更容易做到的，是消除劳资双方对"工资概念"的分歧。

在管理者看来，工资是他们为每一单位的产品付给工人的报酬，它必然是单位成本的组成部分。因为工厂出售的、消费者购买的都是一件件的产品，工厂出售的不是"产量"，而是一盒盒的火柴、一张张的床垫或一辆辆的汽车，所以，对管理者来说，工资——唯一重要的工资——就是计时工资或计件工资。

但是，在工人看来，工资是他们在一周结束时，或是一年之中得到的货币总值。工资是工人家庭收入的来源，用于支付实物、房租、服装和教育等开支，所有这些开支都是永久性支出。工人关心的不是工资比率——每工作一个小时或生产一件产品可以赚多少钱——而是工资收入。由此可见，劳资双方谈论的工资是完全不同的两回事。大量劳资纠纷的焦点看似是计时或计件工资比率，实则为工资收入。

如果说现今的工人——几乎没有例外——无法理解工资和生产效率之间的关系，那么同样，管理者总体上也没有理解工资是家庭的收入来源。管理者没有意识到，对工人而言，工资收入远比工资比率重要得多，只有当工人的工资收入得到保障后，他们才愿意切实解决基于生产效率的工资比率的问题。

无论在资本主义社会，还是社会主义社会，管理者都坚信工资率是单位成本的一个组成部分。事实上，我们不用放弃这一原则，也可能比较顺利地解决上述矛盾。马上找到解决方法可能是今天的美国企业管理者的最大兴趣所在，否则，过不了几年，政府就会不顾工业生产的需要，在企业中强制推行年薪制度。

一个成功的工资保障计划不应该，也不可能把所有的工人都包括在内。但是，如果把保障的范围缩小为资历较深的员工——他们通常有家室，年纪较长，迫切希望预先知道收入的数目——工人们将皆大欢喜。除了极少数公司以外，连续服务时间超过 4～5 年的工人一般都不会超过企业在经济萧条时期愿意雇用的人数。此外，公司不必，也不可能为工人提供一年 52 周的有工资保障的工作。如果工人知道在他们遭受天灾人祸时，仍然可以得到

2/3 的年薪，他们就能有所准备。假设有 2/3 的工人受到必要的保障——比较宽松的假设——那么为工人提供 2/3 的工资保障，需要的资金还不到正常劳动成本的一半。即使在 1932 年的大萧条时期，大多数行业的保障比例也都超过了这一数字。

工资保障计划给拥有多家工厂的公司造成了很大的困扰：它们在经济萧条时期为了维持效率，降低成本，通常会关闭一家或几家工厂，由剩余的工厂集中进行生产。另外，在计算工厂超出保障范围以外的工资，以及调整季节性波动时，也有不少麻烦。在经济严重萧条时期，一些企业将无力维持这一计划。因此，每一个工资保障计划都必须加入免责条款，规定当产品订单下降到一定水平后——比如，正常时期的 50%——公司就有权停止保障工资的支付。但是，我们必须为劳资双方架设一座桥梁，帮助他们跨越作为单位成本一部分的"工资"和作为家庭收入来源的"工资"之间的认识鸿沟，否则，工资问题将永远横亘在两者之间。只有当工资不再成为混乱的源头，我们才有望解决工业社会的根本问题。

结论

我们可以十分肯定地说，集权主义——不管是国家社会主义，还是国家资本主义——无法解决工业社会的基本政治问题。事实上，无论从哪个角度看，这两者都没有什么关系。机会的均等化，或是工人、工头的成就感绝不会因为企业被国家所有、被国家管理就得到实现。我们要解决的不是所有权的问题，也不是政治控制的问题，而是现代技术下的社会组织问题。没有任何迹象表明，国有、国营经济的特点和社会秩序有助于更迅速、更妥善地解决现代工业社会的关键问题。

所有集权主义国家的实际发展历程都清楚地证明了这一点。集权主义在每个地方都会承诺赋予其社会成员公民意识。但是，它的承诺从来也没有兑现过。这一失败迫使集权主义尝试在企业之外寻求它们关于公民意识的承诺。纳粹分子把整个社会建成了一个非经济性的军营。这些经验清晰地揭示了一个道理：试图通过集权主义的方法解决现代工业社会的基本政治问题并不可靠，因为军营式的社会或是由战争引发的爱国热情生来就不稳定，它们甚至可能阻碍我们寻求真正的解决之道。

通过分析，我们最后得出结论：在工业社会中实现机会均等以及唤醒工人的公民意识符合大公司的根本利益。

关于工头的问题，我们没有必要做进一步的阐述。一方面，工头处在管理的一线，任何事情只要能提高他们的实力，增加他们对工作的满足感，加强他们的责任感，就能同时巩固管理层的力量。另一方面，工头构成了大公司未来主管的最大的储备力量。出于对切身利益的考虑，大公司显然必须充分利用这一人才储备，也就是说，应该尽力为工头创造最大化的机会。

工人的情况也是一样。总的来说，任何旨在挖掘工人潜力，推动其积极性的公司政策都将带来工作效率和生产力的提高。把有能力、有抱负的工人提拔为管理者，或是像"提建议计划"那样鼓励工人群策群力提高生产和组织效率，也将显著壮大公司的声威。作为重要的事实，任何其他政策都将给公司带来损害。公司对主管人员的需求与日俱增，他们面临的技术和效率竞争也日趋激烈。如果工人，就是说90%的公司员工，吝于付出他们的智慧、想象力和主动性，其结果不是任何一个公司可以承担的。同样，公司也不可能为拥有大学文凭的极少数群体保留其全部主管职位，拥有学历的优秀人才显然不足以满足公司的这一需求。如果技术进步被一小部分专业人员——如工艺工程师——垄断，那也不符合公司的利益。领导层内必须有专家的位置，但是，如果工人能够把技术进步当作自己的事来看待，那么公司的强大就更有希望。没有人会怀疑，对工作心满意足，对产品和工厂拥有归属感的工人比一般人更出色、更能干、更高效，当然也更合作。

有人建议通过工厂内的社区管理，从中积累管理经验，但是这又引发了另一个问题。一些工会，尤其是联合汽车工会，曾经要求接管工厂的经营管理，这令企业主管大惊失色。至今，他们仍害怕工人一旦参与了工厂管理，就会谋权篡位。

毋庸置疑，工会的这种企图已经严重威胁到工业社会的正常运作。如果管理层四分五裂，各为其主，各行其是，缺乏统一的成功标准，工业体制将趋于瘫痪。所以，为了工人的利益着想，他们可能不要参与工厂管理。工厂的管理权应该交到专业管理人员的手中，后者对企业，而不是对工会或政府负责。但是，没有人会反对工人参与社区管理——最好不要交给各为其主的工会官员来负责。每家工厂都有不少社区工作要做，比起产品生产，这些工作显得微不足道。为了确保工人正确行使其管理权，公司多少应该让他们了解一些管理者的职能、动机和问题。这种认知是自由企业制度赖以存在的基础，也是现在最欠缺的东西。

当公司成功地唤醒工人的公民意识后，它所能获得的收益就不是金钱可以衡量的，也不是成本会计能够计算的。但是，这种收益确实是看得清，也摸得着。战争给予美国人民的最大财富或许在于，它让企业的管理层意识到，公司不仅仅是一种经济工具，更是一种社会机构。

现代大型公司是美国社会的代表性机构。它首先是一个机构，是一个人的组织，而不是一堆死气沉沉的机器；它建立在一套有序的制度之上，而不是只会耍耍把戏而已；作为消费者、工人、储蓄者和公民，它的繁荣和我们每一个人都息息相关，这些都是我们必须理解的重要命题。我们的当务之急是要创造条件，促进这一新兴的社会机构有效运作，扩大生产，发挥其经济和社会潜能，解决它所面临的经济和社会问题，这同时也是对我们最艰巨的挑战。

第4章 CHAPTER 4
工业社会的经济政策

1 "规模庞大的祸因"
2 生产是为了"有用",还是为了"盈利"
3 充分就业可能达到吗

1 "规模庞大的祸因"

我们可以从几个方面来定义公司与社会之间的关系。从法律上讲,我们可以说公司是国家的产物,为了社会的利益而被赋予了合法的存在及合法的权力与特权。我们也可以借用政治分析家的术语,把公司说成是必须实现基本社会目标、有组织社会的机构。或从经济角度讲,公司是一个组织工业资源进行有效生产的单位。无论用何术语,大公司都是社会的工具和器官。因此,社会必须要求公司能履行特殊的经济功能,这些是其存在的理由。这是个至高无上、不容置疑的要求,就像公司必须满足自身的运作和生存需要一样。

这两个绝对要求是如何相互联系的?一个是公司运行术语中对效率的要

求，一个是社会的运转、稳定和繁荣的术语中对效率的要求，两者之间是相互冲突，还是相互协调的？无疑，只有当这两个方面的要求能在同一项经济政策下得到满足，自由企业社会的运行才能得以继续。如果满足这两个方面要求的经济政策总是相互冲突，破坏性的摩擦将长久存在。

总的来说，我们可以从三个方面讨论它们相互依存的关系。

首先，社会稳定的要求与大公司的结构性要求之间有何联系？决定内部政策的公司的生存目标，与社会利益是相互符合，还是背道而驰？为了生存，公司又会采取哪些具体的政策？本章将分析公司政策对社会稳定性的影响，这属于垄断的问题和规模"庞大"的社会效果问题。

其次，在公司的准则、机构效率的尺度、盈利与社会的经济效率标准、以最低成本进行最大化生产之间的关系。"为盈利而生产"与"为有用而生产"是否相互冲突？把盈利性作为经济行为的准则，把盈利动机作为一种刺激是否妥当？

最后，以盈利为动机，受竞争市场约束的自由企业制度，基于不受政治因素左右的公司的经济，能否满足社会稳步扩大就业的需求？从政治上说，这是当今最重要的问题。

社会利害关系

无论持有何种社会信仰，现代工业社会都必须把大型企业作为其基本的经济单位。任何有利于这些经济单位的稳定、生存和效率的因素，都将直接提高社会的稳定和效率。

总体上，这一点可谓显而易见，无须赘言。现代公司的领导问题对于它本身和社会的影响同样重要。公司在发现并发展组织内部的潜力和能力方面取得的任何进展都将带来生产效率的提高，从而直接造福于社会。公司能否培育一个认真负责、训练有素、经得起考验的高级管理层，能否维持它的连续性，对于社会而言同样非同小可。如果一个公司缺乏充足、可靠的大企业管理人员，社会因此遭受的损失将不下于公司本身。一个大型公司的衰落或瓦解将危及整个社会的经济稳定。一个任意、随意的职位继任体制则蕴含着更大的危险。事实上，我们可以期望社会要求所有大型企业建立一套合理的雇用和考核高层管理人员的制度，正如分权制度所提供的那样。如今，少数超大公司还完全依赖于一个人——老年人——的领导，一旦此人去世，没有人能取而代之，以阻止公司在顷刻间走向衰落或崩溃。这类公司的存在严重威胁着美国的社会和经济稳定。

一个明确、细致规划的公司政策可以把社会利益同公司的自身利益协调起来。如果公司没有清晰的政策和明确的决策功能，其活动和行为将变得无法预测，这必然会把不安定因素引入经济生活，进而直接威胁到社会稳定。可预知的定价政策、雇用和人事政策及商业实践对社会至关重要，这些只能来自于管理者的决策制定。

社会比公司本身更加需要衡量公司决策和行动成败与否的客观标准。如果没有这些客观标准，错误一旦发生而未加纠正，就将愈演愈烈，并最终危害到经济发展和充分就业；失去了这些客观标准，我们将无法客观地判断效率，并进行价值分配。在经济和政治生活中，没有什么比依靠政治偏好和个人决策来进行价值分配更具破坏性的了。那样的话，管理将依附于派系斗争和个人欲望，不再以提高生产效率为目的。

那么，公司及其组织的存续对社会又有什么影响呢？对此，我们也必须说上几句。如今，我们已经意识到了这种影响，但是我们的认识时间还很短。过去，人们总是认为公司的存续对社会没有丝毫影响，任何企图永远维系公司生存与统一的政策都会削弱整体上的经济效率。

这一传统观点是古典经济学前工业化思想的产物。古典经济学认为，个体商人为了自身利益而展开的日常经营构成了典型的经济行为；李嘉图常常把股票市场上的投机者用来举例。显然，个体经营唯有在最精致的经济机构，即现代市场中才能发挥作用。但是，古典经济学家假设市场是"天生的"，他们不仅忽视了经济运行中组织的重要性，还因此断定任何企图维系经济组织的努力都是与经济效率背道而驰的。

在一个以工业生产为基础的经济中，生产资源的组织不仅是个先决条件，这种组织本身也构成了一种核心资源。传统经济学认为，生产的实现必须结合三种要素：劳动力、原材料和资本设备。但是，最简单的工业操作也还要求第四种要素：有管理的组织。这第四种要素是现代大规模生产中最重要的，同时也是唯一不能被替代的要素。我们可以用一种原材料代替另一种，也可以用手工劳动来代替机器生产，反之亦然；但是，组织是无可替代的。在现代工业条件下，为了社会的利益着想，我们必须小心翼翼地保护这一资源。经济上，我们可以称之为"持续经营的实体"，其价值比各部分之和多得多。我们也可以使用社会术语，以强调"人的组织"绝非一时兴起的产物。事实上，维系生产性单位的存续与统一对于社会而言，意义高于一切。

这并不表示，每一家大公司的存续都符合社会利益。毋庸置疑，可能存在，毫无疑问确实存在很多效率低下、组织松散的公司。其中，有些公司是合并数家高效率单位而成立的——虽然社会需要的是后者的存续，而不是现有的公司结构。然而，这正是《公共事业控股公司法》的起草者竭力争取的结果，他们指出：经济实体，即生产性公司为了自身的循序和有效运作，必须摆脱对社会和经济意义上的非生产性单位——控股公司的依赖。

也许，当一家公司隶属于另一家公司时，也能维持较高的生产效率。在名义上和法律上，这是一家独立的公司，可是在社会现实中，它只是一个分支机构。许多独立的公司在一起组成了一个新的生产性单位，这时，社会关心的只是公司联合体的整体性，而不是单个独立公司的整体性。举例来说，有一家在法律上和财务上均保持独立的铁路公司，将自己的铁轨租给了另一家铁路公司，并且与后者共同组建了一个统一的公司联合体。在重组过程中，原独立的组织的法律权力一般应服从统一联合体存续和运作的需要。但是，公司的存续对它本身和社会的意义并不会因此而产生任何冲突；因为作为统一的生产性单位，公司自身的生存需要与社会对它的存续要求是一致的。

可以这么说，从现代工业的诞生开始，我们就致力于借助经济政策，维持公司作为生产性单位的独立性和完整性，至少有一种关于经济政策的精辟分析是这样解释传统货币政策的。⊖ 人们虽然能理解公司的生存需求与其社会意义的一致性，但是直到大萧条期间，他们才真切地感受到了这一点。人们往往认为采纳结束公司的政策是出于对政治压力的屈服，而不是出于对社会利益的考虑。自 1929 年以来，我们认识到，没有一个社会能够抛弃其基本的生产单位——对美国而言，就是大型公司；我们必须帮助它们抵御国际、国内经济力量的竞争。在很大程度上，这正是新货币政策的意义所在。新货币政策把国内组织隔离在国际经济的波动之外，以确保它们在全球性通货紧缩中能够保持完整。大萧条爆发初期，各工业国分别颁布了补贴政

⊖ 《巨变》，卡尔·波拉尼，纽约，1944 年。

策——美国则成立了复兴金融公司——所有工业国家都彻底修改了破产法，其目的也是一样的。

至此，我们重新认识了公司的存续与完整性对于有组织的社会的意义；然而，这种认识又为经济和政治组织带来了新的难题。新的认知既不符合国际货币组织原有的宗旨，也不符合国际贸易的传统观念，甚至可以这样说，我们过分强调了公司生存对于公司社会的利益，以至于牺牲了与之同样重要的其他社会利益。不过，这不属于我们的讨论范围。本书的主旨在于，阐明公司的存续对它本身和社会的利益最好能够达成一致——这一点相当重要。

垄断是否符合公司利益

关于公司存续与稳定对于社会的重要性的讨论立即就引出了垄断的问题。传统上，垄断地位被视为维系公司生存的最佳保证；事实上，19世纪的垄断理论明确表示任何企业都会在自我利益的驱使下追求垄断地位。但是，顾名思义，垄断是反社会的，其目的是以社会利益为代价去满足垄断者的利益，使垄断者能够以最高的价格生产数量更少的商品。

人们做了许多努力，尤其是在过去的20年里，试图证明垄断有利于社会。其中，影响最深、最广的莫过于新政第一年颁布的《民族复兴法》，该法为了维护社会稳定，强制美国所有的工业企业转变为垄断企业。如今，一些英国的行业协会，如著名的英国钢铁联合会，以及大西洋两岸的许多工会都在激烈地争论着这个问题。

因此，我们完全可以断言，一个垄断的企业或行业总会损害社会稳定和经济效率。垄断的这种影响力是与生俱来的。因为绝对的权力往往意味着权力的滥用。无论是《民族复兴法》要求大企业实行的垄断，还是威廉·贝弗里奇建议英国工会推行的垄断，"开明垄断"只能是一个神话。最后，"自然"垄断是指由生产和分配过程的性质决定的、不可避免的垄断，比如某一区域的电力供应商或某一国的中央银行就属于"自然"垄断的范畴。自然垄断的行业或企业必须接受消费者代表的监管控制。

事实上，典型的垄断是指由一家厂商或一种产品统治了市场，它的出现既不频繁，也不那么骇人听闻。在亚当·斯密及其信徒所发展的垄断理论中，几乎每种产品都是不可替代的，因此，只要控制了一种产品或商品市场，就能实现绝对垄断；在发达经济中，原材料之间和越来越多的产成品之间都存在着广泛的可替代性。像汽车市场那样的产成品之间的竞争就是一个很好的例子，即使只有一家汽车制造商，市场依然充满竞争，因为每一辆旧车都可以是新车的有力竞争对手，而没有一个汽车生产商能够控制二手车市场。

因此，随着替代品的出现和新产品的开发，一种商品对市场的垄断控制很快就会打破。唯一的例外是消费量巨大的廉价商品，如火柴或特许药品，因为消费者用在这些商品上的支出微不足道，他们甚至感受不到垄断造成的影响。瑞典的"火柴大王"伊法尔·克鲁杰，在不降低价格的情况下，将每盒火柴的数量从50根减少到45根，从中赚取了10%的垄断利润。没有人注意到这点，当然也没有消费者因此减少火柴的消费量或者寻找另一个数量充足的火柴品牌。

过去，垄断建立在对市场的直接控制之上；相形之下，现在的垄断越来越多地依赖于对要素获取的控制。比如，欧洲风格的卡特尔垄断的是资本渠道；专利联营控制的是管理知识与技巧；工会的限产超雇和管理制度则是通过对劳动力的控制，垄断一项工艺或过时的技术；在商品领域，利益集团借助它们对政府的影响力实现垄断，如棉花和白银市场的囤积居奇。新兴的垄断形式不会像旧式垄断那样弄巧成拙，它们建立在对生产商的控制之上，因此不会像旧式垄断那样遭受消费者市场行为的打击；同时，它们往往还能得到政治支持和法律保护，如工会规则或专利联营。

最终，我们不得不承认，一个经济部门的垄断行为将不可避免地引发其他部门的连锁垄断。工会的垄断行为能迫使资方采取垄断，反之亦然。政府行政机构的管理垄断也会迫使经济领域垄断单位的成立，其他领域也可依此类推。

垄断，无论是商业垄断，还是劳动力的垄断，都是反社会的；毋庸置疑，现代经济生活中存在着走向垄断的趋势。垄断是一个重要的经济政策问题，而不只是理论上的突发情况。但是，传统的垄断理论从这些事实中得出的结论却是错误的：它认为垄断最大化地满足了商业利益，因此，在社会利益和商业企业的生存利益之间存在着与生俱来的冲突。垄断并不是商业企业实现其最大化利益的必要条件。事实上，它也不符合现代大规模生产工业的需求。

19世纪垄断理论的要义在于：最长时期内的最大化利润不可能由最低价格下的最大化产量——有效生产的社会准则——来实现，而只能由其反面，即垄断政策来实现。倘若现实果真如此，工业社会将不复存在，至少将面目全非，不再是一个由独立、自治的公司组成的社会。如果独立企业要实现自身利益的最大化，就必须争取垄断地位，那么反垄断法出台的希望将变得十分渺茫，因为没有一个机构会接受违反其基本生产需求和目标的法律制度。另一方面，我们也不允许商业企业走向垄断，因为这会否定社会的基本要求和需要。只有当社会进入工业社会后，自由企业经济才能实现，除此之外，古典的垄断理论得不出任何其他结论。

垄断理论至今仍然得到广泛的认同，甚至被奉为真理，它建立在这样一个假设——适用于18世纪——之上：供给是有限的，而需求总是无限的。根据这个假设，垄断行为总是可以获得最大化的利润。但是在现代工业条件下，有限的不是供给而是需求；在大规模生产的条件下，供给就其定义而言，实际上是没有极限的。缩减产量和人为维持高价格，都不能帮助生产者实现利润最大化。相反，在现代技术条件下，我们能够以最低的成本实现生产最大化，从而实现利润最大化。亨利·福特最早认识到了这一点，这同时也是他最重要的成就和最根本的贡献。大规模生产过程的精髓与垄断理论所依赖的条件大相径庭。这一全新的假设将导致一场名副其实的经济革命。与所有的革命一样，由此产生的问题和因此得到解决的问题一样多；当供给弹性大于需求弹性后，大规模失业的威胁便应运而生。但是就垄断而言，新技术能够调和社会目标与公司目标之间的冲突。因为在采取大规模生产的现代工业中，垄断行为（人为地缩减产量，以维持产品的虚高价格）既不经济，又无利可图。相反，在最低的成本下进行最大化生产才是最有利可图的，同时也是最有利于社会利益的。

在现代大规模生产的条件下，盈利能力最大化取决于效率最大化。在一个垄断行业中，作为效率尺度的竞争性市场被消除；就像我们在上一章所讨论的失去了市场依据，运行效率的客观评判非常薄弱，甚至完全不起作用。换言之，在现代大规模生产的条件下，一个行业只有服从于竞争市场的检验——正是垄断所扼杀的——投入其中的资本才能实现利润率最大化。

20世纪20年代，当通用汽车公司开始快速扩张时，它的高级主管认为，从自身的最佳利益出发，公司不应该以完全控制汽车市场为目标，而应维持较低的市场份额，使强大、健康的竞争对手得以生存——这与慈善或政治因素毫无关系，而是为了提高公司的效率和盈利能力。很明显，激烈竞争中公司的利益与把市场控制能力的稳步增长作为衡量自身成功的方式之间存在着此消彼长的关系。换句话说，也许存在一个临界点，当公司太过成功时反而有害于自身的利益。然而，这完全违背了19世纪的理论，后者否认这一临界点的存在。根据这个理论，在一个商业企业即将违背社会效益时，正是其盈利能力最强的时刻。事实上，企业最有利于社会利益的那一点恰巧也是它达到最大盈利能力的那一点。在现代大规模生产条件下，公司的盈利能力与社会生产最大化之间不存在冲突。

在政治或学术讨论中，人们仍未从整体上理解大规模生产技术使垄断的性质发生了怎样翻天覆地的变化。这从瑟曼·阿诺德先生《商业瓶颈》中可见一斑，该书试图用传统的垄断观念解释经历了巨变的现实情况，结果这位杰出的作者使自己陷入了一个又一个的矛盾之中。但是，公众作为一个整体已经明显地感受到，与四五十年前不同，垄断不再是经济政策的主要问题了。想一想西奥多·罗斯福的"反托拉斯"行动曾引发了多么狂热的浪潮，再比较一下人们在几年前的反垄断运动中，对"耸人听闻的事实"和精彩的闹剧所表现出来的冷漠，一切就很清楚了。

垄断理论所依赖的假设与现代工业生产的真实情况相去甚远，这恰恰揭示了另一个重要事实。古典的垄断理论，和所有古典经济学理论一样，都忽略了时间因素。其经济行为的模型使股票市场中的掮客在进行一项交易的同时几乎立即就完成了这项交易。因此，在传统理论中，任何企图控制波动和经济变化的努力都具有同样的限制性和垄断性。但是在现实工业社会中，经济活动总要维持一段相当长的时间，事实上，7～15 年的商业周期构成了工业活动的时间单位。从经济意义上讲，企业在这段时间内实现的平均利润或损失，相当于掮客在股票市场中完成交易时所产生的利润或损失。在一定程度上，这取决于当今开发一种新产品或新工艺所需的时间长度，但主要还是因为现代工业生产要求庞大的固定资本投入。股票掮客每完成一笔交易，其资本在他们"停止入账"的那一刹那就得到了释放；工业资本则必须停留在投资项目中，唯有经历一个商业周期的长期生产才能得到偿付。

因此，在现代工业经济中，我们必须明确区分两种行为：平息周期波动的约束性行为，如限制产量或长期使用无效生产方式；过时设备的约束性行为。后者才是真正的垄断，因此是真正反社会性的。但是，前者确实有利于提高生产效率，也是符合社会利益的；它在商业周期中使用了更多的劳动力和生产能力，从而同时提高了绝对产量和每一单位成本的产量。

要在这两种不同的约束性行为之间划清界限，不是轻而易举的事，也不存在任何约定俗成的公式。每一个在经济变革中受损的人都确信自己是这一偶然的、短暂的力量的受害者，为了社会利益考虑，他应当受到保护；但是，在变革中受益的人则恰恰相反，他们认为这种变革符合社会的最佳利益。为此，人们做出了很多尝试。举例来说，美国最高法院曾把垄断分为"好的"和"坏的"两种。可是，我们依然没有一个明确、可靠的分析原则。重要的是，我们已经意识到，这两种表面上极为相似的经济行为其实有着根本的区别，否则，垄断力量的滥用总是能以社会稳定和生产效率为名得到保护。由于未能区分两者，我们把工会排除在反托拉斯法调节的范围之外，结果我们无法区分工会保护工人免受经济变革之灾的行为是否合法，因而宽恕了一些对经济垄断力量的严重滥用；由于未能区分规范性行为和约束性行为，我们没有采取连贯、可行的反垄断政策，来保护商业企业和社会的利益。

规模的庞大——是资产，还是债务

30年前，布兰德斯法官提出"规模庞大的祸因"这一口号，他坚信"庞大"的机构不仅具有社会毁灭性，而且在经济上和技术上也不具备存在的合理性。他将其产生的原因归结为人们贪恋或向往"巨头"所蕴含的权力。

的确，不被约束的个人野心是导致大机构产生的原因之一。由此产生的庞大机构是反社会的，也是不合理的——如布兰德斯法官所言。当然，这种情况并不局限于商业领域，布兰德斯法官在晚年时期清楚地认识到，不仅商业领域能诞生极少数的"小拿破仑"，工会或政府里也同样有可能产生"小拿破仑"这样的人。我们甚至可以这样说，在自由企业制度下，这些人最不可能进入商业领域，因为这个领域拥有其他领域不曾拥有的竞争制动系统。但在紧急关头，例如战争中，大"巨头"将大量涌现，因为那时人们特别看重组织能力和驱动力——这些正是大机构在经济和技术上所具有的存在必要性。因此，今天我们的社会才会有这么多摇摇欲坠的私人帝国，它们都逃不过"庞大的咒语"。这些私人帝国或是属于战时生产中涌现的"奇才"，或是工会领袖的王国，或是政府部门过度膨胀的产物，把这些庞然大物压缩到正常的规模将会是一个痛苦的过程。

然而，规模庞大的真正问题在其他的方面：在于现代工业体系中，规模庞大在经济和技术上所具有的存在的必要性。布兰德斯法官坚持认为规模庞大在经济上是无效的。但是，我们知道，在现代工业生产中，尤其是在大规模生产中，小型生产单位不仅效率低下，而且可能根本无法生产。当然，公司的规模存在着一个上限，超过该上限，公司的效率就会下降。但是，下限也的确存在，而且，在大部分现代工业中，下限还相当高。有趣的是，亨利·福特在赞助小型"农村企业"时，是布兰德斯法官最忠实的追随者，但是他所拥有的位于里弗鲁日的工厂正是国内规模最大、集中程度最高的生产单位——许多观察家都认为它的规模绝对超出了最有效的规模。

因此，我们现在处于这样一种境地：那种属于一体化大型公司而非"巨头"或"老板"的"庞大"，在经济上不仅是必要的，而且是高效的。所以，从经济的角度看，规模庞大在社会范围内具有较高的生产力。但是，这能推论到社会稳定和社会职能方面吗？或者说，有效生产的要求与社会稳定、社会福利的要求之间是否存在冲突？

毫无疑问，规模太大会产生问题，笔者在第2章中已经花大量笔墨讨论过这些问题。我们始终认为，问题的根源在于大型企业不能自动产生保障和控制机制，这在小企业经济中却能迎刃而解。然而，我们也指出克服这些障碍对于公司和社会的意义同样不可小觑。集权体制和官僚统治不能实现利润最大化。相反，公司为了维系自身的存续，必须谨防僵化的官僚主义作风，摒弃头重脚轻的集权集中体制，以及避免领导人才储备的枯竭。采用分权政策后，大公司就有办法克服规模庞大的职能缺陷——提供竞争市场的外部检验机制。总而言之，在大公司的经济效用和社会效用之间并不存在不可避免的冲突，只要大公司拥有明确的政策和组织结构，它就能获得小企业的一切优势，同时又不会丧失大公司原有的任何优势。

有一点常常被我们忽略："庞大"的优势不仅限于生产效率，它还拥有巨大的社会优势，它不仅能使大公司降低成本，提高生产效率，而且有利于社会稳定。这些优势仅属于大企业，小企业无论采取何种组织体制，都无法获得这些优势。

在通用汽车公司的职能工作组中，有专门的组织负责协调公司的各个生产单位，使它们以比在单独生产时更低的成本和更高的效率进行生产。这一点在研究实验室上表现得尤其明显。按照各个分部在通用汽车公司中所占的比例，即使每个分部建立一个相当于这一比例的两三倍的研究机构，其研究成果——反映为新产品和新的低成本的生产方法——也会比一个大型研究实验室的效果差很多倍。只有极少数分部能够雇到像中央实验室那样的高水准人才；而且，一个实验室的有效在很大程度上取决于它是否能把一大群教育水平、生活背景和工作方式各不相同的人融合在一起，协调工作。同样的道理也适用于那些较少的公共服务，如负责工程、制造、销售和公共关系的工作——更不用说一个集中会计系统的运用，集中的金融服务或是法律事务的集中处理可以节省多少时间和金钱。哪怕再小的单位，比如一些极小的分部，职能工作组也会向它们提供最先进、最有效和成本最低的工程与制造方法、最先进的研究成果，以及有关大规模生产领域的最全面的知识。

"庞大"的另一个重要优势在于：它能使商业企业拥有自己的政策和决策机构。这一决策机构能远离日常琐碎事务的困扰，从长远考虑问题，兼顾组织与社会的关系。大公司若能与其产品零售商维持良好的关系，整个社会当然能直接从中受益。正如我们看到的那样，汽车生产商需要一个强大而健全的经销商组织和一个同样强大而健全的二手车市场，它们的长期利益与小企业的社会利益并不冲突，但是，要求实现新车销售最大化的大公司的短期利益和小企业的社会利益之间却存在着潜在的矛盾。对于普通的中小型企业而言，其最高领导层往往很难同时兼顾短期与长期的发展，很难对长期发展问题充分关注并建立满足公司长期利益和有利于小型企业人员的政策。一个小型汽车公司的总裁可能必须把全部的时间和精力用来解决眼前的问题，因而忽略了公司的长期利益和社会的利益。而在通用汽车公司，最高领导层由于获得了超脱的地位，所以能协调好长短期利益之间的关系。由各分部管理层负责解决眼前的问题，由核心管理层着眼长远，这样，通用汽车公司就能够像人们期望的那样，制定出符合公司长期利益——当然还有社会长期利益——的政策，同时又能在公司内建立起直接反映这两种利益的机构。

这引申出第二个观点：由于大型企业能将其短期收益从属于长期政策，所以"庞大"也有利于社会稳定。这可以反映在产品定价、商品销售和材料采购等方面。同样也适用于雇用政策；以通用汽车公司为例，它实施了一项工头雇用计划，以确保管理人员在萧条时期的就业。从长期利益考虑，在萧条时期仍然雇用多余的工头可以保持技术队伍的完整性，但是一个小企业却很难承受由此增加的即期成本。

最后，"规模庞大"的机构——如果建立在分权体系之上——比小企业更容易发掘、培养和提拔有能力的员工。如果小企业有计划地在组织内部挖掘人才，并培养他们的领导能力，那么它很快就会发现潜在的领导者超出了它有能力雇用的范围。倘若出现这种情况，受过培训的人要么离开组织，要么是焦灼而痛苦地等待他们的上级死亡或退休。不管哪种情况，该企业都会很快放弃其领导发展计划。通用汽车公司因其规模"庞大"，可以建立一个人才后备库，却又不用担心因此造成训练过度或人员剩余。在这么大的一个组织中，一名受过培训的员工总能找到一个位置。即使培养他的分部没有空缺，其他地方也迟早会出现空缺；他可能被派往纽约或底特律的中央办公室，也可能被调往海外机构等。无论如何，他不会被公司抛弃，也不会在等待中失去活力。在这样的大型组织中,管理层自然而然地承担起培养下属领导能力的职责,同时又没有普遍存在于小企业管理层的恐惧:培养一个能干的下属意味着促使自己失业。

所有这些优势都只能在一个采取分权体系的大企业中获得。可见,分权体制是把"规模庞大"由社会负担转化为社会财富的前提条件。如果采取集权体制,"庞大"——无论是因为缺少合适的政策,还是因为生产单位过度膨胀以致无法有效地实行分权制度——就将损害社会的稳定与运行,一如它对公司稳定与运行所造成的危害。但是,就其自身而言,现代技术条件下经济效率所要求的规模庞大和社会稳定与运行的要求之间并不存在任何冲突。

2 生产是为了"有用",还是为了"盈利"

从字面上考虑,几乎再没有哪一句口号比"为了有用而生产对为了盈利而生产"这一说法来得更没意义了。这句话仿佛在说,我们的经济机器所生产出来的产品——例如国家饼干公司生产的面包——不是供人们享用的,或者根本就是被糟践了。然而,即便我们忽略这句口号的字面意思,仅仅关注其所要表达的含义,我们仍将发现,有几处看似矛盾的地方其实未必。

把"为了盈利而生产"和"为了有用而生产"两者对立起来的做法,常常意味着拒不接受利润是经济行为和成果的一种先决条件,而盈利性则是经济行为和成果的衡量标准,要求我们用"服务"来取代盈利性作为经济行为的原则。

这一口号常常还意味着拒不接受"盈利动机"是社会上一切经济行为的指导原则。

这一要求还隐含另一层意义，我们进行生产是为了"有用"而不是为了"盈利"，那就是排斥一个可以让消费者在其中自主决定自身需求的经济体系，而倾向于另一种由政府根据其自身利益和社会利益来决定应该拥有什么的经济体系。这一点，毫无疑问，是在攻击竞争市场及市场价格体制作为生产和分配的指导力量。

这三层意思的共同点就是："为了盈利而生产"不仅是多余的、"违背自然本性的"，而且会导致一个有悖于社会及个人最大利益的经济结构。而"为了盈利而生产"却是理性与效率的原则，是公司立足的根本。这样一来，提倡"为了有用而生产"便无异于确定了在社会的需要与公司的需要之间的矛盾。

有人认为应当把盈利性以外的其他标准奉为经济行为和成果的衡量尺度、决定因素，之所以会产生这种想法，乃是因为对经济过程的性质有误解。从定义上来讲，每一次经济交易都是对未来前景所下的一场赌注，因而每一次经济交易中都包含了相当大的风险因素。在早期经济发展中，所谓风险就是那些粮荒、虫灾、植物疫情和自然灾害等；而对于这些风险，即便那些最简单、最初始的经济体系也无从回避，无法控制。经济体的复杂程度越高，任一经济活动可能引发的风险也就越复杂。

加之于一个静态经济体的影响将以双倍的效力加之于一个处于扩展状态的经济体，经济生活的常规风险当中又加入了扩展的风险。这些风险到底大到什么程度，研发工程师们的"拇指规则"是这样描述的：十个新开发的产品当中只有一个会获得商业上的成功；而现代研发工程师们则比前人更进了一步，把这种扩展转化成了一道有条理、有组织、可预见的过程。这些风险之外又增加了不确定的因素，这些不确定来自于没有人能够预见新产品开发成功需要多长时间，也许得等上 15 年——这个时间一般是省不下来的——一种新产品或新工艺能获得认可。因此，无论是对资本家、社会主义者还是山顶洞人来说，利润都是一笔理所当然的冒风险的回报，是所有经济活动的基石。一个对风险不能做好准备的经济体注定将遭遇坐吃山空，积贫积弱，生产力日益低下的情况。

利润，除了是预防未来风险的一笔保险金之外，还是新的资本设备的唯一来源，没有它，经济的扩展就无从谈起。只有通过把资源或它们的产品留到将来使用，才能创造出新的资本，它来自总产量与当前消耗掉的产量之间的差额。这一差额便是利润。利润越高，一个经济体发展的速度就越快，就越能经得住动荡与波折，从衰退中复苏的速度就越快。一个经济体的增长速度与稳定性都与利润直接成正比。㊀毫不意外，在今天的所有工业国家里，苏联的工业生产利润率最高，但这并不意味着苏联是一个"资本主义"国家，它仅仅表明苏联的经济正在以惊人的速度扩张，并且又由于它是一个"计划经济"体，不会对偏差做出自动调控，从而正处于罕见的高风险状态中。工业扩展的关键一直都在于提高每单个工人的资本投资量；描述这一数据增长的曲线与显示生产率、产出量的上升曲线是互相平行的，而资本设备的唯一来源便是利润。

实际上，美国的经济运行所依靠的利润额很明显是太低的。我们必须提高利润率，这不仅仅是为了实现经济扩张以满足维持就业稳定的需要，同时也是出于对国家实力与生存的考虑。

㊀ 我在这里有意回避了凯恩斯主义对"投资"与"储蓄"的重要区分，那是对作为经济扩展基础的利润和排除在经济用途范围之外的利润两者所做的区分。我之所以不去触及这个问题，首先是因为，它不影响我的整体观点；利润仍然是新资本设备的唯一来源。其次，获取"投资"而非"储蓄"这一问题将在下一个关于稳定就业的章节中展开广泛讨论。

过去，美国对另一种资本的依赖达到了前所未有的程度：开发利用富饶的物产，占领并"开采"处女地，大肆挥霍木材、石油和矿产资源，这些其实都不是真正意义上的资本。亨利·乔治认为占用新大陆是资本的唯一来源，这种想法是错误的；资本的唯一来源是利润。但是他的这一错误也在情理之中，因为在 19 世纪的美国，富饶的物产跟人为产出的资本一样，都是经济扩张的基础。而西方世界的其他国家情况也大致相仿，仅仅在程度上稍逊于美国罢了；其中尤以英国为甚，只不过它所占用与掠夺的是海外殖民地的自然资源，而不是其国内资源。如今我们再也不能把经济建立在对富饶物产进行大肆挥霍的基础上，未来我们对利润的依赖程度将越来越深。

首先，在现代技术条件下，产业扩张所需要的资本数量如此巨大，以至于仅靠"自然"资源是无法满足的，只能来自生产的利润。㊀其次，工业化已经成了一个全球性的过程，它意味着，从前的殖民地原料生产地区现在为了自身的发展也需要"自然资本"，而在过去的 150 年中，欧洲，特别是英国的工业发展在很大程度上正是建立在对"自然资本"进行占用与开发的基础之上的。最后——也是最重要的一点——我们再也承受不起按照现在这样的速度去挥霍自然资源的代价了。土壤受到侵蚀，土地的肥力枯竭，森林资源遭到破坏，不可再生的燃料和矿石资源被过量消耗，这些已成为世界性的普遍现象。但是美国在这个问题上比其他任何国家都陷得更深，特别是在两次世界大战期间，我们完全沉溺于一场对自然资本彻头彻尾的疯狂掠夺之

㊀ 这并不意味着资本投资已经达到了"边际效益递减的临界点"，即在这一点上，需要越来越多的新投资才能维持生产率的增长，但此时生产率的增幅已开始下降；相反地，所有证据均表明，近 25 年来单位资本投资的生产率一直在迅速上升，而且至今仍保持着增长态势。我们的经济机器实在是太庞大了，但靠动用长期积累下来的诸如土地等"自然资本"将显得过于单薄，不足以支撑我们这台庞大的经济机器，这就好像我们的货币体系是如此庞大，但靠开采矿石根本无法获取足够的铸币材料，两者是一样的道理。

中。为了国家防卫、社会繁荣和民族存亡的大计，我们必须坚决保护并建设我们的自然资源，绝不允许把它们当作资本的廉价替代品。资本形式只能有唯一的来源，它不会因为使用而遭到破坏，相反地，它是一种可以更新再生的来源，它就是——利润。

如果说"哪怕没有利润，经济生活也能维持下去"是胡说八道，那么同样地，认为除了盈利性以外还存在其他衡量经济行为成败得失的标准，这种想法也是荒谬的。当然，为了社会利益考虑，一个社会完全有必要开展大量非盈利性活动，但是，尽管所有这些活动的开展本身没有任何经济利润，但是所有这些非盈利活动必须从经济活动的其他分支领域的利润中得到偿付，否则，整体经济就会萎缩。盈利性只是经济合理性的另一种说法，而除了经济合理性之外，还有什么别的合理性能够对经济活动做出评判呢？

人们之所以会对这个关键点常常产生误解，原因在于习惯上把下面两者混为一谈了：一个是"盈利性"，它是社会行为的客观概念；另一个是"盈利动机"，它是个体动机的主观概念。将如此大相径庭的两个概念混淆始于实用主义哲学家和那些处于古典经济思想阶段的经济学家，他们的错误不是从经济生活的客观状况，而是从一种完全谬误的个体行为心理状态中推导出"盈利性"这个概念。话说回来，产生这一错误也是可能的，因为，尽管这些经济学家生活在一个经济蓬勃发展的年代，但其经济思想的基础仍然是一个静态经济的概念——一个均衡的概念。诚然，即便是一个静态经济体系中的亏损也并非为经济过程本身所固有，而是由某些外部机制所造成的，例如天气、虫害和瘟疫等。对这些外部的侵扰不可避免性的忽略，就会给古典经济学抹上一层抽象特征，如同棋局般；古典经济学家们倾向于纯粹理论式的、半数学化的公式。

我们现在知道，关于均衡状态的假想不仅是不现实的，而且均衡状态本身也并不值得向往。在现代工业条件下，没有什么威胁比一个必然导致全面失业的静态经济来得更严重了。我们再不能追随那些古典经济学家，把利润看作是——充其量也只是——防止均衡状态免受外部侵扰的一种手段。在一个日益扩张的经济中，利润和盈利性对经济过程起着至关重要的作用。在我们的理论经济学中，这一点得到了充分肯定。⊖即便在苏联，把利润视作"资本主义"典型的教条也被正式废止了；最近引发苏联国内众说纷纭的官方理论修订，主要就在于肯定了盈利性是任何社会或经济体系下生产的衡量标准与决定因素。然而，新观念要想深入人心尚有待时日，因此，公众讨论仍处在"盈利性"与"盈利动机"两个概念混淆不清的影响之下。

这个问题已远不止是一个理论问题了。由于概念混淆，我们的经济政策遂无法理解：经济扩张必须要靠利润。要决定利润的投向、它们如何被投资以及哪些活动应该进一步推进，这是经济政策理应面对的重要决定。只要我们希望经济发展的这个前提还成立，"我们是否需要利润"这个问题就压根儿是毫无意义的了。概念的混淆还让我们没有看到这样一个问题：对于我们期望的经济发展而言，美国经济运行所依靠的利润率实在是太低了。

盈利动机

利润和盈利性都是经济行为的客观标准，它们与某个给定的社会信仰或

⊖ 有两本书为"动态经济"这一现代思想的发展开辟了道路，它们是弗兰克·奈特的《风险、不确定性与利润》和熊彼特的《经济发展原理》。有趣的是，尽管这两本书是在各自独立的状态下完成的，它们却不约而同都是在第一次世界大战爆发前不久的几年内创作的。这两部著作对经济思想的贡献当可与凯恩斯比肩——如果还谈不上超过后者的话。凯恩斯代表了均衡经济学最后的也是最先进的模式，而弗兰克·奈特和熊彼特则为动态经济学开拓了一片新领域。

某些特定的制度均没有关系，而是适用于任何社会的，无论社会采取何种组织结构都不影响其适用性。从本质上说，利润和盈利性只是用经济术语来表达的能量守恒定律。

另一方面，"盈利动机"则牵涉到人类的行为和反应行为。而且在"资本主义"社会里，"盈利动机"还在特定机制中被制度化了，出于"盈利动机"的行为表现也就相应受到社会的认可与奖励。正是"盈利动机"这一受到社会嘉奖的、以获取最大物质利益为目的的个体行为受到了攻击，被指斥为是"违背自然本性"的、"反社会"的。而既然在一个自由企业经济社会里，公司的指导方针与目标宗旨都是要满足这一"盈利动机"，于是就引发了下面的问题："盈利动机"难道真的与一个稳定并健康运转着的社会格格不入吗？

有人攻击盈利动机，说它违背自然本性，并且与那些对社会和个人都更有裨益、也更本原的人类动机相抵触。与对盈利性的攻击相仿，两者都有一部分原因在于对实用主义经济学家错误的心理学做出了过激反应。他们声称人类有着"讨价还价、斤斤计较"的天性，并从这一天性中推演出古典经济学的法则。我们今天知道，其实并不存在这样一种"讨价还价、斤斤计较"的天性。如果需要证据来解释这种实用主义观点的谬误之处，不妨去看看现代文化人类学和现代心理学，里面都提供了充足的佐证。[一]我们还知道，在大多数人类活动中，动机都完全不是单一的，我们找不到任何一个人会对可能取得的收益与可能付出的努力做一番"简单明了的计算"，然后在此基础上采取行动；而上述观点却正是古典经济学家论述经济行为的理论基石。最后一点是，我们知道正统经济学家在运用实用主义的"愉悦—痛苦计算"，

[一] 读者将在卡尔·波拉尼的《巨变》（纽约，1944）一书中读到这类佐证的精彩概要。

把工作等同于"痛苦"这一点上是大错特错的。失业带来的心理创伤与社会负效应都已确凿表明，无所事事只会起到破坏作用，远非人生乐趣；而工作也并不是什么苦差事，它是人类赖以生存并获得自尊的必然需要，而且工作本身就是萌生自豪感与满足感的情感源泉。盈利动机作为人类命运的控制器和人类行为的自然法则，它当初赖以萌发的心理环境何在？我们今天已几乎看不到一星半点的痕迹。

不过，我们说盈利动机并非人类与生俱来的天性，人类天性是与"邪恶、违背自然本性、对社会无益"的说法截然不同的，下面两个信条构成了这一说法的基础，而这两个信条既站不住脚，又与它们自己试图取而代之的先期理论——关于盈利动机的教条——同样荒谬。这第一个信条就是，人类的"创造天性"不仅对自身而言是有益的，而且仅此一项便足以使人类具备社会性的生产能力——关于这一信条，维布伦在他那著名的将"工业"与"商业"相并列的提法中曾有表述。而第二个信条则声称，要是没有盈利动机的话，人类社会将是一个平等与安宁的社会，而一切争权夺利的冲动以及一切矛盾冲突与不平等均是贪欲的结果。换句话说，这两个信条都把盈利动机看作人类实现大同世界唯一的——至少也是最主要的——障碍。

我们不能过分强调说，没有任何社会可以依靠人类的"创造天性"而存在。为了维持社会生活的正常运转，一个社会必须始终奉行某种组织原则，它能把个人抱负与个人动机限制在符合社会宗旨的范围内。要不然的话，社会生活赖以存在的基础——人类协同共济的努力与奋斗——就无法实现。如果我们不把利润和盈利性当作减速装置，让它们起到控制作用的话，我们就必须设计出其他的社会机制来把个人的主观热情转化成社会的客观绩效。

以受雇于汽车生产业的人员为例，我们将会发现，"工人的天性"引领了千差万别的结果,这取决于我们是把目光投向工程师、一线制造工人还是销售经理。对工程师而言,成就与工艺的最高标准就在于那辆功能最齐全、性能最先进的汽车,它在工程研发、材料选取以及款式设计诸方面都体现了最上乘和最新颖的品质。他可能会觉得另外的一些考虑因素,诸如低廉的价格、操作简便的生产工艺、用户的使用习惯以及舒适感等,会与他自己在工艺方面的想法有所不同,甚至相互冲突。他会不停地修改自己的设计,为的是好把最新的工程改良成果加进去。而一个制造工人用以衡量自己的工艺与成果的标准首先是低价、速度以及简便的生产操作。他的理想是一个永远不变的工程设计方案。有一句出自"制造王子"亨利·福特的妙语精当地概括了一个制造工人对消费者的偏好与愿望的态度:"反正车子是黑色的,随便顾客想把它涂成什么颜色都行。"而销售经理——或任何一个以销售汽车为业的人——最终则会在一辆畅销的,即"看上去有百万身价"并能满足消费者攀比心理的便宜汽车身上体会到最大的成就感——而这一点在工程师或制造工人看来是多么的不合理。每一个人身上都带着富有创造力的"工作天性",然而某一方面的天性都只有以牺牲另一方面的天性为代价才能找到自由驰骋的空间。如果社会需要汽车,它就必须做到让每一个人的天性都服从"社会满足"的客观准则。无论这样一种客观准则与个人的本性——早在历史初期人类就开始探讨这个问题——发生多么剧烈的"冲撞",社会都必须接受它。

盈利动机可能不是最好的减速装置,而且它也绝对不是唯一可行的一个。但是,如果因为它是减速装置就诋毁它——这正是维布伦的做法——理由未免不够充分。我们必须回答的问题不在于盈利动机究竟是好是坏,而是它作为将个人动机与意愿统一起来的社会原则,效率究竟是高是低?

如果一个社会确认经济进步与经济目标对社会而言是有效的、有益的，那么在这样一个社会里，盈利动机就将是最有效的社会工具；而在其他任何社会里，盈利动机都不可能成为一种有效的机制。例如在中世纪，各种政令、教令都认为经济目标脱离社会，有违伦理道德，那么以这种观点来看，盈利动机显然是无效的。而在一个就像近200年来我们所处的社会那样信奉经济进步是值得追求的社会里，盈利动机便是一个有效的融合机制，因为它把个人动机和行为与工人的社会宗旨直接挂起钩来了。当然，在那些不适用经济理性的社会生活领域，例如艺术领域内，这么做是会有问题的，但比起中世纪在把非经济主观原则强加到带有经济理性的经济领域中去时所碰到的问题，前者并不比后者来得更严重。换言之，尽管没有哪一个社会是尽善尽美的，也没有哪一条社会综合原则具有自动调节功能，但盈利动机仍然是最有效、最简便的机制，它能够把个人的主观积极性转化成为给定条件下的社会宗旨和行动，转化成为我们这个时代的信仰。可能下面这句话是对这一结论最好的注脚：苏联在工业中采用经济奖励和激励的做法并不比任何资本主义国家逊色，甚至更为突出。因为，无论苏联与西方国家在社会原则和制度上存在多么巨大的差异，两者在经济目标上的信念是一致的。

权力欲

对盈利动机负面评价的第二个方面是：它诱发了权力欲和支配欲，并且成为阻碍和平与平等的唯一或主要的障碍。这种看法是否正确？当然，盈利动机并不是人类与生俱来的天性，但是，人类天性中存在一种追求权力的欲望，而对利润的追求仅仅是它的一种可能的表现形式。如果我们消除盈利动机，社会也不会因此变成人人平等的太平盛世，人类的权力欲将以另一种形式表现出来。

人类第一部伟大的训词——托马斯·莫尔的《乌托邦》——谴责盈利动机是万恶之源，并声称铲除此动机乃是实现人间天堂的关键，它充分表明了传统论点的缺陷所在。莫尔的理想社会完美无缺，人们和平共处，没有冲突和野心，而这一切仅仅是因为消除了财产和盈利。但是同时，几乎在同一页上，莫尔又提出了一个精致的社会体系，把名誉和晋升作为社会权力和政治统治的基础。然而他从未认识到这一显而易见的矛盾：人们对名誉和晋升的追逐必会立即带来野心、冲突、分裂以及他刚刚通过消除盈利动机而铲除的人们对权力和名誉的贪欲。柏拉图——莫尔也是一个柏拉图学派的信徒——在这一点上的认识比莫尔更深刻，但是，他在《理想国》一书中提出的建议，即禁止任何人执掌政权，除非此人老到已无野心，这一论点更不实际：难道野心和荣誉也有年龄的限制吗？历史上一旦某人直至晚年才拥有权力，他的权力欲、野心、统治欲和结党营私通常会病态地膨胀。

请允许我再次论及现代人类学的发现：卢梭所推崇的"原始社会，人人平等"这一感性概念已被完全推翻。事实上有很多原始部落，根本不知道我们所指的私有财产。然而，原始社会中也并不存在真正的共产主义；对于一个原始社会来说，共产主义是一个太过复杂的社会体制，因而无法得到实现。此外，在我们所知的每一个文明之中都存在一种动力，即被社会认同的对权力和名誉的追求，而社会组织正是围绕着这种权力和名誉建立起来的。

实际上，我们并不需要人类学来告诉我们，社会是以人类追求权力和社会认同的天性为基础而建立起来的。千百年来，我们已经知道骄傲是人类基本的特质。以古希腊和文艺复兴时期的观点来看，我们或许会将骄傲视为美德。但是，以基督教的教义来看，我们或许会把骄傲看作一个人失去天恩的起因和后果，以及此人堕落的根源。但是，我们从不指望建立一个没有骄傲的社会。作为一个基督徒，政客也许会发掘人类的弱点并努力去克服自身存在的这些弱点，但是，作为一个政客，他必须接受骄傲及其表现形式都是社会存在的原因，并且是任何社会组织中的一个常量。政客不必压制或克服权力欲，这是哲学家和圣人应该考虑的问题。政治上的问题则是如何将对权力的追求引向最具建设性或是破坏性最少的渠道。

根据一般观点，一切追求权力的动机都是不好的，因此盈利动机也是不对的，这逃避了问题的症结所在；这也许是一个合理的神学观点，但与政治无关。没有盈利动机也就不存在对权力的追逐，所以盈利动机就是错误的；这种谈不上不合理的神学观点，简直就是胡说八道。唯一相关且有意义的问题是：盈利动机是不是权力欲望能够导向的所有积极方向中最有效的一种？

我不认为任何人能给出一个标准答案，完美无缺的答案只有在宗教或哲学领域的讨论中存在，而不存在于政治或社会组织领域的讨论之中。但是我们可以说，在所有已知的、可用以导向权力欲望的渠道之中，盈利动机拥有如果不是最高也是非常非常高的社会效果。其他所有已知的权力欲的表现形式都是通过赋予野心家直接的权力，以及对其下属的支配权来满足他们的权力欲的。盈利动机只是通过对事的权力来满足权力欲望。

长期以来，我们认为我们能够控制人类对其他人的统治，例如，通过制定人权法，或通过公开选举，或是用法律、程序的规则来取代独断专行。然而，它忽略了一点，即家长式作风或许极具亲和力，但往往造成独裁，或失去控制——只是因为家长式管理以统治者所能做出的最佳判断取代了所有被统治者的综合判断。那么，统治者对人的支配权一旦被认为是"法定权力"时,谁又去控制统治者呢?就我们所知,盈利动机可以把野心由对社会有破坏性的支配人的欲望转到对社会有建设性的方面,即经济生产上。虽然这种引导本身是不够的,但它却能够保护人们的生命和生活,避免它们成为人欲望横流的抵押品或权力斗争的牺牲品。历史上臭名昭著的恶棍总是那些一心追逐权力,但又保持"廉洁"的人,而非醉心于追逐经济利益的那部分人,这种现象绝非巧合。罗伯斯庇尔和希特勒都不会被金钱收买,他们根本不具备经济上的贪欲。但是,这并不会使他们变得对人类有任何益处,他们只对权力感兴趣而对其他一切漠不关心,这更突出了他们缺乏人性的一面。

当代最具才华的作家之一,阿瑟·凯斯特勒,最近提出了一个观点,称社会行为从本质上说只有两大类型,即对社会效益的放弃和对赤裸裸的权力的追逐。尽管不是什么新论调,却也振聋发聩。然而这一观点同时又极具破坏力,它否定了社会生活的全部意义,也否定了存在一个美好的和自由的有意义的社会的可能性。要想拥有一个自由的社会,我们必须创造条件,让一个人在社会中活动和生存的同时无须自我毁灭,无须奴役同类。我们必须驾驭权力的贪欲,使之为某个社会宗旨服务。在一个认同经济目标的社会里,盈利动机可以实现这一要求。

我们不必把盈利动机看得有多么高尚,也不必把它奉为人类行为的至善。但不管是高尚也好,是卑鄙也罢,它恰恰能把人们的权力欲望引导到危险性最小的渠道上去。诚然,盈利动机并不能带给我们一个自由的社会;时下,人们把资本主义等同于民主,这绝对是肤浅的,它完全混淆了概念。仅仅依靠盈利动机来实现自由社会的可能性微乎其微——任何其他的人类动机也是一样——但是它比其他类型的动机更贴近自由社会;在其他类型的动机下，权力欲望可能横行于世。自由社会的基石不是人的动机，而是人的理性，它往往要和由权力欲望或其他动机引发的邪恶与堕落做斗争。盈利动机与人类骄傲的其他类型的动机下，权力欲望可能会横行于世；而自由企业社会的盈利动机还包含了强有力的防范措施，以抵御人类骄傲在政治上最危险的后果，即嗜权的暴政。

市场

人们对于利润最持久、最尖锐的批判是为了反对把利润作为社会经济生活的组织原则，其实就是反对市场制度。

任何一个社会都必须以某种形式执行一个自由企业制度下的社会通过市场所执行的职能。它必须分配稀缺物资，它必须将个人动机和行为整合为社会利益服务，它还必须能够决定经济行为的方向和抑制错误的发生。

如果我们拥有充足的物品，我们事实上就不需要任何分配稀缺物品的机制。真正的充足意味着无需任何人为努力，物品都能自我生产。除了在经济发展的最初阶段和热带地区，这种情况不仅绝无可能发生，而且也是无法想象的。如果通过某种魔法，无须努力就能取得我们想要的物品，我们必须发明某些必须通过努力才能得到的东西，以便建立一个基本的文明社会。不仅在我们所处的社会中必须通过劳动来取得社会地位和自尊，而且在处于自然富足的原始部落中，任何文化的发展都是建立在人为或社会创造的劳动的需求上的。人类社会只能建立在共同努力的基础之上。虽然组织努力的目的各不相同——可能是为了宗教信仰，也可能是为了战争或经济发展——其基础必定是有生产力的劳动的组织。

当我们在前文中论及"盈利动机"时，也讨论了需要社会整体性的原则。我们只需做以下补充：这种整体性赖以存在的基础是社会拥有的统一的价值标准和共同的评价标准，可以用来衡量和比较每一个人的不同贡献。

每个社会都需要统一和对经济行为的控制。最重要的是，它需要一条能够在经济努力的方向和经济资源的分配发生偏差时，及时发现并纠正这些错误的途径。在一个静态的经济社会中，例如一个原始部落，经岁月洗礼而被神化，经宗教仪式得到巩固的传统观念就有能力做到这一点。但是一个扩展的经济必须依靠系统自身一个统治者来防止方向性的偏差，及时纠正错误。否则，错误一旦产生，就将愈演愈烈，直至发生经济危机。

市场通过定价机制来执行这些职能，即确定经济上合理的价值，并以此作为经济生活的组织原则。稀缺物品，即收入是根据个人对经济生产的贡献加以分配的，至少理论上没有其他的分配原则。人类的劳动也简化为用价格这种统一的标准来衡量，由成本和价格定义的最大化经济效率决定了在市场体制下的人类劳动的组织与协调。竞争市场里，价格对成本的持续作用为所有经济活动提供直接的、持久的、自动的规范。

反过来，作为合理的经济价值概念，价格是以承认经济行为的最终目标是满足个人的经济需求为基础的。人的经济需求是经济生产的最终判断标准，而个人在相互竞争的商品中做出的购买决策最终也操纵着市场体制下的生产和市场的方向。

许多支持或反对市场体制的传统理论都是脱离实际的，它们视市场为一个理论上的抽象，一个完美而普遍的抽象。但市场并非如此，它是一个人为的社会机制，它运行于社会中，而非真空状态。除了经济问题以外，社会还需考虑许多其他问题；除了满足公民的需求和需要之外，还需承担许多其他的责任。赫伯特·斯宾塞就忽略了这一点，70年前，他谴责诸如社区的消防梯和免费学校之类的社会服务是"社会主义"行为，会破坏市场体系；类似的当代英国的社会主义者⊖解释了人们在市场中的行为并不总是取决于经济理性，试图"证明"市场体制的失败。

在持续发展的自由企业社会中，运行中的市场与教科书中理论上的市场有着天壤之别。在一个运行的市场中，竞争不是，也不可能是完美的。即使不存在重大的垄断意图，也没有哪个经济体制能够或者应该实现完全竞争的理想市场。必定存在很多小型垄断企业、区域垄断企业或是接近垄断的企业。位于法院对面的餐馆某种意义上就垄断了来法院办事的律师和其他人的午餐；同样，一个药店老板的兄弟恰巧是小镇最优秀的医生，通过利用这一优势，他也实现了某种垄断。也许除了大规模购买方的专业采购员，几乎无人是在一个完全自由竞争的市场中购买商品的——但是，即使这个采购员与出价最低的卖方达成协议，竞争还是因为地域和信息交流受到了严重制约。

更为重要的是，市场理论中的消费个体实际上并不存在。非经济性的需要和渴望与经济性的需要和渴望表达出来的需求是一样多的。不同的国家、地区和阶层之间的社会偏好也各不相同。对一个南方的有色人种的农民而言，一件手工制作裙子或套装标志着社会、经济地位低下；但在公园大道上，这类服饰却又能显示着装者的标新立异。一模一样的香水，定价 5 美元的会比定价 50 美分的卖得更好。社会特权、习惯、传统、恐惧与希望、时尚以及攀比心理，从经济上来讲都是非理性的因素，但却有力地左右着个人的经济行为。

经济回报，即收入，并不总是依照人们的经济贡献进行分配。每个社会

⊖ 芭芭拉·伍坦的著作《经济学的悲哀》在大萧条期间深受欢迎。

都会给予名望、权力、称号等非经济回报，人们往往更热切地渴望得到这种回报。对于一些按照严格的经济术语属于非生产性的服务，包括从牧师到投机商人的各行各业，社会也必须付给他们报酬。有经济产出的服务根据职业或行业所享有的社会尊重多少，以及它们的经济产出的多少为同等重要的衡量标准来给予回报。同样，在公众眼里引人注目的工作都付酬太多；无论在何地，体力劳动或提供个人服务的工作都是给了较低的薪酬。当工作与其经济效益之间的关系是间接的或是难以衡量的时候，社会习俗将会起到决定性的作用，例如从事研究工作的物理学家和公司律师之间的相对经济地位的决定就说明了这一点。由于要维持社会安定，我们人口之中最贫穷的群体，例如摘棉花的佃农，会得到比其产出的经济效益高得多的回报。仅仅从经济生产的角度来看，摘棉花的佃农在全年中只付出了 4～5 个星期无需技能的劳动，这是因为棉花只在收获的时候需要照料。若仅根据理性的经济原则，将支付给佃农的报酬视作对 4～5 个星期的劳动所支付的工资，那么每年 200 美元或 300 美元的报酬确实是太高了，而且根本不合理。但是，所有人都会抗议说摘棉花的佃农的收入应该比以上方法来计算的报酬高很多，因为他必须维持最低的生活水平，而应用理性的经济原则来衡量他的工资是滑稽可笑的。

  因此，市场作为一个自由企业社会下的理性机制，只能被看作与教科书中所谓的市场相似，而且并非十分相似，但是这已足够让市场执行其主要职能。对于经济分析家或考虑是否购买某一物产的商人而言，认识到没有完全竞争的存在是非常重要的，但是现实市场不完全的或部分的竞争已足够遏制经济的低效率和错误的发生。显然，消费者并非按照——实际上，他们也不想按照——理性经济原则来行事。现代广告业公开利用了这一事实，而且没有人会否认广告常常会滥用消费者的无知、轻信或恐惧、希望和不切实际的幻想。但是，即使广告会滥用这些因素，消费者手上的钱仍是经济行为的决定性因素。这就意味着，无论理性经济行为受到了多少限制，现实市场仍然执行分配稀缺物品和将个人的经济努力整合到生产的团队合作中。

因此，真正重要的议题并非那些没有建立起理想化市场的讨论，而应讨论市场建立的基本原则。在此，我们将讨论的就是这样两个问题：㊀①市场具有社会破坏性是因为它要求一切事务都服从于经济标准，即服从于价格；②市场具有社会破坏性是因为它要求人们在经济生活中考虑的问题和关心的焦点都围绕个人的经济需求。这些议题之所以具有重要意义，是因为它们的理论基础都是正确的；市场确实使所有的社会活动都服从于价格，而且让所有的经济活动都服从于对个人需求的满足。然而，是否因此市场就是对社会有害的呢？

我们确实处于一个经济目的被神化的物质时代。可能有人会深切体会到西方国家正在放弃所有的真正价值，所有的传统观念和所有使生活变得美好的东西，去追求提高生活水平的幻影。对于那些看到过真正的贫穷，即见到过那些处于工业化前的国家的贫穷的人而言，这一论点也许会有点缺乏说服力。但是，即使他们也会承认我们文化所引以为荣的物质目标并非人类所要追求的最高目标。但是又有什么其他目标可供选择呢？除非我们知道要用什么来取代经济目标，否则我们仍无法采取行动。无论多么糟糕，在我们抛弃一个运行中的体制之前，我们必须有可以取代它的更好的体制。认为事情不会变得更糟，任何改变必须向好的结果转变，这在政治上通常是没有意义的。

㊀ 还有第三种反对市场体制的主要观点：市场体制无法克服萧条与失业的缺陷。这一点在今天看来非同小可，而且完全不同于我们已经讨论过的观点，接下去，我们会用一整节的篇幅来讨论这一要点。

建立乌托邦的过程是永无止境的，而且，它们点燃了人们的想象并成为人们的导航灯，但是，政治上应考虑的问题不应是理想上想得到什么，而是在可能的解决方案中，哪个才是最好的。作为西方世界社会生活的组织原则，战争是现今唯一可能替代经济进程的解决方案。这是希特勒的纳粹德国至今为止最彻底的非经济社会的尝试所能找到的唯一目标。纳粹领导人从一开始就想发动战争——他们中的一些人确实这样做了。但是，纳粹主义的巨大吸引力在于它迎合了德国人民对于经济目标模糊但强烈的反感。纳粹主义的悲剧并非它为人类对于战争的冲动提供了一个新的释放的机会，而是它将那些理想的不切实际的运动——这些运动都是反对经济目的而认为它们太过愚蠢、太过物质化——变质为战争和攫取的这种最低级的物质信奉，而这恰恰是因为这些运动都是不切实际的，也就是完全起反面作用的运动。

没有证据显示在其他地方采取的其他尝试会得到与此不同的结果。使经济进步成为社会努力的目标，可能像批评家所说的那么不好、那么有害，将其他的社会考虑因素都服从于利润的要求。这种做法当然可能做过头，而且也常常发生这种情况，然而，社会整合及分配稀缺物品的工作是不得不做的。而且，作为一种组织原则，经济发展当然比整个战争要有建设性和有益得多了。

如果我们认为经济发展有利于社会，即使只是社会的次优选择，我们也必须承认价格是对社会有裨益的；这是一个简单的、相互关联的、经济上合理的体系。一个为经济目标而奋斗的社会必须建立在价格基础上，如果此社会不是处于持续紧张的状况中。但是价格必须以政治，即超经济的法令为基础。在市场体系中，经济行为是由在任何经济或社会体系中决定生产力和效率的相同因素决定的，这些因素即劳动力的成本因素、资本积累比率，等等。在这种意义上，仅仅在这种意义上，市场体系是一个"自然的"体系；且因为如此，使其他标准服从于价格标准，赋予了一个信奉经济目标的社会最大程度的社会稳定和最少的社会冲突。虽然苏联并不了解我们所定义的市场，但是它也像资本主义经济所做的那样，让所有的经济活动服从于价格的成本。唯一的区别则是，价格是由国家决定的，而并非由各个消费者的综合行为来决定。

认为由于市场使经济成为最高目标，所以市场对社会有害，这种论调是以感情或道德标准为基石的。这是对采取任何组织原则的所有社会的攻击，而并非对一个经济上有秩序的社会的攻击。即使这些人生活在 13 世纪而不是 20 世纪，他们也会一样地吹毛求疵，因为所有的社会必须使其他所有的价值标准都服从于一种指导性的价值标准。因此他们的观点实质上是非政治性的，甚至是违反政治原则的。

反过来说，第二个论点是正确的：市场体系是对社会有害的。因为市场体系使群体的需要和需求服从于个人的需要和需求。这是一个政治问题，它得出了有关市场体系的政治功能与政治局限性的最重要的结论。

市场体系必然不能满足群体的需求，因为它致力于满足个人的需求。这正是市场的定义，市场是以消费者为主导，并由消费者操纵的。这种论点无任何新鲜和令人震惊之处，这最早是由市场体系的拥护者亚当·斯密提出的。显然，作为一个有秩序的社会，影响社会生存的是群体的行为，因而只能以群体决策和偏好，即政治决策为基础来满足群体行为。

赫伯特·斯宾塞要求市场是普遍的，这是一种完全错误的理解。市场只能作为一个发展中社会的制度而存在。但是，使市场极端化和没有区别就意味着废除有秩序的社会。无政府主义在哲学角度也许站得住脚，但它绝不可能成为一个以生存为首要任务的社会的政策。

这个完全错误的理解也造成今天一个十分流行的观点，即因为市场不能进行政治决策，所以我们应该废除市场并用"经济计划"来代替它。这一呼吁是建立在这一论点基础上的，即在"计划经济"下经济体系会自行地、切实可靠地给予我们正确的、必需的政治决策。

无论经济体系是怎样组织起来的，它都不可能给予我们正确的政治决策。政治决策一定是由政治组织做出的，且不必说它们不可能是没有错误或是自行给出的。战争前英国和美国军备的不足——显然这对于这些国家的生存是个威胁，并非是由市场体系造成的，而是因为民主政治中的领导者和投票者不愿做出战争的抉择。一旦做出这一决定，市场便顺利地提供了战争物资。只有我们现在寻找一个能让人们放下必须做负责的政治决策的包袱的自行运转的体系的倾向，才能够解释"计划经济"作为万能药的魅力。这一倾向并非局限于经济制度领域，它的存在比比皆是，例如在国际政治和国际组织中也有。这实际上只是再次表达了赫伯特·斯宾塞寻找能摆脱责任、警惕和抉择的万能疗方。这对于一个只能建立在公民的政治责任和决策基础上的自由社会的生存造成了致命的威胁。"切实可靠"和"自行运转"的体系只是一个专制体系。

因此，"经济计划"并非反对市场作为一个经济制度，而是反对自由政府。这事实上是一个支持领导者享有完全的权力，或支持官僚们统治的论调。剥去它的自我推销的言语，对"经济计划"的支持分明断言，在现今情况下，没有一个工业社会能拥有一个自由政府并且存活下来。

市场的绝对化、经济计划的极端化都没认识到，市场体系以个人需求的满足为基础意味着社会生活的两个共存的和同样重要的部分。一方面是个人领域，在这里，有组织的社会只是作为一个满足个人理想、渴望、需要和向往的工具而存在；另一方面是有组织的社会领域，在这里，个人只是作为社会的生存和终结的工具而存在——"成员"这一词用在这儿就非常合适。这两个方面对于人类的本性来说都是非常重要的。事实上，如果没有它们，也就没有人类社会，而只有蜂巢或疯人院。真正的经济政策问题在于，从哪里划分这条界限以及怎样使一个部分获得平衡并支撑另一个部分。

社会需求

如果我们首先指向市场无法满足的社会需求这一领域，确实存在许多把市场都排除在外，且与个人的经济需求和向往完全无关的地方。司法管理和维持内部秩序就是典型的例子。另一个在美国发展中尤为重要的例子就是"内部改良"活动，它通过共同行动建立起规范个人行为的构架，帮助他们提高效率。田纳西河流管理局就是当代最佳的说明，但是最重要的例子则是现代战争。全面战争是对一个社会生存能力的检验。在战时，个人必须完全服从于社会——不仅他的需求和向往，还有他的存在都必须如此。现代战争是市场绝对的对立面。如果我们生活在持续的全面战争状态下，或只是持续存在战争威胁，市场体系都不可能被维系。在过去 20 年里，对自由企业体系造成真正决定性侵害的，正是现代社会渐渐腐化为一个全面战争的社会。

确定被市场排除在外的领域从未表现出很多政治问题，这显然是一个必须解决的问题。关于这些问题在这里必须提及的是，对于一个社会而言，明确决定哪些是纯政治性的，制定明确的政策来管理这些领域，并建立强有力的政府机构来执行这些政策，这样做是最有利的。另外，必须努力使人们的想象力和主动性在这些领域完全发挥出来。

只有当我们努力在市场能够和应该发挥但基于社会稳定的考虑不能允许市场完全发挥功能的领域设立对市场运行的限制时，经济政策是否正确这一问题才会发生。

市场中的一切都是商品。每个事物都是一个根据经济理性来组织生产并根据其市场价格来确定其价值的因素，但没有一个社会能够允许将劳动力、土地或设备的自然资源和金钱作为"商品"。劳动力即人，土地和资本设备即其环境和生产资源。金钱和信用是将人及其资源整合在一起的社会组织。显然，为了社会的生存，此三者都必须加以保护，不能允许市场破坏它们和它们的稳定状态。[一]在过去的几百年中，为了维系社会框架而限制市场的运作，这一直是我们经济政策的目标。这是管理劳资关系、处理妇女和儿童劳动力问题、保护自然资源、设立中央银行、消除贫民窟以及监管毒品交易的基本原则。

一个特殊的问题——本身十分重大和困难的问题——就是经济变化对社会框架的影响的局限性。市场体系的整体目标就是改变，即经济增长。但社会需要相当大的稳定性和可预测性才能生存。最重要的是，个人只能在他熟悉、了解并具有其传统的社会环境中发挥作用。即使在这个最具流动性的国家，"劳动力的流动"——运用经济学上的定义——也是非常低的。一个俄克拉何马州的农民被迫离开他的土地从而成为一个农夫移民，因而失去了社

[一] 这就概括了卡尔·波拉尼的《巨变》（纽约，1944 年）的要点。我与该书的唯一分歧在于，尽管作者曾在别处多次谴责经济绝对主义，然而在该书中他却深受其害。他没能看到战争在缩减市场规模方面所起的作用，因而认为市场必须是绝对和普遍的，否则市场将不复存在。因此，他从限制市场操作的必要性中推断：市场不具备任何生存与操作的空间。我认为这一结论不管是在逻辑上还是在政治上，都毫无根据。

会根基，与社会分离，而他自己也成为一股分离社会的力量。一个工业衰败的小镇的工人不可能就简单地收拾家当去往别处，他被数以百计的纽带束缚着——家庭、家产、朋友、教堂甚至其债务。战后最大的社会问题在于必要的经济变化对家族农场这一社会单位产生的社会影响。尤其紧迫的是，数以百计的南方棉农的生存受到了棉花采摘机的威胁。毋庸置疑，用高效的机器取代经济上最低效的棉农，最终会提高所有人的收入水平，包括被替代的棉农及其子孙后代。但是这500万或800万棉农去哪儿呢？他们又能做什么呢？而以他们为经济动力的南方的社会和经济的构架又会怎样呢？确实，突然间替换下棉农，不仅对南方地区而且对整个社会都是一个社会和政治的灾难。同时，用政治渠道来维系面临技术进步、社会上和经济上都已过时的棉花采摘体制，只能最终导致最严重的灾难。每年这种调整会越来越难，现况也会更难维持。在处理经济变化的社会影响的时候，我们显然不仅必须解决限制市场的问题，还要解决怎样令其良好运作的问题。

哪些地方必须限制市场的运作，以及应该如何限制，这些只有在我们将市场的政治和社会功能同时加以限制时才能决定。如棉农的例子所示，价格的经济理性提供了一个衡量影响经济状况的政治决策的不变标准。如果我们决定不顾棉农已失去经济价值的事实，仍然保留他们，市场不仅会向我们表明这一决策会花去多少国家财富和收入，还会显示经济理性和社会理性之间会产生多大的差距。若无此标准，我们根本不会有任何政策。我们不得不或者立即放松所有的技术动力——现在冒发生社会颠覆的危险，或者不让所有的机器进入市场，而社会最终必将全面崩溃。虽然这可能很难，但以市场为准绳，我们能制定一个逐渐调整的政策。因此，至少只要我们想要经济增长，市场的存在就是任何控制经济变化的影响的政策的前提。

正因为市场是以单个消费者的决策为基础的,所以市场的这种功能就没有替代者。这并非因为在经济决策方面个人必然比一个训练有素的经济学专家更明智或更少犯错误,而是因为个人所犯的错误都是小错,个人的行动范围狭小,而且因为存在如此之多的个人,他们的小错、过失和造成的灾难会互相平衡。而若有几个掌权的经济独裁者,经济将会经历一系列的剧烈动荡,而且随时存在着犯灾难性错误的危险。

在一个像我们这样信奉经济目标的社会之中,除非我们拥有市场以价格给出的经济理性原则,否则我们不可能得到一个成功的社会政策。划分何处应是市场不能被允许自由运作的领域,依赖于一个起作用的经济标准。由于我们必须限制市场,社会利益绝不会是和谐兼容的。对社会而言,什么更加重要——通过廉价的居住来消灭贫民窟,还是通过制约建筑方法和材料来维系建筑工人的社会安全和传统?只有当这些相互冲突的利益能够用相同的术语来表达时,即用它们对成本和价格的影响来衡量时,我们才能做出决策。如果没有价格这一共同的分母,社会政策的每个决策都将是无法用协商来解决的政治决斗,而且只能通过施加政治压力来解决。总之,没有价格标准,我们就无法衡量社会政策对经济效率和生产力的影响。不仅在任何努力创造经济增长的社会中,而且在任何想要存活的社会中,这些影响都是制定政策时必须考虑的真正因素,这是因为一个社会的经济资源的有效利用是这个社会及其成员存活的前提条件。

个人需求

在一个努力实现经济增长的社会中,社会性构成的部分也是一个经济的部分。因此,只有在个人的经济需求和决策具有社会有效性并对社会经济起决定作用的时候，即建立在市场的基础上的时候，这样的一个社会才能成为自由社会。如所有的集权主义者所言，个人的经济决策是反社会的，且不可能被准许来主宰经济，那么一个经济社会的社会利益和个人利益则会处于一个基本冲突的状态。政府当然不得不完全主宰经济，而且所有经济决策必须以群体利益为基础，即通过政治命令来做出。在这种情况下，一个致力于实现经济目标的社会不可能成为自由社会，它可能必须拥有一个不允许反社会的个人利益对其施加任何控制的绝对的政府。

公民的个人利益与社会利益之间的关系是自由社会的最根本问题。因为毫无疑问，这两种利益永远不可能相同。柏拉图和卢梭试图通过教育人们放弃个人利益来解决这个问题，冷静的无政府主义者，如赫伯特·斯宾塞则通过否认社会的实际情况来解决这个问题。这两种尝试都不可能成功。无论市场如何有局限性，抑或如何不完全，它还是以社会效率和有效性给个人的经济利益以回馈。因此，市场即以个人经济决策为经济主宰的做法，令努力实现经济目标的社会拥有一个自由政府成为可能。

自由是一种信仰条文，并不是物理定律，因此，完全有可能不去相信它。若集权主义者一点也不相信自由，也不能证明他们就是错误的。此外，自由也不是自己来到的，而是需要巨大和持久的人类的努力才能够得到。尤其对于那些根本不信奉自由的人而言，很可能认为专政更加容易实现。但是，认为自由社会比专政社会效率低和不稳定的论调是站不住脚的。正因为在一个自由社会中，个人的需求和决策与社会的需求和决策不会发生冲突，所以自由社会比专政社会遭受更少的摩擦，更加稳定并且更具活力，因为它利用社会利益中的公民的个人利益，而不是对其进行持续的打击。但对于那些如作者一样坚信自由是一种信仰，是神灵和人类本性所要求的东西的人，这只是一个次要的观点。由于本章涉及社会稳定及生存的问题，我们必须指出，因为市场使自由经济社会成为可能，所以市场对这两个方面都做出了贡献。

只要我们承认经济进步对社会有利，市场对自由社会和经济稳定及经济运行来说都是不可缺少的。没有价格，即没有经济理性作为经济行为的决定因素，我们就不可能拥有一个经济社会。没有市场价格，我们也不可能在经济社会中享有自由。虽然社会利益要求限制价格和市场，它也要求在可能的情况下最充分地运用市场的政治潜能和社会潜能，但对这些方面的管理和干预绝不应采取直接的政治控制，或以政治命令代替市场行为的形式。管理和干预应永远被限定在市场仍能完全发挥作用的界限之内。可能存在——也确实存在——很大的关于这些限制应存在于特定情况下的分歧。这些限制应足够宽松，能够允许发挥其更正和整合的功能；为了需要维护的社会利益而对市场加以限制，这一社会需求应该与限制市场运作和限制经济上高效率生产的社会利益此二者所产生的影响进行权衡。市场并非一个完美的机制，也并非一个面面俱到的机制，但在它的能力范围内，它以有利于社会利益的方式运行。

3 充分就业可能达到吗

到目前为止，我们所讨论的诸如垄断及庞大规模、盈利能力、市场及市场价格、利润驱动等问题，已经存在了一个多世纪。本章的绝大部分内容只是对传统的争论做一个归纳和总结，仅此而已。但是，工业体系的未来并非取决于我们对经济政策中那些经典问题的回答，而是取决于这种体系提供充分就业的能力。在过去的10年、20年中，这一点变得越来越明显。如果自由工业体系不能保持充分就业，不管它有多少其他的优点，都将无法生存。如果自由工业体系能够保持充分就业，它就能获得这个国家最大多数人的支持，充分就业成了美国经济体系的试金石和我们经济政策的焦点问题。

可以找出很多理由来反驳当前的一种信念，这种信念认为充分就业是最重要的经济利益，而失业则是最严重的经济祸患。灾难很少以同样的方式再次出现，所以一次灾难之后所采取的防范其再次发生的措施对下一次灾难通常是无效的。因此，当我们集中精力于防范和消除失业的时候，我们很可能正在防备的是已经发生过的萧条，而不是将要到来的萧条。尽管如此，以就业状况来判断经济体系是否具有社会效益的决定性因素应该说还是适当的。长期的失业不仅会带来灾难性的经济后果，它还会危及整个社会的凝聚力。长期的失业剥夺了人们的公民资格、社会地位和自尊，而这一切却不是它本身的过错所造成的。如果在一个社会里，人们能否拥有公民资格、社会地位和自尊要依赖于种种不可控制和无法理解的力量，这些力量是由萧条所引发的，那么这个社会就不可能凝成一体，并且对它的成员来说也毫无意义。今天，没有任何工业社会能够忍受长期失业或承担得起失业所隐含的风险。最近的战事已经证明，如果能够保证一定的充分就业，工业社会甚至可以经受得起严重的经济混乱和震荡。为此，到现在为止我们在本章内所讨论的全部问题都必须从属于一个问题，即在有着大型公司的自由企业制度下，充分就业能够实现吗？

"充分就业"这个术语就像此类口号通常所表现出的那样，含义模糊不清。如果要问自由企业制度能否保证每个人都可以得到他想要或有资格去做的一份工作，那么答案就是简单的："不能"。事实上，也没有任何其他制度能够给出这样的保证。我们也不能保证持久的富余工作机会，而这却正是威廉·贝弗利先生所要求的。因为这样做所引发的通货膨胀压力会立刻使生产效率和购买力受到削弱，紧接着便是我们竭力想要防范的失业。总而言之，我们不应该总想着要去消除经济波动。风险是不可能完全避开的，除非我们连机遇也一同放弃。完全的稳定也就意味着完全的僵化与停滞。我们想要做的，就是防止大规模、长期的失业，并且让所有有能力和有意愿接受适当工作机会的人自食其力。一个正常的劳动力市场上出现的风险和波动，无论是从社会还是从经济的角度来看，都是完全可以承受得起的。但是在一场灾难性的大萧条中，不正规的劳动力市场却绝不能得到容许。

关于充分就业和对经济萧条的防范与控制已经有了如此之多的著述，以至于经济学家和外行们一样感到迷惘。显而易见的是，从未有两个作者在该问题的性质或其解决方法上达成过任何一致。尽管如此，在这场热火朝天的讨论之外还是能够得出几个主要的结论。

首先，除了几位正在细枝末节问题上争执不休的经济学理论家之外，有一点对所有人来说都是很清楚的，那就是：当务之急并不是去弄明白萧条的经济原因。导致萧条的发生很可能不是单一的原因，而是相互作用的很多原因的影响。我们几乎还可以肯定的是：任何一个所谓的原因——"尝试性假设"可能是对它更准确的一种描述——都不是产生萧条的真正根源，它们只不过是萧条的表现而已。萧条的真正根源在于现代工业体系内部结构的复杂性，也就是说，某些我们无法排除或回避的东西。想要通过消除经济复杂性的方法来避开萧条，就像为了避免烧毁房屋而禁止人们用火来取暖、照明、烧饭一样不合情理。经济的复杂性是一种生产条件。我们还知道，那种常常使一个现代化的经济体陷入萧条，并使其成为持久性萧条的瘫痪状态，其本质并不是经济意义上的。萧条本身所带来的社会混乱以及心理冲击，才是产生这种瘫痪状态的最重要原因。因此，经济政策必须把注意力从消除萧条的经济原因上移开，转而去关心如何克服那种萧条所产生的无助感以重振旗鼓。

过去20年的经验告诉我们，那种让经济自我调适的传统建议已经没有意义了。顺其自然的话，也许萧条最终也会自动消失的。但是到了那时，整个经济体早就因不堪重创而无力回天了。现代工业社会绝对无法承受持久性失业和经济停滞所造成的社会损害。尽管那些自由放任政策的拥护者们所坚持的经济理论也许是对的，但他们不明白：一次大萧条从根本上说是对社会和政治的威胁。因此，每一个国家在萧条来临之时，都必须采取积极的行动和干预政策。

另外，尽管我们对萧条的起因所知甚少，但我们的的确确知道许多克服萧条的方法。我们曾经花了很多时间才认识到显而易见的一点，那就是：持久性的失业和未能充分利用生产资源其实是一回事。而一旦弄清了这一点，我们就会发现走出困境的方法就是生产。

只要生产资料的生产得以维持，萧条就不会发生。无论其成因如何，在任何萧条状态下，生产资料的生产上升到足以维持经济体正常运转的水平，就业状况也一定会恢复正常。尽管生产资料的生产只是一国工业总产量的一部分，通常是1/4，但它却决定着经济的整体状况。从另一方面看，单靠消费品生产的最大产量无论如何也不能克服萧条或恢复就业。正如我们在1936～1937年所看到的那样，所能做的就是创造出一种虚假的"无就业繁荣"。我们只需将两种情况做一下对比就能看得出来：一是任何打算从萧条的产生根源入手，或者对消费进行补贴来克服失业的企图；如美国的新政或1931～1938年英国政府所采取的政策，最后都以失败告终。二是仅仅让生产资料的生产重新运转起来的所有政策，如纳粹德国以及战争爆发后各民主国家所采取的，这些最终都取得了成功。并且，在一个像美国这样很大程度上不依赖于国外供应和国外市场的国家里，只要有决心和想象力，那么不论是从自然还是从经济的角度来看，适度的充分就业是完全可能实现的。

这就必然地得出了一个结论：所有企图以间接手段来解决失业问题的行为都是远远不够的。这尤其适用于货币政策，如新政时期实行过的政策。1914年以来，我们已经学到了很多关于货币政策的东西，其中主要的一条教训就是，尽管货币政策是一种极为重要的手段，但它毕竟只是一种辅助手段。普通民众对这一点的不了解，可能会带来真正的危险。在下一次萧条发生之时，他们可能迫使政府无论是民主党还是共和党机械地照搬新政时期的货币政策，并且以为这是"安全"和"正统"的方式。但是，尽管这些政策在20世纪30年代时因其新奇和神秘而的确产生了一定的心理作用，但它们却极有可能在下一次使用的时候失败，而这也就意味着煽动家将在民众要求采取有效政策以对付萧条的呼声中登上权力之巅峰。

萧条与失业往往被断言为"资本主义"现象，从而是不可能发生在社会主义体系下的。但是通过对萧条的剖析，我们所了解到的一切都反驳了那种认为经济波动取决于社会经济资源所有权的看法。社会主义制度与存在着可比较的产业结构的自由企业制度一样，也会受制于经济上的种种压力。真正起作用的不是社会主义经济的社会主义性质，而是其政府拥有的绝对权力，这使它能够对经济资源在生产资料与消费品生产之间的分配进行直接干预。资本投资的增加——也就是用在生产资料生产上的消费，带动了整个社会生产的增长。如果在萧条来临时，自由企业制度能够找到一种方法来保持资本投资的增长速度,那么它也可以做得像任何社会主义国家一样好,并且不必让政府拥有绝对的权力。

但即使社会主义国家的政府有力量安排生产资料的生产,它对生产哪些生产资料的问题了解得还是与资本主义国家的政府和商人一样少。实际上到目前为止,没有哪个社会主义国家真正地解决过这个问题。大家都没有为强制性的资本投入找到任何出路。在任何地方,最近的一次萧条都只是靠军工生产来克服的。而如果军工生产仍然是走出长期萧条的唯一途径,那么工业社会就只剩下两种选择了:要么在全面战争中毁灭,要么在完全萧条中毁灭。

商业周期

充分就业政策的首要问题是要在周期性的萧条中创造出生产资料的生产。在上一次周期性萧条的时候,新政曾经试图对消费品进行消费补贴来刺激生产原料的生产。后来这种努力遭到了失败,因为当时的生产原料设备已经足以应付消费者需求的显著增长,而这种增长是由政府支出所引发的。没有任何理由相信,事实上,倒是有很充分的理由怀疑照搬新政时期的政策,甚或在更大的范围内推行这些政策,将会有不同的结果。这种观点甚至是被一些经济学家的新理论所公认的,而同样是这些经济学家,其思想观点对新政时期的政策负有直接责任。代替要求增加赤字刺激消费者的消费的是,他们所主张的新计划呼吁增加赤字,用于生产原料,计划的具体形式则表现为规模庞大而完备的公共工程。⊖

⊖ 对这一计划最简短的描述当属亨利·华莱士先生于1945年1月被提名为商务部长时,在参议院商务委员会上所做的证言。

贯穿于该计划的思想远比迄今为止绝大多数私营企业所持的想法要现实得多。至少，政府的经济学家们正视了生产问题。我们还可以说，如果能被大众接受的话，那么一项规模够大的公共工程计划很可能会起到消除失业的作用。从经济角度来看，军工生产归根到底也是一种公共工程计划。毫无疑问，如果没有其他摆脱萧条的方法，我们就应该采取这种由政府出资和操作的公共工程计划。

必须承认，这是支持政府出资实行公共工程计划的一个很有力的理由。但是，它没有真正回答这样一个问题，即我们应该实行何种公共工程计划。许多制订计划的人以为有一个机制就万事大吉了，如何去实行它的决策会自动产生。这样，看起来显然更可能的，那就是当形势紧迫时，实际执行的公共工程之中必然会包括军备的生产。任何人都是支持国防的，而爱国主义或是装出来的爱国主义，在政治上总是安全的。国防也是一项大规模的生产计划，对它的组织和运作我们早已熟知。最终，这项计划会无休止地进行下去，因为没有一个致力于武装自己的国家会觉得已经拥有了足够强大的陆军或海军。

上述的这些并非是要反对在和平时期推行强力的国防计划，恰恰相反，持久稳定的国防政策绝对是必不可少的。但是，如果军备生产成了提供就业的一种手段，而不是经过慎重考虑的国防政策的结果，那么这种政策也可能是灾难性的，首先破坏的是国防自身。让军备生产服从于国内经济的需要，无疑是不符合国防本身利益的，没有什么比这个更不利于和平或安全了。如果美国，或者任何其他一个大国，想要让它的国防计划为国内的就业状况负起责任，那它就不可能推行任何经过深思熟虑的和建设性的外交政策，也不可能发展任何持久的国际合作。

此外，在这项计划里还隐含着一个前提，即政府对资本投资几乎拥有绝对的控制权，而这必然会对整个政府体系造成侵蚀。政治权力将成为获取经济进取和利益的主要手段，政府本身也将受利益的驱动而把国库的财富揽入私囊。过去20年中，随着政府对经济生活控制和干预的扩大，出现了越来越多的势力集团，这种现象并非偶然。同样并非巧合的是，那些坚信推行公共工程计划是挽救民主政府唯一途径的计划制订者们，也正是那些喊得最凶，宣称必须把政策制定及其管理交给专家官员们，而不是让民众讨论和决策的人。

最后，拥护政府出资实施公共工程计划的人容易忘掉一点，那就是这样的计划必须要能被确认为"紧急措施"才行，就像新政时期的支出政策一样。即便政府的计划者声称计划是为了"倡导自由企业"，这种说法近来已成了时尚，但公共工程仍然应被视为一种临时的消费。同时，这样做还可能会使那种当年新政时期极为明显的紧张态势重演，这种紧张是因为大部分民众的信念与政府的实际行动之间存在对峙，而这种分歧往往不仅会扰乱政治，还会使经济体系变得紊乱。另外，公共工程计划很可能像新政时期的"借贷支出"一样，对经济的复兴无能为力，它的创造就业效应会被经济中私有部门的持续萎缩所抵销。因此，公共工程的政策有可能会轻而易举地令整个国民经济崩溃，所谓的复苏也将仅仅是表面上而非实质性的，就如同1937年的情况一样。

这同样不应被误认为反对公共工程本身。像田纳西河流域管理委员会那样所坚持的一个美国"内部改进"传统就非常精辟。事实上，在美国有很多实施大规模内部改进的空间，如高速公路、灌溉和发电项目、森林再造或航道等。但是，如果执行这些计划不是为了国家的整体利益，而是服从于经济的就业需要，那么这些必要和有益的计划就会受到严重的损害。如果它们被制定为政治性的策略，仅仅用来救一时之急，而不是用来巩固美国的经济结构，使其能够长久稳定，那么它们本该具有的效用和好处就会大打折扣。一项公共工程计划要想有效率和取得成功，就绝不能屈从于和自己无关的政治上和社会上的种种考虑。田纳西河流域管理委员会就是一个明证。只是当它不再被仅仅视为一项"计划好的生活方式"的试验和用来击败企业的工具之后，田纳西河流域管理委员会才能成功地在和企业的合作下集中精力于自己的本职工作：控制水灾、供应电力和土地复垦等。

许多拥护计划的人也都承认这些，但他们争辩说没有其他的替代方法，并且认为只有政府才能在萧条时期有效地提供生产和就业。不错，的确只有政府才能为消费者提供购买力，过去的罗斯福新政也正是以这一点为基石的。但是，用于生产原料的投资却与此大相径庭。

企业领导者所面临的挑战

今天，美国企业领导们的最大弱点也许就在于他们还未能严肃认真地对待充分就业问题。如果大公司不主动提出有建设意义的和积极的充分就业政策，那么它们实际上就是不战而降。那种顺其自然的主张根本就不能算是一种政策。这样其实就等于大公司自动放弃了它宣称拥有的领导权，也就等于承认只有政府才能做一些有建设意义的事。已经有迹象表明，大公司开始认识到了它们的责任，并且正在从那种自大萧条以来的震惊状态中摆脱出来，这种状态使它们的社会和政治思想变得麻木不仁。公司领导们对经济复苏、失业者的重新安置、熟练工的重新雇用、经济发展委员会工作组等问题的关注，显示出一种新态度的征兆。但是，真正的问题还没有被解决，而且没有被立刻解决。

实际上，失业的挑战也同时为企业提供了一个最大的机遇。在自由企业制度的基础上实现充分就业是完全可能的，虽然计划者们并不这样认为。接下来的篇章并不指望能够提出现成的答案，它只是想表明从什么角度会有可能解决这个问题。

任何试图制定出充分就业政策的人都必须从一开始就认识到，那些支持政府出资建造公共工程的人有两个基本主张是正确的。失业问题的解决应当从一点直接入手，那就是为原料生产产出提供工作机会。此外，在一个现代化的工业经济中，经济生活的时间单位不是自然年，而是7～15年之久的商业周期。正是基于这一点认识，计划者们提出要把政策的制定建立在平均为10年期的资本投资的基础上。商业周期大致与资本设备的平均使用年限相当，在此期间，资本设备不断折旧并最终能被新设备取代。10～15年同时也是新产业、新产品、新工艺从实验室发展到成功的商业化生产所需要的平均发展阶段。对农民来说，自然年是再方便不过的计量方式了，因为他们的生产周期实际上就是从一个收获季节到下一个收获季节。但如果将农民的经济生活单位生搬硬套在工业经济身上，除了方便，不可能正确。尽管如此，实际上我们还是在让自然年来决定我们的经济思考与政策。因此，公共工程的支持者们提出要将经济体的资本投资分摊在商业周期内，这种建议从本质上说，是正确的。但是，要实现计量单位的变革，是不是就一定要加强政府控制，并以大规模的赤字来提供经费呢？

通过对我们的财政体系进行简单的变革，使其与现代经济生活的实际相适应，我们就可以在自由企业制度的基础上取得任何公共工程计划所承诺的几乎所有好处。

当前的财政政策沿袭了自然年的惯例，而这种做法已经对我们的工业经济形成了束缚，它使得在年景不佳时几乎不可能存在企业投资。我们的税收法规几乎将一年的财务成果与另一年的彻底分开。我们的财政政策建立在想当然的基础之上，它认为，工业生产总是在 1 月份，或者在新的财政年度的最初阶段从头开始。倒也有例外条款，它允许企业从当期利润中扣除过去两年所发生的亏损；就算是这样的规定，也被视为不合理的妥协。

完全过时的时间惯例对财政政策的影响更多地体现了我们没有抓住一个很明显的事实：那就是一个新企业在最初的几年里，从经济角度来看是幼稚的而不是成熟的，需要特别的保护。没有人会把装满了来复枪和帐篷的军人的行囊压在一个六岁大的孩子肩上，还指望他能够完成 20 英里㊀的急行军。可是，在对待新的风险企业时，我们的财政体系却正是这样做的。㊁

税制从以自然年为基础到以商业周期为基础的转变，当然不是要用每 10 年对周期内的总利润征一次税来取代每年征税。但是，正如在个人所得税的征收中，我们已经成功地把"差额纳税"与每年的基本固定税额结合起来一样，我们也可以很容易地每年对企业按照预定比例征税，同时每 10 年或 12 年对税收进行最终的调节。这样一来，尽管税收还是一年一征，但税收基础却是周期内的总收益。

实行周期性的企业纳税制度导致不再按照虚假的"年利润"，而是按照实际利润来征税了。这样，以周期性税制来带动萧条时期的投资便成为可

㊀ 1 英里 = 1609.344 米。
㊁ 有一点几乎无须强调，那就是所说的这些并不是在抨击新政时期的财政政策，尽管我对这类政策的确是持批评态度的。自然年的计量方式在胡佛时期同样得到了应用，也产生了同样的后果。

能。目前，除了一项时常难以为继的折旧外，我们还在对所有的年利润征税。如此一来，企业就很自然地既无法为扩张中潜在的风险做好准备，也无法为此积累起资本准备金了，尤其是在面临目前这种没收性的高税率情况下。

在周期性的税制体系下，资本准备金是从利润中划出来的，而再将它限定于折旧所需的最小量就没有任何理由了。应当允许企业拨出自己认为合适的一部分利润，用于对将来的意外事件做好准备，而不论其规模如何。如果它们拨出的利润过多，那么几年后政府还是可以设法拿回那些损失了的税收。这样做还可以鼓励企业从当前利润中划拨出一部分作为资本准备金，为将来实施积极的反失业政策打下基础。

就业基金

为了防止失业，对企业从当期利润中划拨出来，用以应付意外事件的那部分资本准备金应该免于征税。但是，它们应该还是可以征税的，除非它们在特定时期内（比如说10年）被用来抵销亏损，或进行一些能创造就业机会的投资，比如用于新设备、新厂房、新产品和新工艺的投资等。我们对那些在萧条时期将准备金用于创造就业机会的投资行为，应该予以奖励；这种奖励也许是在经济不景气时，企业每花一美元的生产性开支就将当前征税减少10%，或者与之相类似的其他方式。同时，在就业受阻时，我们应该对囤积的资本金施以重税。

通过这种政策，我们可以迫使企业为其投资制订出长期的计划。这样，一方面降低了过度投机和经济过热的风险，另一方面也极大地减少了萧条时期投资不足的风险，这种风险是因为对前途感到悲观而产生的。萧条时期，由于缺乏此类长期投资计划，没有对企业利润的长期征税比率的考虑，结果没有任何人敢于投资。再过几年，我们还应当创建一种可用于资本投资的循环式基金，即便在经济最萧条的年份里，该基金也能够为生产原料的必要开支提供充足的资金。假定所有企业一年的税前利润为 120 亿美元——这其实是相当保守的估计，因为它考虑了战后经济规模的急剧下降——接下来就可以预计，每年有超过折旧准备至少 30 亿美元的资本准备金。5 年之内（除非在萧条时期），我们就可以积累起 150 亿美元的投资基金，而这个数目已经超出了 1932 年的资本支出。如此一来，这笔投资基金就可以将该时期内的严重萧条和失业状况一举扭转，实现经济的繁荣和充分就业。实际上，如果这样一笔基金真的存在，并且能得到利用，我们就再也不用担心会出现 1932 年那样的大崩溃了。仅仅是这笔基金的存在，以及它在萧条的起始阶段对整个经济的强大影响力，就足以防止那种使萧条持久化的心理崩溃。总之，不用花纳税人一分钱，这一基金就可以高效地完成政府决策者们要增加赤字兴建公共工程所做的工作。[一]此外，它同时还避免潜藏在公共工程项目里的种种社会和政治风险。

为了使这种政策能发挥最大作用，划拨出来用于资本投资的基金应当保障萧条时期就业的基本作用。我们都知道，失业保险根本就不是针对失业的保险，它能够提供的只是钱而不是工作。而金钱，即使是很多的金钱，也不能弥补失业后在社会和家庭地位、自尊方面的损失；并且，任何失业保险都只能防范暂时性的失业。

我们的社会保障条例明确承认这一点，但条例所期望的费率仍然基于一

[一] 任何在 10 年之内没有就业创造效应的那部分投资基金，都应该按全额缴纳税款。这样税收仅仅是被推迟了；至于其他的部分，则完全取代了政府支出，并且很可能远远大于未征集的税收；而如果没有基金的话，这些税收在萧条时期就是必需的。

种荒谬的设想,它试图用保险的方式来预防一场普遍的危机,而这就像海军保险的费率是建立在防范全军覆没的风险之上一样。最终达成妥协的费率是介入以下两者之间的:一是对应于正常风险下的保险费用,比如发展中的经济体发生了暂时性失业等情况;二是对应于发生普遍和持久性失业的保险费用。基于保险统计的计算,其费率可能要达到当前工资的几倍,这对普通的保险目标而言是太高了,对假定的保险目标而言又显得过低,这就难怪这一法定费率的应用不得不年复一年地被推迟下去了。同样的批评也适用于贝弗利的计划。

这样说并非意味着失业保险就没有任何价值了,在正常生产的经济体中,它的确可以适用于暂时性的、短期的失业,但是任何超出这个目标的要求都应该由能够切实提供就业机会的公积金来满足,如果允许企业把一部分资金用于创造就业,并对这笔资金免于征税,那么我们就可以创造出一个蓄水池。如果真的存在这样的基金,企业就可以保证员工的就业机会;当然,这种保证并非模糊不清,也并非适用于所有人,而是根据员工的服务年限来确定一个相当长的时期。

此外,这样一个投资与就业的蓄水池还可能对工会的工资政策产生引人注目的、有益的影响。现在,即使生活费用并未上升,工会也要在年景好的时候本能地要求增加工资,而年景差的时候它又抵制任何工资的下调。如此一来,工资结构就具有了刚性,而这也正是萧条时期经济复苏的最大障碍之一。因为刚性的工资结构妨碍了企业的主要成本因素根据经济状况做出调整。

一些聪明的工会领导人很清楚:这种工资政策不仅有损于整个经济,它还危及了工人自身。但是在当前的情况下,他们又无力改变这种政策。一个原因就是，工人的家庭中有越多的成员失业，对那些还在工作的人的薪水要求就越高。工人是以家庭为经济单位的，他们看重的是家庭收入。这一点可以很清楚地从早些年纳粹德国的情况看出来。希特勒将工资率大幅削减到低于 1932 年工会维持的水平以下。与此同时，军备生产、建设庞大的军队和同样庞大的官僚机构，这些都使得就业状况很快就得到了改善。结果，普通德国工人觉得他的收入，也就是说他的家庭收入，在纳粹执政期间上升了，这使那些仅仅看到工人个体工资下降的外国观察家们大惑不解。

在一个有 3 个工作成员的家庭，只要有 1 个人失业，整个家庭收入就会立刻下降 1/3，几乎没有什么工人家庭有足够的预算盈余来应付这种收入的突然减少，只能处于艰难的处境。这样，对那个失业的工人来说，努力维持其他两个在职的家庭成员的工资水平就成了他应该为之奋斗的最基本目标。因此，只要有可能维持就业的数量，工人就可以并且愿意在坏年景里接受工资率的削减，而一个投资与就业的蓄水池就可以确保维持就业的数量。

另外，这样的公积金还可以应付工人在经济景气时增加薪水的要求，这种要求从经济的角度看是不合理的。它可以让工人在景气时提供准备金，以防将来的就业状况出现意外。总而言之，就业基金要能给工人以安全感，而这种安全感应该在抵销悲观主义心理上起到举足轻重的作用，正是这种悲观主义心理，使萧条变得持久化。

对这个计划可能会有强烈的反对意见。当然，在其实施之前的确还有大量的专业工作要做。但是，这项计划本来就不是一个最终的解决方案，我也并不以为它达到了完善的地步。之所以提出它，只是想说明一点：如果产业部门与政府能够发挥其想象力和创造力，那么在自由企业制度下实现对周期性萧条的控制是完全可能的。

扩张

充分就业政策不仅要解决周期性萧条问题，它还得为经济的不断扩张做好准备，以适应就业人口的增长和可能导致技术性失业的每人每小时生产率的持续增长。在过去的十年间，有一种说法变得很流行，那就是我们的经济体是"成熟"的，因此不能再让它自动膨胀，而必须用政府行为和控制来取代传统的自然增长。

这种主张有两个前提：一是美国经济过去的扩张主要是建立在占用和过度利用自然资源的基础之上的，没有国家自然资本的全力投放，这种资源不可能持续；二是经济扩张的各主要领域是那些在现有的分配制度下，不能得到充分开发的领域。从广义上说，这两个前提假定是正确的，问题在于：能不能就此得出只有通过政府干预和控制才能实现经济扩张的结论呢？

很显然，为了民族的生存利益，国家不会再允许对土地、森林、石油等资源进行无节制的开发利用。未来的经济扩张必定要靠从新生资本及利润中产生的公积金积累、国民的创造力和想象力，等等。那种认为目前我国经济已经进入成熟状态，无法再继续发展的观点纯粹是一派胡言。要是照这种说法，那么一个像德国这样的国家就永远也别想成为主要的工业生产者。德国的工业是在第一次世界大战前的50年间逐步发展来的，它所凭借的只有并不丰富的自然资源和对资源的谨慎利用。

正如刚才所说过的，正确的结论应该是：将来我们会在更大程度上依赖于从当期利润中来的资本积累。即使假定未来的经济扩张速度会比过去的慢，我们还是需要更高的利润空间与财政政策相配合，以奖励那种把利润用于未来经济发展的行为。

我们还必须对新的和处在成长期的企业实行保护性政策。我们已经有了保护自然资源的意识，但对那些人类的资源，即想象力、勇气和创造力等，我们却仍然在令人难以置信地挥霍。将来，我们不得不去保护自然资源，而且这些人为的经济财富会显得越来越重要。如果我们不对这些财富进行保护，那么它们就会比当初的铁矿和石油资源更迅速地被耗尽。尽管我们可以指望人类的才智、创造力和想象力能为那些耗竭的自然资源找到替代品——当然，在可能的范围之内，但是社会上的人才一旦被放弃，要找到它的替代品就不可能了。由此可见，那种成熟经济的观点并不能顺理成章地得出需要政府计划和控制的结论，恰恰相反，这倒是表明了我们应该对个体企业和主动性予以鼓励和奖赏。

当前的财政政策尽最大可能在扼杀新的风险企业，它不是去扶植这些企业，而是把成熟企业才应该承担的全部重担压在它们肩上。本来，新的风险企业在第一个10年内是应该完全免税的，至少也应该允许它们完全扣除初始阶段发生的亏损。同时，我们必须使这些企业有可能获得股东资本，这主要是私营企业的一个任务。而如今，由于我们的税收政策，也由于银行政策的官僚主义，许多新的风险企业无法获得自己所需的资本。通用汽车公司在普通的银行风险和利润限度内，成功地向经销商提供股权投资一事也表明，新的风险企业所需的资本其实是可以得到满足的，但是除非这个例子能够扩散到更广的范围，我们先得在财政观念和政策方面做出迅速的转变。

成熟经济论断言，在现有的分配体系下，对我们开放的经济扩张的主要领域不可能得到令人满意的开发。这种看法完全忽略了发展新主要产业的可能性，如航空、电子、新能源等，而迄今为止，在现代经济生活的历史上，这种新主导产业的兴起总是让那些预言经济会陷入停滞的人目瞪口呆。但是，像"过去我们总是有新兴产业，将来也一样"的假定是不能成为政策的合理依据的，所以我们必须承认，除了战争造成的短缺外，经济中尚未实现的最大需求也许就在像房地产这样的领域；而直到目前为止，私营企业还未能在该领域内建立起能够满足巨大的潜在需求的分配系统。造成这种现象的原因就是：我们的分配系统在很大程度上是仅仅和个人市场行为相匹配的，而市场上单独的个人行为是很难满足像对房地产之类的需求的。

我们知道，如果房屋能够大量地制造出来并装备好的话，房价就可以很便宜，以至于绝大多数人都买得起它，而这就意味着必须废除那些由工会制定的种种限制，它们妨碍了采取高效的建筑方法和廉价的建筑材料。这还意味着只有同时为大量的住宅建造起规划好的配套设施，如交通系统、污水处理系统、医院、学校和商店等，房价才能最终变得便宜。房屋建造的节约措施其实与铁路交通、电力供应等所体现出来的大同小异，尽管它们所提供的经济上的满足感是个人而非群体的，但这不可能单独地提供给个人消费者。问题仅仅在于如何把群体行为组织起来，最后达到个人满足，也就是说，如何实现大批量的生产和装配。

跟过去成功解决的其他经济问题相比，这个组织问题还算是简单的。一种解决方法是一家保险公司提出来的，这家公司负责纽约帕克切斯特区的住宅开发。社区项目由类似于保险公司或储蓄银行之类的机构筹措资金，而这些机构负责管理社区的积累资金。另一种解决方法是，由当地信用合作社之类的组织来实施专门的当地工程，而这就需要政府采取积极的行动，如给予特殊的税收优惠等。政府还应当提供专家的建议和帮助，可以仿效所有政府机构中最成功的"乡村农场代理人"的方式。另外，在那些最贫困的地区，由政府出面提供信贷方式的资助或赠予性援助也是必要的。但是，尽管有很多地方需要政府的鼓励、建议和帮助，我们还是绝不需要大规模的政府直接行动，虽然这种行动是为了能够有效地满足经济扩张所带来的潜在需求。

自由企业社会中的经济政策

让我们来总结一下。如果我们不能拿出切实可行的政策来克服严重的长期失业，那么在下一次萧条来临之际，政府就会想当然地对国家的生产资料投资加以控制，我们也就会被迫实行集权主义经济。这种情况的必然性不仅仅是因为民众的压力，其要求采取有效的反萧条政策，还因为长期的大规模失业危及了社会结构的凝聚力和生存，而任何政府的首要任务都是确保国家政治的生存。

但是在自由企业制度的框架内，我们可以做得一样好甚至更好，以克服萧条和提供就业。首先，仅仅转向集权主义并不像某些拥护计划的人所认为的那样，就可以自动地排除萧条和放弃反萧条政策了。我们仍然必须解决如何取得和维持对生产资料投资的所有问题，因为萧条本身并不只是自由企业制度这种结构的结果。其次，克服萧条的唯一方法，就是增加资本投入并使之恢复到正常的水平，这无论是在自由企业制度下还是在集权主义制度下都是可以实行的。所涉及的问题都不过是技术性的，并且只要有经济资源的保障，那么这些问题在任何体系内都能得到解决。如果我们可以成功地调配自由企业社会的经济资源，来维持和扩大资本投入，我们就不但能够避免集权主义解决方式下的种种经济、社会和政治风险，而且能对那个迄今尚未得到解决并且最为紧迫的问题做出回答。该问题就是：我们应该生产什么样的生产资料？答案不是军备生产，虽然它在集权主义的政府看来是不可避免的答案，而是建立在个体消费者需求基础上的、能够带来更多国家财富的生产。

在社会和企业两者对于各自的稳定及正常运转的基本要求之间，并不存在固有的、不可避免的冲突，社会的需要和大企业的需求与目标之间是可以达成和谐的。当然，在特定问题和每一具体问题所遵循的准确边界上，总是会有许多不一致，但这些冲突并不是根本性的。一个凭借大企业将其工业资源组织起来的自由企业经济体和一个稳定强大的社会，不仅是相容的，更是互补的。最重要的是，利润和盈利能力不仅对社会的最高利益无害，它们还对社会福利和社会的根本存在起着至关重要的作用。利润是社会在经济生活遇到风险时的一种保障，并且，作为资本形成的唯一源泉，利润是所有经济扩张和所有可行的反萧条和充分就业政策的基础。

一项适用于自由企业社会的经济政策必须依赖于五个重要的支柱。

（1）它必须是一项能够发挥作用的充分就业政策。没有适度和稳定的充分就业，我们实际上就根本没有任何经济政策，从而只能依靠一些临时准备和应急措施。如果没有这样的政策，那么无论有多少反对集权主义的论据，自由企业在任何工业化国家里都无法维持下去。另一方面，我们可以说，对美国而言，除非建立在自由企业制度的基础上，否则不可能制定出成功的充分就业政策。在相当长的未来日子里，任何以集权主义原则为基础的充分就业政策都必将与美国人民的信仰和需求发生冲突，并且最终都会失效。在这个国家，有效的政策只有一种，那就是建立在自由企业制度之上，同时以克服那种噩梦一般的持久性失业为己任的充分就业政策。在接下来的篇章里，我将表明这样的政策是可以实现的。国内目前最为紧迫的任务就是制定出这样的政策，而这是政府和企业共同的任务。

（2）一项行得通的经济政策必须在某些领域有明确的决定。在这些领域，社会的生存利益要求采取集体的、政治的而不是个人的、经济的活动。在这些领域，政府必须承担起直接控制的责任，并且力图制定出一种强有力的、建设性的政策。正如"内部改进"为个人经济行为划定了范围一样，国防与司法管理就是两个典型的政府负责的例子。明白无误地制定出这些政策，显然应该是强有力的政府决策机构的任务。这些决策与自由企业和个体决策领域不是相互竞争，而是相互补充的。

（3）在经济生活中有一些非常重要的领域，出于经济效率的考虑应当在经济理性的基础上进行组织，也就是说基于和按照市场价格来组织，但是出于社会稳定和社会公平的需要，又必须对其进行保护，使之免受市场波动带来的冲击。在今天的美国农业中可以发现最明显的例子，即为了社会原因，必须对家庭农场进行保护，使其不至于在技术进步所带来的彻底、迅速的影响下遭到毁灭性的打击。

如果政治干预是必需的，那么多大程度上的干预才是合理的呢？对这个问题要具体事物具体分析，但不论最终的决策如何，在此类事件中政治行为总是不应该以直接控制和干预的形式出现。政府应对自己的行为进行约束，使其仅限于为自由企业制度和市场划定一个可以自由运作的范围。不论是从政治还是从经济的角度来看，正确而有效的经济调整都绝不能通过行政控制和干预来实现，而是应当由立法和司法管理来规定企业的经营范围和方式。

（4）这种调节中最重要的任务之一，就是防止出现垄断，而这项任务也符合自由企业本身的利益，但我们必须谨慎防止将垄断与单纯的规模庞大混淆起来。前者往往是反社会的，而后者则可以通过分权经营的方式成为社会的财富。我们还必须将真正意义上的垄断行为和企业的一些努力区别开来，后者是以商业周期而不是自然年或季度为基础进行经济活动的，它试图用长期的价格、销售和雇用策略来促进社会稳定和增进社会的最大利益。

（5）最后，我们应该保护人力资本和人为的经济财富作为经济政策的中心。这就意味着采取一种鼓励资本积累用于未来的投资的财政政策与观念。这还意味着在自由企业制度的基础上，采取积极的政策激励那些风险企业和新型企业并为它们提供股权资本。

但是，对刚才所陈述的，即认为自由企业与现代工业社会两者各自的需求没有冲突的观点，必须做一点保留。作为自由企业制度下经济政策的必要条件，这种和谐只有在两种情况下才可能实现：①社会仍然相信经济增长是好的；②社会生存并不要求政府完全控制整个经济。如果我们不得不生活在大萧条或全面战争之中，那么一个奉行自由企业制度的社会也就不可能继续存在。

假如我们不能成功地克服萧条，那么几乎可以肯定：社会将把经济安全而不是经济发展作为经济活动的目标。要实现彻底的安全，我们就得消除风险和机遇，放弃变化——这也就放弃了扩张，并且"封存"生产技术，这也就意味着经济活动的目标不视为满足个体消费者的经济需求。利润驱动和经济理性的机构市场也都会失去它们的社会意义，而本来个人行为是可以通过利润机制而具备社会效益的。自由企业制度不再能够在实现自身需要的同时满足基本的社会需要，此时它的需求和需要与社会的需求看起来是存在冲突的。另外，如果我们不能成功地克服萧条，政府也将不得不对经济实行控制，因为当大规模的失业变得持久化时，社会生存就要求对整个经济生活实行集权的政治调控。

一个严重得多的威胁是全面战争的威胁。在自由企业制度下，我们可以使用资源来克服萧条，不仅如此，还会有强大的政治反对力量来抵制集权主义的萧条的政策。尽管如果萧条长期持续下去的话，集权主义的政策也不大可能成功，但是，如果我们不得不生活在全面战争的威胁之下，那么我们面临的就不仅仅是要求政府实行全面控制的政治压力。现代全面战争在客观上要求所有的经济目的都必须服从于国家生存的共同目的，并且要求将所有的经济活动都置于中央政府的控制之下。在现代战争的技术条件下，要想让个人消费者的经济需求来决定产出和分配是绝对不可能的，因为就连最富有和最强大的国家也不得不将本国一半以上的资源用于中央政府控制下的军工生产。与此形成对比的是，19世纪的战争所占用的生产性资源很少超过交战国一方生产性资源的1/8，通常情况下资源占用的比例还要小得多。17世纪末18世纪初，尽管陆军和海军的制造工艺有了迅速发展，但它所吸收的资源很可能甚至不到一个主要国家所拥有资源的1/4，这其中也包括在路易十四时期战火纷飞、一片废墟的法国。一位历史学家认为这种制造工艺的发展对启蒙运动和中央集权政府的兴起有很大的影响。根据德国最重要的战争史学家德尔布鲁克的说法，弗雷德里希二世（腓特烈大帝）从贫困落后的普鲁士调动了几乎2/3的经济资源投入战争，这一举动令当时的所有人都惊诧不已。的确，我们的时代不论是在战争技术对经济的要求上，还是在把经济组织起来服务于战争的全面能力上，都是史无前例的。但在第一次"核战争"之后，即使文明还能幸存下去，自由企业制度也肯定是没救了。

1983 年版跋

《公司的概念》对美国的商界、公共服务部门和政府机构都产生了直接影响,而通用汽车公司却对它无动于衷。

本书出版于1946年年初,二十五六岁的亨利·福特二世刚刚接管了濒临破产的福特汽车公司。当时,公司现金短缺,市场地位微弱,产品缺乏竞争力,管理更是一团糟。正如亨利·福特二世和欧内斯特·布里奇——深受通用汽车公司培训的执行官,后来被亨利·福特二世引荐为董事长兼首席执行官——在书面和口头上反复强调的那样,他们将《公司的概念》当作拯救和重建公司的蓝本。几年以后,在1950年,通用电气公司将《公司的概念》作为其大规模重组的基本蓝图。此后20年,通用电气公司成为组织结构的典范,并引发了一场浩大的"组织革命"。随着这场革命的推进,资本主义世界的大型企业几乎都按照由通用汽车公司率先尝试,由《公司的概念》最先阐述和分析的分权思想进行了自我重组。

本书一经出版,也马上成为指导主要州立大学进行重组的教科书。《G. I. 法案》颁布后,第二次世界大战老兵蜂拥而至,这些州立大学,如密歇根大学、密歇根州立大学、明尼苏达大学、俄亥俄大学和其他大学都发现,它们原先的组织结构已经满足不了急剧增加的学生。几年后,当美国整合其武装力量时，第一任国防部长詹姆斯·福雷斯特尔和乔治 C. 马歇尔都向《公司的概念》寻求组织结构的指导原则。同一时间，当红衣主教斯佩尔曼为纽约教区寻找新的组织原则时，也想到了《公司的概念》。正如他所说的那样，随着纽约教区规模渐大，日益复杂，作为世界上最古老的组织法——《天主教教会法》在管理和组织的框架方面已经跟不上教区发展的需要了。

但是，通用汽车公司不仅不接受《公司的概念》，甚至故意漠视它的存在。

这与私人因素无关。相反，除了少数几个例外，我在研究过程中遇到的每一个通用汽车公司的经理都十分友好，甚至很客气，他们在战时生产的工作十分繁重，依然抽空向我提供帮助。我的问题再愚蠢，他们也会耐心对待，无一例外。他们中的一些人成了我的私人好友。没有一个人对我施加压力，要求我修改我的文章。

通用汽车公司最重要的经理，阿尔弗雷德·斯隆——董事长兼首席执行官，公司成长、决策和组织架构的主要力量——总是竭尽全力向我提供友善的帮助。本书出版后，他几番邀我做客，征询我对位于纽约的斯隆－凯特灵癌症研究所和麻省理工学院斯隆管理学院——他最喜欢的两个项目——的看法。事实上，他还邀请我担任斯隆学院的管理学教授。我因为喜欢纽约大学商学院研究生院的工作而拒绝了他，这令他深感失望。

但是，通用汽车公司的大多数经理，首先是阿尔弗雷德·斯隆本人，根本无法接受本书。其实，他对我说过很多次，《公司的概念》迫使他坐下来自己写一本关于通用汽车公司的书——《我在通用汽车的岁月》（New York：Doubleday，1964）。该书反驳《公司的概念》，旨在告诉人们一本关于通用汽车公司的书究竟应该是什么样的，应该关注哪些问题。虽然《公司的概念》是当时唯一一本关于通用汽车公司的论著，但是斯隆的大作甚至连提都没有提到它。《公司的概念》被视若无睹的遭遇可以说是通用汽车公司及其经理的标准反应。本书未在通用汽车公司内部流传，也很少被提及，更不会出现在经理办公室的书架上。《公司的概念》出版几年以后，被阿尔弗雷德·斯隆视为掌上明珠，由通用汽车公司投资并经营的工程学院——通用学院——开始教授管理学，本书也没有被列入推荐书目，事实上我被告知，甚至在学院图书馆的索引里也找不到它的影子。

通用汽车公司之所以做出这样的反应，主要基于三个原因：①本书对通用汽车公司政策的态度；②本书关于雇员关系的建议；③本书要求大型公司"服从公众利益"。这些原因在很大程度上解释了通用汽车公司在战后的巨大成功以及随之而来的重大失败。

通用汽车公司的大多数经理反对《公司的概念》——有时甚至勃然大怒——首先是因为本书反复建议：通用汽车公司在第二次世界大战结束后，在恢复和平时期的生产之前，必须慎重考虑是否应该原封不动地套用战前的政策。他们认为这种想法不但可笑，而且简直"离经叛道"。

评论家和通用汽车公司以外的读者大都认为《公司的概念》显然是站在赞成通用汽车公司和大型企业的立场上的，但是，通用汽车公司的经理们并不这么想。我在本书出版前，曾将手稿寄给通用汽车公司的经理。公司的发言人马文·科伊尔——当时，他掌管着通用汽车公司最大的分部——雪佛兰分部，正准备退休——恰如其分地表达了他们的观点。他这样评论我的手稿："一次对通用汽车公司的攻击，其敌意不下于任何一位左派人士。"此外，让科伊尔及其同事更为恼火的是随同手稿一起寄给他们的一封信，在信里，我首先指出通用汽车公司的政策已有20年的历史，而我认为20年前制定的政策终究是过时的，因此我们必须重新做出考虑。我指出人类发明的制度很少在经历了近 1/4 世纪后依然是合理的。我还特别提出这样一个问题：当通用汽车公司从战时生产重归和平时期的生产时，是否应该认真考虑将雪佛兰分部从公司分离出去，独自成立一个公司？

20 世纪 30 年代末，通用汽车公司卷入一场反托拉斯案件，案子本身并不重大，但却留下了深深的心理创伤。通用汽车公司的管理层决心再也不让公司经历这样的痛苦。为此，他们决定把通用汽车公司在美国汽车市场占有的份额控制在 50% 以内，也就是说，不允许公司继续扩大其已有的市场份额。通用汽车公司的一些年轻经理认为，这意味着作为当时美国规模最大、实力最强的汽车生产商，通用汽车公司不能再有所作为了。通用汽车公司自愿放弃了采取任何主动，转攻为守。他们还指出：雪佛兰分部构成了通用汽车公司的半壁江山，其规模大于任何一个竞争对手，包括福特和克莱斯勒在内，它能够成为国内最大的企业之一，在客车和卡车行业都完全可以自力更生。如果让雪佛兰分部自立门户，并由通用汽车公司的股东参股，那么分部本身和通用汽车公司的其余分部就都拥有了进攻、创新和竞争的自由。对此，我不敢苟同——我不认为自己有这个资格，但是，我极力主张认真考虑这一问题，这在雪佛兰分部和其他人的眼中，无疑是一种背叛。

在书稿和附信里我还敦促通用汽车公司的主管们重新慎重考虑公司的其他政策，原因是这些政策已经获得了 20 年的成功，这些政策涵盖了经销商关系、客户关系、供应商关系以及关于一线经理人员和雇员关系等各个方面。我并不是说这些政策都需要修改——我没有根据那样做，我只是认为任何一项政策经过 20 年的时间后，多半已不再适用了；目前，通用汽车公司正要结束持续了 4 年之久的国防生产，恢复和平时期的生产，为公司提供了一个特别的、永不可能再有的重新思考的机会。

并非我提出改变政策的具体建议，而是我认为政策都应该被视为暂时的和可能失效的，这使通用汽车公司的老总大为恼火。对于通用汽车公司经理们来说，政策是"原则"，是永远合理的，或者至少在很长时间内是这样。"我们经过20年的深思熟虑才发展出这些政策，"他们其中有一个人对我这样说道，"它们在实践中受到了检验，我们知道它们是正确的。你还不如让我们去改变重力定律呢。"确实，分歧其实不在于通用汽车公司的政策本身，而在于所有政策的性质。通用汽车公司的经理们有意识或是无意识地认为，他们已经发现了原则，这些原则像自然法则一样具有绝对性，它们一旦考虑成熟并经受检验，就该被视为确切无疑的东西。而我的观点恰恰相反，我总是认为这种人为的原则顶多是启发性的，就是说，用它可以找到正确的问题而不是正确的答案。这些通用汽车公司的经理尽管认为自己是实干派的，事实上却十分拘泥于意识形态与教条，并向我表示出意识形态者对于不守成规的机会主义者的轻视。

顺便提一下，这是我与大多数管理学作家和理论家所不同的一个观点——大概也是我在学术界不是很受人尊敬的原因吧。我确实相信基本价值的存在，尤其是人类的基本价值。我认为只存在很少的基本问题，但是我不相信存在"一个正确的答案"。现有的答案很可能是错误的——至少如果不是其他方法都失败的话，人们也不会想到它们。但是，当我们检验管理政策和其他社会规律时，关键不是看它们是对是错，而是要看它们是否有效。我始终认为管理学不是神学的分支，它其实是一门临床型的学科。在医药实践中，对于临床医学的检验不在于治疗方法是否"科学"，而在于病人是否康复。在《公司的概念》出版8年以后，当我推出第一本系统的管理学论著时——现在仍然是全世界读得最多的管理学著作——我有意将书命名为《管理的实践》而不是《管理的原理》，虽然我的出版商指出这个书名会严重降低本书被大学列为教科书的可能性。

通用汽车公司的经理不能接受我对管理学的基本观点。他们自诩为这门科学的先锋，所以他们完全不能接受《公司的概念》（和我所有的管理学著作）所贯穿的观念：管理首先是实践，虽然与医学一样，它把很多科学研究的方法当作工具使用。

事实上，第二次世界大战一结束，通用汽车公司就恢复了公司在20世纪二三十年代发展起来的政策与结构，此后就一直沿用这些政策与结构，并尽量维持原样。

就雇员关系而言，通用汽车公司的经理们发现《公司的概念》所采取的方法与建议不只是不可接受的，结果更坏，它们引发了一场通用汽车公司内部的大争论，而我与《公司的概念》从一开始就处于败者的地位，遭到来自联合汽车工会和通用汽车公司大多数经理的反对。

1944年和1945年，在我为《公司的概念》做调研的过程中，我访问了通用汽车公司的每一个分部和密西西比河以东的大部分工厂。当我开始写书工作时，通用汽车公司刚刚完成向战时生产的转变。没有一个工厂再生产它们以前生产过的东西，比如说，通用汽车公司生产汽车火花塞的主要工厂当时转去生产飞机的投弹瞄准器。所有生产一线的工作都是新的，但是工程师很缺乏，有经验的管理者更缺乏。因此，很多安排和组织的工作就落到了工人自己的身上，尽管他们中的大多数人都十分缺乏经验，而且从来没有从事过工业生产。这些新手们愿意承担职责，学习能力强，渴望通过共同努力提高工作方法和产品质量，这些给我留下了很深的印象。所以在《公司的概念》里，我极力主张通用汽车公司将它的战后雇员关系建立在工人对工作和产品的自豪感的基础之上，主张通用汽车公司和整个工业界将工人看作一种资源而不是成本。具体而言，《公司的概念》建议通用汽车公司在恢复和平生产之后致力于培养我称之为有"管理能力"的、有"责任感"的工人和一个"自我管理的工厂社区"。从此，这也成为我所有管理领域著作的基调。《公司的概念》第一次指出雇主该怎样为雇员提供"工作安全感"，并建议认真研究收入保障和退休计划这些政策。

我的这一看法对通用汽车公司的一个最高级经理查尔斯 E. 威尔逊，产生了很大影响，他当时是公司的董事长并被提名为公司的首席执行官，预计在第二次世界大战结束，斯隆先生退休后即继位。事实上，我在本书快完成的时候才与威尔逊⊖先生见面——1944 年大部分时间他正处于中风的康复过程中，但是他立刻请我担任雇员关系顾问，并让我从事一项研究，几年后，这项研究孕育出通用汽车公司提出的美国工业上第一项收入保障、通用汽车公司辅助失业救济金和通用汽车公司养老金计划的提议。这一提议奠定了企业的私人养老基金计划的模式，现在已被用来保障绝大多数美国私人部门雇员的退休生活。威尔逊在通用汽车公司内部从劳动关系部门分出独立的雇员关系小组，小组设有自己的副总裁直接向威尔逊报告情况（很多年以后我才发现，原来威尔逊向我提议过设置这一岗位）。新小组的任务就是逐步培养具有"管理能力"的"有责任感"的工人和"自我管理的工厂社区"，而这正是《公司的概念》所极力建议的。

作为实现这些目标的第一步，1947 年威尔逊在通用汽车公司恢复和平

⊖ 关于这位杰出人士更详细的介绍，可参见拙作《旁观者》中的"阿尔弗雷德 P. 斯隆与通用汽车公司"（New York：Harper & Row，1979）。

生产后发起了美国工业史上规模最大的员工意向调查。在一场名为"我的工作以及我为什么热爱它"的"竞赛"掩盖下，公司试图了解工人实际上希望从公司、管理者和工作中得到一些什么，他们认为哪些地方存在改善我们现在所称的"工作生活质量"的机会，他们认为在哪些地方他们有能力承担工作和业绩的责任。

"我的工作以及我为什么热爱它"取得了巨大的成功。超过2/3的通用汽车公司员工参加了这一竞赛，并且在30万参赛者之中有许多人写出了不少于20页的长篇大论。这是一座真正的信息金矿，里面包含着最为丰富的有关公司员工的需求、愿望和能力的各种信息。哪怕是从最小的参赛样本中也可以得到一个压倒性的结论，即员工对产品和公司有着认同愿望，他们也乐意为质量和业绩承担起责任。类似这样的话比比皆是："工作中最让我感到高兴的就是上司希望我能够告诉他如何把事情做得更好"，或者"我对工资和工作的稳定感到高兴，我乐于为一家大型的成功企业效力；但我不喜欢的是，尽管我明明知道怎么去把一件工作干得更漂亮，却从来没有人问过我。"由于这场竞赛，威尔逊终于做好了准备，开始执行我们今天称之为"质量循环"的计划（我记得威尔逊本人把它叫作"工作改进计划"），他甚至选出了一些率先实施这项计划并检验其成效的分部。

但是接下来整个计划就被匆匆放弃了。实际上，连这项竞赛本身都不得不中止，其调查结果也被禁止透露出去（到目前为止还没有公之于众）。发生这些现象的主要原因是通用汽车公司的工会及其态度，他们强烈反对这项竞赛及调查结果，尤其反对任何类似于工作改进计划的东西。在联合汽车工会看来，任何可能在公司与员工之间建立合作的事物，都对工会构成了直接威胁。威尔逊曾经提出让工会及其在工厂的代表也为工作改进计划发挥作用，但是沃尔特·鲁瑟，联合汽车工会的主席，也是美国最有远见和最有权力的工人领袖，拒绝做出任何让步。鲁瑟声称，如果通用汽车公司继续推行其计划，或者只要它继续那项竞赛并公布调查结果，联合汽车工会就会针对通用汽车公司发起一场大罢工，而当时通用汽车公司最怕的就是罢工。经过第二次世界大战时的生产停滞以后，对汽车的需求正处于最旺盛的时期，通用汽车公司也首次推出了几款真正的新型汽车，比如第一批配备有自动转动装置的汽车。另外，在当时杜鲁门执政的政治氛围下，社会舆论和政府肯定都是站在工会一边的。

不过，要是当时威尔逊能够在公司内部得到手下管理层的支持，那他也许还有机会与工会相抗衡，但事实是管理层与联合汽车工会一样，并不欢迎威尔逊从《公司的概念》中学来的处理员工关系的方法，也不欢迎他采取的那套员工关系政策。另外，尽管威尔逊从名义上说是首席执行官，但他并不是真正的老板。阿尔弗雷德·斯隆当时仍然是董事长，也是公司里最有权势的人，而他并不喜欢所谓的负责任的员工或自行管理的工厂。

对通用汽车公司的绝大多数经理人员来说，任何类似于工作改进计划或者质量循环的东西都意味着放弃管理职责，当时美国企业几乎所有的经理人员也都是这样认为的。他们争辩说："无论如何，我们才是专业人员；付给我们薪水是因为我们懂得如何去组织工作，或者至少比那些无论是在经验、教育程度，还是在收入方面都远不如我们的人懂得多，我们是可以信赖的。""对公司、股东和客户来说，尤其是对员工们自身来说，我们都有责任使他们尽可能地发挥出生产力，否则我们怎么可能付给他们一份不错的薪水呢？"

这样，威尔逊不得不放弃了他的计划，也不得不放弃了《公司的概念》

向他和整个美国企业界极力主张的所有方法。许多年之后,当时威尔逊已经离开了通用汽车公司,并成了艾森豪威尔总统任命的国防部长,他私下里告诉我,接受总统的任命在很大程度上是因为他感到自己的努力完全失败了,这种努力本来是想改变美国的劳工关系,并使其建立在工人为自己的业绩和工作质量负责的基础之上。

尽管通用汽车公司对《公司的概念》所提出的种种建议不屑一顾(这些建议后来在我的另外两部著作《新社会》1949 年版和《管理的实践》1954 年版中都有进一步的深化),日本人却对它们推崇备至。我在日本的声誉可以追溯到《公司的概念》,当时这本书很快就被译成了日文,并得到了热切的研读和应用。他们认为我对日本以重要经济力量的形象崛起,并在工业业绩和生产力方面表现不俗,具有重要的影响。此外,尽管通用汽车公司对"我的工作以及我为什么热爱它"这一竞赛的调查结果毫不在意,丰田公司却在 20 世纪 50 年代初期设法弄到了那份未曾公布的调查报告的副本,并以此为模板来改造自己的员工关系。

回顾一下历史我们可以清楚地发现,联合汽车工会与通用汽车公司错了,而威尔逊是对的。但是,尽管通用汽车公司的经理们提出自己之所以拿薪水是因为保证了员工的生产率,并且认为把某些工作交给员工是放弃了自己的职责,但是他们这样做并非是因为愚蠢,也不一定是出于对权力的虚荣心和贪欲。他们自诩为专家,并且认为管理是一门科学。的确,我还清楚地记得他们中的一员——通用汽车公司负责劳工关系的副总裁,与我的争论。他认为我的主张就好比把病情恶化的诊断书直接交给病人,而医生才是唯一有资格这样做的人。他还说,我的做法就像让学校里的孩子们自己判断地球是圆的还是方的,而无视客观的科学真相。另外,非常奇怪的是,鲁瑟,就是威尔逊请我去和他讨论过"我的工作和我为什么热爱它"竞赛的那个人，为了证明自己对工作改进计划的反对是正当的，采取了几乎相同的方式并且使用了几乎相同的论据。鲁瑟说："让经理来管理，让工人去工作。""让工人承担本该由管理层负责的工作，就好比给他加上了一副无法承受的重担。"

今天，过了一代之后，要指责1950年通用汽车公司的经理和工会领袖们，说他们怯懦、短视，尤其是傲慢，那样做是很容易的，但那只是一种事后诸葛亮的做法。对此，他们的管理知识和职位具有不可推卸的责任。另外，考虑到他们各自在可比情况下所处的地位，现代社会绝大多数所谓的专家其实和通用汽车公司的经理及鲁瑟持相同的见解。

但是，如何规划和创造负责任的员工以及自行管理的工厂，当时还没有一点儿头绪。威尔逊和我都清楚地看到，解决这个问题需要十年的试验。从一开始我就强调，绝不能把负责任的员工、自行管理的工厂同放任自流混淆起来。但是直到十多年之后，亚伯拉罕·马斯洛才在《尤普赛奇管理学》㊀中提出了他的解决方案："Z理论"。该理论明确指出：负责任的员工和自行管理的工厂要求管理层具有强大的领导、坚定的目标和准则以及高度的自律等。由于20世纪五六十年代的美国社会对这样一套勤奋工作、高标准、自我约束的信条毫无准备，所以尽管马斯洛作为人类心理学之父享有盛名，但他的"Z理论"还是完全被忽视了。20年之后，人们才开始接受这类异端邪说，而马斯洛的著作却被彻底遗忘了。威廉姆·奥奇在1981年出版了一本畅销书，书名就是《Z理论》㊁，但他没有承认是马斯洛首先发展了这套理

㊀ 《尤普赛奇管理学》，Homewood（伊利诺伊州）出版社，1965年。
㊁ 《Z理论》，Addision-Wesley出版社，1981年。

论并创造了这个术语，也没有在书中的任何地方提到马斯洛及其著作，他也没有提到道格拉斯·麦克格里格，或者我和我的著作，前者在50年代曾经把我提出的概念归纳在一个术语"Y理论"之中。

毫无疑问，中断威尔逊创造负责员工和自我管理的社区的尝试的通用汽车公司经理完全错了。当时的工会领导破坏力更大，他们的反对导致了美国工会运动失去力量、没有影响以致最终毫无意义。

至于我，我一直认为，有经理观念的负责任的员工和自行管理的工厂社区是我最重要和最有创意的思想，也是我所做出的最大贡献。不管这些概念在日本有多大的影响，通用汽车公司及其经理人员拒绝采纳它们，结果使得这些概念对我所在的国家毫无影响，这是我遇到的最大和最让我感到恼怒的失败。

通用汽车公司的高级经理们拒绝《公司的概念》，最主要的原因在于私有企业的公共性质。《公司的概念》认为大的商业性公司是受公众利益影响的，它们应该关心一些纯属公共性质而不是私人性质的事情，而这一点是通用汽车公司及其高层管理人员万万不能接受的。他们对这本书的某些部分并无异议，这些部分在当时极大地冒犯了学术界的经济学家和政治科学家们，因为它运用了一些政治科学的概念，如结构、决策过程、权力关系和政策等，来对企业进行分析。事实上，因为我在政府工作过和政治科学的背景，他们还曾邀请我对通用汽车公司进行更大范围的研究。

企业应当对其活动产生的社会影响负责，通用汽车公司是最早接受这一观点的美国大企业之一。例如，它最早错开工厂的开工时间，以消除或至少是减缓工厂附近社区的交通阻塞。远在任何人想到要立法保障职工安全之前，通用汽车公司就已经制定了"零事故"方针，它使监督者和主管们必须对哪怕是最微小的事故负责,而这也使得通用汽车公司在全美制造业公司里保持着最佳的安全纪录。20世纪20年代,斯隆创建了汽车安全委员会,并且终其一生都是该委员会最热心的支持者。他领导了一场运动,要求在美国所有的州对驾驶员考试立法。他还以个人名义在高等中学发起和资助了第一个驾驶员培训计划。在他的领导下,汽车安全委员会,而不是联邦政府或州,发起和制定了公路安全与速度安全的标准,这也是30年代以来美国在所有发达国家中保持着最低的平均里程汽车事故发生率的主要原因。

但是通用汽车公司的经理,尤其是斯隆,反对任何可能给公司带来超出其经济职能的权利、职权和责任的事务。所以,他们拒绝采纳《公司的概念》提出的建议,这些建议认为:公司应当关心那些我们今天称之为"社会责任"的东西。比如说,对设有工厂的一些城市的健康状况负起责任,但是通用汽车公司的经理们在这些建议面前退缩了,因为在他们看来,这些是对自己权力明显的剥夺,是非法的。他们知道,在政治词典里没用"责任"这样的词,正确的概念是"责任与权利"。他们在一条基本的政治理论原则上搭建起了通用汽车公司的结构。该原则认为,责任总是与权利相对称的。对任何有效率的组织来说,这都的确是一个首要的原则;因为没有责任的权利是专制,而没有权利的责任就是无能了。

对任何主张通用汽车公司应当在某些领域承担起责任的建议,斯隆的反应总是:"我们有这个法定的权利吗?"如果答案是"没有",他就会说:"那我们就没有任何权利来负起这些责任。"

通用汽车公司的经理还会争辩说:"我们发现,就算把所有的精力都放在业务上,生产和销售汽车也是件够费力的事。如果换成其他行业,比如说去经营一家零售连锁店,我们很怀疑自己是不是也能干得不错,那么你凭什么相信我们能够胜任那些社会责任呢？接受一个自己不能胜任的工作才真的是不负责任，而且是不负责任到了极点。"

这样，《公司的概念》提出大型工商企业应受公共利益的影响，也就成了一种公然的不敬，这也使通用汽车公司的经理们认定此书的确是反通用汽车公司、反企业和破坏性的。尤其是斯隆，他被《公司的概念》深深触怒了，于是感到有必要反驳这本书。大概是在1960年，也就是《公司的概念》出版以后差不多15年的样子，他告诉我说："我曾经想过好几次要去写一部自传，但总是觉得这样做显得太过自大而最终放弃了，可是你的书迫使我不得不这样做，它让我清醒地认识到自己有义务做出一份公正的记录。"斯隆的《我在通用汽车的岁月》所取得的巨大成功是当之无愧的，它刚出版就成了畅销书，而且直到现在还是管理方面的一本重要著作。我一直认为它是描述大公司或者任何大组织内部所发生事件最出色的一本书，这些事件包括：真正的决策是怎样做出来的？处于高位的大组织的领导人如何分配其时间？以及他们到底是怎样表现的？等等。我发现这本书的趣味性可以跟任何一部小说媲美。

但最有趣的可能还是书中没有提及的东西。斯隆从20世纪20年代初就积极地参加政治活动。他成功地为一个老友詹姆斯·库申组织了竞选美国参议员的运动，后者起初是亨利·福特在早年的福特汽车公司的合伙人，并以该身份在1913年巧妙地完成了"每天5美元工资"计划，后来又成了有名的底特律改革派市长。20世纪30年代末，斯隆还协助创立了自由联盟，以反对富兰克林D.罗斯福和他的新政，但是《我在通用汽车的岁月》中没有提到任何政治活动。斯隆把大量的时间投入到与汽车安全委员会、通用汽车工程学院、通用汽车公司研究院有关的事务，还跟他的弟弟雷蒙德一起致力于医院及其管理。这些活动在书中丝毫未被提及。关于通用汽车公司的工作，正像他自己告诉我的，他花费了1/3或更多的时间在"外部"事务上：与联邦政府的关系，在华盛顿的会议上与州政府的关系，与工会的关系，与经销商的关系等。书中详尽描述了大萧条和新政时期的汽车市场以及第二次世界大战期间通用汽车公司在军工生产中所起的作用，但是对富兰克林D.罗斯福却仅仅提到过一次，而且是一笔带过。

斯隆当然清楚自己在做什么以及这样做的原因。毕竟，罗斯福总统对通用汽车公司来说是局外人，而斯隆写这本书就是为了阐明自己（和通用汽车公司）的一种观点，即职业经理人员没有权利去关心任何局外的事情，就像医生在看病的时候没有权利去弄清楚病人是有名的富翁还是贫民区的流浪汉一样。

对斯隆来说，写这本书还有一个同样重要的目的，那就是表明他对公司的见解，斯隆认为公司仅仅在自己的领域内有发言权，也就是执行其经济职能。

今天，没有多少人还会认同斯隆对公司自身的限制。的确，在绝大多数人看来，这些人也包括大多数的美国企业经理，斯隆的观点是通用汽车公司的一个主要缺陷，也是通用汽车公司在过去几十年里问题重重的主要原因，这些问题中包括通用汽车公司公众地位和声望的急剧下降。举例来说，如果当初通用汽车公司接受大企业的确是受公众利益影响的看法，那么它就不会犯下雇用侦探来调查拉尔夫·纳德及其私生活这样严重的错误。这个错误使纳德如愿以偿地大出风头，使他成了公众心目中的英雄，还使他至少在几年的时间里成了一股政治力量。

但是，尽管过去40年的事实已经证明了通用汽车公司的态度是不适当的，我们还是不能把它简单地归咎于没有道德、狭隘，也不仅仅是自私。通用汽车公司的态度是严肃认真的，并且建立在可靠的原则之上。的确，没有权利的话也就没有责任。那些大声疾呼，要求企业承担起社会责任的人，实际上是在迫使企业不得不接管许多领域的权力和权威，虽然他们自以为是企业的对立者，是反对企业拥有这些权力的。同样真实的还有，社会福利机构能力有限，不大可能在自身范围之外的事务上采取有效的行动。今天，没有人还会像我们 10 年前那样问："如果美国企业有能力把人送到月球上去，它为什么不能消除城市的混乱呢？"也没有人再会像 1968 年纽约市长约翰·林赛那样说："确保每一所收容院里都有一名负责人，是那些包括通用电气公司在内的纽约大企业的责任。"但是，也没有人再会像肯尼迪和约翰逊执政时所希望的那样，指望大学能够培养出"调节"经济运行的专家，或者找到解决现代化大都市里种种弊端的方法了。

今天我们知道通用汽车公司的态度是不合适的，无论它是多么合乎逻辑。但是，它之所以不恰当，并非因为企业、医院、大学或工会这样的机构对超出自身职能和能力的公共问题负有责任，像那些迎合大众口味的花言巧语所说的一样，而是因为不论从理论还是实践上说，现代政府都已陷入了无能为力的窘境。我们生活在一个多元化的世界，与以往的任何多元化时代一样，我们不能确定什么人应对什么事负责，我们只知道传统的政治机构（也就是政府）无法满足社会的需求。㊀换句话说，我们只知道我们不知道答案。不过，我们还知道教条主义肯定是错误的答案。

就当时及此后的通用汽车公司的内部关系、责任和处境而言，通用汽车

㊀ 有关这一点可参见拙作《断层时代》中的"政府之疾"（Transaction，1992），《管理：使命、责任、实务》中有关社会责任的讨论（New York：Harper & Row，1974），以及《巨变时代的管理》中的"商业伦理问题"（New York：Times Books，1982）。

公司拒绝接受合理建议，并且未能深入思考这个问题，显然是一个重要弱点，从某种意义上来说，它放弃了管理的职责。通用汽车公司的经理们埋头于他们认定的责任，也就是保护公司的利益。尽管通用汽车公司的态度是完全错误的，而且也确实损害了公司的自身利益，但它毕竟引出了许多不得不努力去解决的问题。

通用汽车公司奉行的基本原则使它变得沾沾自喜，这给通用汽车公司造成了最大的损害。斯隆和威尔逊都曾是极有革新意识的人，他们经常会问："什么是正确的问题？"而他们的继任者却只知道问题的正确答案。

举例来说，在20世纪50年代末，通用汽车公司的高层管理人员就应该认识到必须重新考虑公司的组织结构了，因为那时欧洲汽车市场的高速增长已初现端倪。尽管通用汽车公司在欧洲拥有两家主要的汽车生产企业——德国的奥倍公司和英国的博克斯堡公司——但它的结构却不是跨国公司应该具备的，它仍然只是一个有国外下属企业的美国公司。每一次市场调研——通用汽车公司在20世纪20年代就提倡市场调研并在这方面做得极为出色——都向通用汽车公司的管理层指出：欧洲的汽车市场正在以比美国快得多的速度增长。但是，通用汽车公司仍然维持其高层管理的组织结构不变，仍然继续推行那种注定要在欧洲落后的人事政策。例如，欧洲的两家下属企业并不向通用汽车公司的高层管理者们汇报情况，而是被塞给权力层级很低的海外分部，而海外分部所关心的是向厄瓜多尔出口零部件之类的事。通用汽车公司的高层管理者们也忙于本国的业务，以至于根本无暇顾及欧洲的事务。而在欧洲的附属企业，不管谁干得有多出色，从未有人进入过母公司的高级管理层，也从未有任何美国公司的成功经理人员被派往欧洲工作。这样，在公司的高级管理层中，没有任何人具备在美国之外工作过的第一手经验。的确，就连公司高级管理人员对欧洲的访问都是如此罕见，以至于几乎没有人听说过此类活动。结果，通用汽车公司在欧洲的业绩下降到了第五位，落后于福特、大众、菲亚特和雷诺。不仅如此，尽管第二次世界大战前通用汽车公司在巴西有着绝对的优势地位，但这次它却完全错过了该国汽车市场高速增长的良机。

类似地，到了20世纪60年代中期，涉及通用汽车公司劳工关系的新思想就已经明显过时了。在查尔斯试图把《公司的概念》提出的建议应用到工作改进计划的时候，通用汽车公司的主管们和工会领袖们都争辩说："工人们要的仅仅是钱。"直到60年代中期，通用汽车公司常说的一句口号"金钱+纪律＝生产率"看上去还是完全正确的。但是接下来，当通用汽车公司在俄亥俄州的洛兹敦新开了一家最大的装配工厂时，整个体系突然崩溃了。设在洛兹敦的工厂是通用汽车公司所建造的工厂中最为先进的，它在自动化和技术水平上都遥遥领先，它被设计为世界上所有汽车工厂之中（包括通用汽车公司自己的工厂）生产率提高和产品质量最优的一家。当然，它也是薪酬最高的工厂。但是纪律几乎马上就涣散了：洛兹敦的大多数年轻的新员工们要求承担起职责，而当他们没有达到目的时，生产率和质量都开始下降并逐渐耗尽了。直到那时，通用汽车公司还以在汽车质量方面的世界领先地位而自豪，可是突然之间就有了许多对它不利的传闻。比如在有的汽车油箱里发现了忘记拿出来的扳手，有的汽车被安上了型号不匹配的引擎，有的汽车引擎没跟动力系统连接起来，有的汽车传动系统被装反了，等等。

通用汽车公司和联合汽车工会都把洛兹敦的工人们看作反叛，工会更是以极为强硬的手段对工人们严加斥责，并在那里恢复了"规则与秩序"。但是，洛兹敦的工厂再也没有实现当初建造时想要达到的生产率水平，产品质量的下滑也从当地蔓延到了通用汽车公司的其他工厂。

与此同时，那种"工人们要的仅仅是钱"的信念，使通用汽车公司在工会要求增加薪水和津贴的压力下显得极为脆弱。通用汽车公司制造生产率的增长速度直到20世纪60年代中期还快于劳动力成本的增长速度，而且，如果外国竞争对手的成本比通用汽车公司的还要低，那一定是因为它们所支付的工资是低标准的，也就是说低于通行的美国工资水平。但是到了60年代中后期，欧洲主要国家的劳动力成本已经和绝大多数美国制造业公司的劳动力成本持平了；几年之后，日本不再是一个低工资国家，其劳动力成本也跟那些美国生产者大致相当。几乎是一夜之间，通用汽车公司工厂的生产率就停滞不前了，接下来生产率又开始下滑，而通用汽车公司仍然坚信：劳动力成本与生产率无关，生产率毕竟只是那些"专业"经理们应该操心的事。于是，通用汽车公司对工会提出的更多要求没有丝毫反抗之力——大概也就是这时工会才能跟通用汽车公司达成沟通了。10年之后，也就是70年代末，通用汽车公司终于发现自己的劳动力成本比美国制造业公司的一般成本要高出50%，而平均每小时的产出水平却低于它的外国竞争对手。

通用汽车公司早在20世纪60年代末就该认识到：不管看上去多么合乎逻辑和纯洁无瑕，那种把大企业视为私人性质的教条绝不能再继续下去了，应该对其进行认真的思考并加以改变。通用汽车公司公共声望和名誉的急转直下并非因为它做了什么或者没做什么，这种转变是如此之大，以至于对通用汽车公司的嘲弄与奚落成了一种流行和没有风险的娱乐活动。其他公司做过更恶劣和更多的蠢事，却没有受过任何比暂时性混乱更严重的损失。公众如此反感通用汽车公司，以至于任何人对它的攻击都会马上受到欢迎的原因是，他们认为通用汽车公司冷漠无情，傲慢自大。

我十分肯定，类似于《公司的概念》所提出的问题和建议在通用汽车公司内部也不止一次地被提出过，但是他们一定得到了与25年前一样的答复。这个大家族的元老们明白无误地指出："不要节外生枝""不要和成功过不去"。而且，如果被指责为骄傲自满，他们就会说："但我们的确有很多东西值得骄傲自满。"

的确，怀疑通用汽车公司就是怀疑成功，当然这种怀疑是最近也就是直到1979年或1980年才出现的。作为一个私有企业，通用汽车公司在衡量自己的绩效方面有一套标准。不论从哪个标准来看，通用汽车公司都取得了巨大的成功。它严格遵循自己推行已久的政策，并且拒绝改变它们。它坚持自己的一个戒条，即生产的汽车不超过美国市场上汽车销售总量的一半。多年以来，通用汽车公司的总销售额不断上升，利润更是急剧增加，并且用于市场营销和产品推广的费用明显低于竞争对手。新闻摘要也好，纳德的攻击也好，通过的各种限制汽车和汽车工业的法规也好——大部分是直接针对通用汽车公司的，这些都没能给通用汽车公司造成什么影响。比如说，从通用汽车公司的销售和利润情况来看，纳德的攻击根本就没起什么作用。就算通用汽车公司说所有的批评者和抨击者都不过是一些大声叫嚷却并不咬人的狗，也没有谁能责怪它什么。

即便是现在，尽管通用汽车公司的收入在1982～1983年急剧下降，这也使它自大萧条那些最不景气的年份以来首次出现亏损，但至少就商业和财务成果判断，通用汽车公司及其政策是跟往常一样成功的。通用汽车公司的利润下降得并不比那些主要的汽车公司多（除了梅塞德斯以外），甚至还少于它的两个最大的竞争对手：福特和菲亚特。尽管汽车销售的绝对数量下降了，通用汽车公司在市场上的占有率却丝毫没有受到损失。换句话说，通用汽车公司所遭受的损失是因为汽车工业在世界范围内的不景气，而不是任何特别的跟通用汽车公司及其管理有关的东西。即使是在日本，尽管1957～1977年它的汽车拥有量以惊人的速度持续增长，从1957年的70万辆轿车到1977年的2000万辆，增长了30倍，这种增长速度比得上任何产业在一段较长的时间里所达到的速度，但是从1979年起，汽车销售量就以每年平均4%～5%的综合速度不断下跌，这在很大程度上解释了受制于终身雇用制而无法解雇员工的日本汽车制造商们，如此热衷于向北美和欧洲倾销产品的原因。而且，通用汽车公司根本就没有因日本汽车在美国市场上的销售而蒙受任何损失。主要的输家是另一个产品输入者——大众公司，它在美国市场的占有率从1969年的近10%下降到目前的不到1%，以及通用汽车公司的两个主要国内竞争对手：福特与克莱斯勒。

有一件事大概不会给通用汽车公司的高层管理者带来太多的困扰，那就是不论以什么标准来衡量，通用汽车公司在北美之外，尤其是在欧洲的表现都非常差劲。通用汽车公司从来就不是一个突出的有国际化思维的公司，比如说，跟福特公司相比，通用汽车公司的高级管理人员对欧洲确实是全无兴趣，以至于在1945年，斯隆不得不动用他所有的声望和影响力来迫使同事们与自己达成一致，同意回到德国并且重建奥倍公司，而且这种一致也是极不情愿的。

20世纪70年代初，正当这种沾沾自喜看起来要让通用汽车公司陷入长期衰退的时候，公司重新开始思索了，开始提出问题，并且采取了许多富有创新意义的行动。

甚至在1973年石油危机之前，通用汽车公司就显然已经得出了这样的结论：市场需要一种经过全新设计的汽车，它必须宽敞、强劲，还得省油。

在那些年，通用汽车公司的竞争对手纷纷转向小型车的生产，比如说，福特就设计出了梅塞德斯，但是，通用汽车公司显然认为，美国消费者愿意购买那种能给他们带来熟悉的舒适、宽敞和强劲感觉的汽车，当然，它还得像欧洲或日本生产的汽车那样省油。于是，通用汽车公司开始研制 X 型汽车来为市场树立一个新标准。尽管从尼克松到卡特的政府都极力对那种体积较大的"油老虎"汽车给予补贴，并且通过人为地维持一个较低的美国石油价格来阻止向体积较小的省油型汽车转产，这样就使得购买省油型汽车显得既不必要又不美国化，但是通用汽车公司在 1973 年之后继续它对 X 型汽车的研制。如果伊朗国王在位的时间再持续一两年，也就是持续到 1980 年或 1981 年，那么通用汽车公司的 X 型汽车就很可能会席卷美国市场。通用汽车公司的时间表要求 X 型汽车在 1981 年秋准备就绪，这也意味着 1979 年伊朗国王的下台和随之而来的石油恐慌使通用汽车公司对向市场推出 X 型汽车感到措手不及。即便如此，在更为有利可图、增长速度也比轿车市场更快的轻型货车市场上，通用汽车公司的 X 型汽车的翻版也在 1982 年秋夺回了几乎所有被日本人占去的市场。而仅仅是一两年之前，这部分市场还像是要被日本人永远占有下去那样。

20 世纪 70 年代初，通用汽车公司还开始了致力于自动化生产和装配的工作。与日本在自动化进程中大肆宣扬——日产汽车公司在横滨以外设立工厂——形成对比的是通用汽车公司没有公布任何资料，没有做任何宣传，也从不邀请别人参观它的实现了自动化生产的工厂。的确，进入那些工厂是受到严格限制的，即使是董事会成员也显然不受欢迎并且不得入内。但是从一些透露的信息得知，通用汽车公司在自动化装配线这一环节上绝不逊色于日本人，而且在引擎和车身制造的自动化上很可能还要先进得多。

1977年通用汽车公司进入日本市场，并且购买了日本第七大汽车制造商五十铃1/3多一点的股权。接着，通用汽车公司又在1981年购买了一家更小的汽车制造商铃木5%的股权。从传统的通用汽车公司政策来看，这两个举动都没有什么意义。早些时候，通用汽车公司总是坚持对其在海外收购的任何企业都拥有100%的所有权，或者至少是绝对的控股权，它收购的理由通常也只有一个，就是进入目标市场。显然，通用汽车公司并未得到五十铃或铃木的所有权和控股权，这两家公司也没有足够大的规模来使通用汽车公司打入比六家大得多的制造商所控制的日本市场，这六家企业分别是：丰田、日产、本田、三菱、马自达和斯巴鲁。但是在得到铃木的部分股权后，通用汽车公司就宣称要彻底改变其战略，它不再用收购的方式来打入市场，而是以收购来取得货源，尤其是铃木已经在东南亚那些劳动力过剩的国家所发展起来的供应商。铃木在这些国家每年生产30万辆汽车，这个数字还不到日本汽车总产量的5%；而通用汽车公司则希望到1990年能够购买90万辆由铃木装配的汽车，这些车的组成部件主要将在马来西亚和印尼制造出来。另外，这些车将出口到通用汽车公司在一些发达国家的市场，如北美、欧洲和澳大利亚。

大约是1979年前后，通用汽车公司改变了它的员工关系，它在自己的工厂里推出了一项庞大的计划，以"提高工作生活的质量"，并且开始形成"质量循环"，它甚至还让工会也参加进来，尽管到目前为止还显得不够热情。

所有的这些汇聚在一起，形成了一种新的长期战略：①一种"美国的世界汽车"的设计理念；这个概念就像斯隆在1921年提出的方式一样积极和新奇。斯隆把市场分为五个相互之间有部分重叠并且相互竞争的"型号"，每个型号都对应着特定的社会经济群体。这种方式使通用汽车公司超越了福特，后来又成了世界上最大的制造业公司和最大的汽车制造商。②尽可能地使能够实现自动化的制造和装配流程自动化，并将那些无法实现自动化的环节转移到劳动力富余的其他国家。③一种最终用来创造负责任的员工和自行治理的工厂的劳工关系。《公司的概念》在40年前最早提出了这样的建议，尽管威尔逊当时是通用汽车公司的首席执行官，他却无法冲破管理层同事和公司工会方面的阻力，来推行这种方法。

至于这种战略能否成功，现在还言之过早，但是它必定会造就一个完全不同的通用汽车公司。

那么1990年的通用汽车公司会是什么样子呢？它可能会重新成为一个有很强盈利能力的公司。但是，就算战略完全成功，通用汽车公司也不可能再像20世纪二三十年代那样成为一个先行者了。如果一个公司所在的行业本身不景气，那么公司也不可能成为先行者或领路人。而在发达国家和地区，如北美、西欧和日本等，汽车工业注定将要停滞不前而不是迅速发展。即使在日本，汽车市场也已经饱和，日本的汽车拥有量现在已经接近美国的水平了。所有发达国家的汽车市场都已经成了替换市场。所有发达国家的人口统计表明，不论经济环境如何有利，需求也不会再有大幅度的增长。因为在一个替换市场里，对新车的需求是和那些刚刚到达法定年龄，可以领取驾驶执照的年轻人数量成正比的，而在所有的发达国家，这个数字都呈现出下降趋势，并且从现在开始的17年之内，也就是到2000年为止，这个数字都不可能再上升了。这是因为，在目前到2000年这段时间里达到法定驾驶年龄的那些孩子们已经出生了。

这样说来，就算它的战略获得成功，通用汽车公司也将在接下来的岁月里处于防御的位置，但是它有可能在两方面成为领导者：一是使传统制造工业自动化；二是恢复发达国家的竞争力，使之能在成本和产品质量方面与拥有大量低工资劳动力的第三世界相抗衡。十年之内，通用汽车公司可能会发展为一个真正的跨国公司，它将把发达国家的市场、购买能力与第三世界的劳动力资源结合起来，而且这并不是通过所有权的控制实现的，像传统的跨国公司所做的那样，而是通过对产品设计、营销和质量的控制，以及共同生产来完成的。尽管现在就去猜测未来通用汽车公司的劳工关系会是什么样的显然是太早了一些，但是装配线有可能会在1990年或2000年成为历史，虽然它是20世纪上半期工业的一种标志。

欧洲管理经典 全套精装

欧洲最有影响的管理大师
（奥）弗雷德蒙德·马利克 著

超越极限

如何通过正确的管理方式和良好的自我管理超越个人极限，敢于去尝试一些看似不可能完成的事。

转变：应对复杂新世界的思维方式

在这个巨变的时代，不学会转变，错将是你的常态，这个世界将会残酷惩罚不转变的人。

管理成就生活（原书第2版）

写给那些希望做好管理的人、希望过上高品质的生活的人。不管处在什么职位，人人都要讲管理，出效率，过好生活。

管理：技艺之精髓

帮助管理者和普通员工更加专业、更有成效地完成其职业生涯中各种极具挑战性的任务。

战略：应对复杂新世界的导航仪

制定和实施战略的系统工具，有效帮助组织明确发展方向。

公司策略与公司治理：如何进行自我管理

公司治理的工具箱，帮助企业创建自我管理的良好生态系统。

正确的公司治理:发挥公司监事会的效率应对复杂情况

基于30年的实践与研究，指导企业避免短期行为，打造后劲十足的健康企业。

读者交流QQ群：84565875

彼得·德鲁克全集

序号	书名	要点提示
1	工业人的未来 The Future of Industrial Man	工业社会三部曲之一，帮助读者理解工业社会的基本单元——企业及其管理的全貌
2	公司的概念 Concept of the Corporation	工业社会三部曲之一，揭示组织如何运行，它所面临的挑战、问题和遵循的基本原理
3	新社会 The New Society：The Anatomy of Industrial Order	工业社会三部曲之一，堪称一部预言，书中揭示的趋势在短短十几年都变成了现实，体现了德鲁克在管理、社会、政治、历史和心理方面的高度智慧
4	管理的实践 The Practice of Management	德鲁克因为这本书开创了管理"学科"，奠定了现代管理学之父的地位
5	已经发生的未来 Landmarks of Tomorrow：A Report on the New "Post-Modern" World	论述了"后现代"新世界的思想转变，阐述了世界面临的四个现实性挑战，关注人类存在的精神实质
6	为成果而管理 Managing for Results	探讨企业为创造经济绩效和经济成果，必须完成的经济任务
7	卓有成效的管理者 The Effective Executive	彼得·德鲁克最为畅销的一本书，谈个人管理，包含了目标管理与时间管理等决定个人是否能卓有成效的关键问题
8 ☆	不连续的时代 The Age of Discontinuity	应对社会巨变的行动纲领，德鲁克洞察未来的巅峰之作
9 ☆	面向未来的管理者 Preparing Tomorrow's Business Leaders Today	德鲁克编辑的文集，探讨商业系统和商学院五十年的结构变化，以及成为未来的商业领袖需要做哪些准备
10 ☆	技术与管理 Technology，Management and Society	从技术及其历史说起，探讨从事工作之人的问题，旨在启发人们如何努力使自己变得卓有成效
11 ☆	人与商业 Men，Ideas，and Politics	侧重商业与社会，把握根本性的商业变革、思想与行为之间的关系，在结构复杂的组织中发挥领导力
12	管理：使命、责任、实践（实践篇） Management:Tasks,Responsibilities,Practices	
13	管理：使命、责任、实践（使命篇） Management:Tasks,Responsibilities,Practices	为管理者提供一套指引管理者实践的条理化"认知体系"
14	管理：使命、责任、实践（责任篇） Management:Tasks,Responsibilities,Practices	
15	养老金革命 The Pension Fund Revolution	探讨人口老龄化社会下，养老金革命给美国经济带来的影响
16	人与绩效：德鲁克论管理精华 People and Performance: The Best of Peter Drucker on Management	广义文化背景中，管理复杂而又不断变化的维度与任务，提出了诸多开创性意见
17 ☆	认识管理 An Introductory View of Management	德鲁克写给步入管理殿堂者的通识入门书
18	德鲁克经典管理案例解析（纪念版） Management Cases(Revised Edition)	提出管理中10个经典场景，将管理原理应用于实践

彼得·德鲁克全集

序号	书名	要点提示
19	旁观者：管理大师德鲁克回忆录 Adventures of a Bystander	德鲁克回忆录
20	动荡时代的管理 Managing in Turbulent Times	在动荡的商业环境中，高管理层、中级管理层和一线主管应该做什么
21 ☆	迈向经济新纪元 Toward the Next Economics and Other Essays	社会动态变化及其对企业等组织机构的影响
22 ☆	时代变局中的管理者 The Changing World of the Executive	管理者的角色内涵的变化、他们的任务和使命、面临的问题和机遇以及他们的发展趋势
23	最后的完美世界 The Last of All Possible Worlds	德鲁克生平仅著两部小说之一
24	行善的诱惑 The Temptation to Do Good	德鲁克生平仅著两部小说之一
25	创新与企业家精神 Innovation and Entrepreneurship:Practice and Principles	探讨创新的原则，使创新成为提升绩效的利器
26	管理前沿 The Frontiers of Management	德鲁克对未来企业成功经营策略和方法的预测
27	管理新现实 The New Realities	理解世界政治、政府、经济、信息技术和商业的必读之作
28	非营利组织的管理 Managing the Non-Profit Organization	探讨非营利组织如何实现社会价值
29	管理未来 Managing for the Future:The 1990s and Beyond	解决经理人身边的经济、人、管理、组织等企业内外的具体问题
30 ☆	生态愿景 The Ecological Vision	对个人与社会关系的探讨，对经济、技术、艺术的审视等
31 ☆	知识社会 Post-Capitalist Society	探索与分析了我们如何从一个基于资本、土地和劳动力的社会，转向一个以知识作为主要资源、以组织作为核心结构的社会
32	巨变时代的管理 Managing in a Time of Great Change	德鲁克探讨变革时代的管理与管理者、组织面临的变革与挑战、世界区域经济的力量和趋势分析、政府及社会管理的洞见
33	德鲁克看中国与日本：德鲁克对话"日本商业圣手"中内功 Drucker on Asia	明确指出了自由市场和自由企业，中日两国等所面临的挑战，个人、企业的应对方法
34	德鲁克论管理 Peter Drucker on the Profession of Management	德鲁克发表于《哈佛商业评论》的文章精心编纂，聚焦管理问题的"答案之书"
35	21世纪的管理挑战 Management Challenges for the 21st Century	德鲁克从6大方面深刻分析管理者和知识工作者个人正面临的挑战
36	德鲁克管理思想精要 The Essential Drucker	从德鲁克60年管理工作经历和作品中精心挑选、编写而成，德鲁克管理思想的精髓
37	下一个社会的管理 Managing in the Next Society	探讨管理者如何利用这些人口因素与信息革命的巨变，知识工作者的崛起等变化，将之转变成企业的机会
38	功能社会：德鲁克自选集 A Functioning society	汇集了德鲁克在社区、社会和政治结构领域的观点
39 ☆	德鲁克演讲实录 The Drucker Lectures	德鲁克60年经典演讲集锦，感悟大师思想的发展历程
40	管理（原书修订版） Management(Revised Edition)	融入了德鲁克于1974～2005年间有关管理的著述
41	卓有成效管理者的实践（纪念版） The Effective Executive in Action	一本教你做正确的事，继而实现卓有成效的日志笔记本式作品

注：序号有标记的书是新增引进翻译出版的作品